兴趣·理趣·情趣
中学语文激趣课堂群文阅读案例教学

许兴阳　孙丽佳　田爱梅　等◎编著

中国科学技术大学出版社

内容简介

"激趣语文"倡导以兴趣为学习起点,以理趣引导学生深度学习,以培养能够丰富学生生命与提升生活质量的高雅情趣为目标。

本书基于"让语文核心素养真正落实到每一堂课的学习活动中"的目的,立足初高中语文跨学段融合尤其是群文阅读(联读)教学实践中存在的困惑与问题,设计了五个模块化教学活动课例:激趣语文之小说篇、激趣语文之散文篇、激趣语文之文言文篇、激趣语文之古代诗歌篇、激趣语文之实用类文本篇,精心撰写了群文阅读(联读)课例,着重强调激发初高中生的学习兴趣和主动性,展示趣味性十足的教学方法和多样化的教学手段,让学生在轻松愉悦的氛围中探索知识。部分课例采用"同课异构"的方式,以展示教师们的智慧和对教材的不同取舍;每一模块都深入浅出地剖析了兴趣、理趣和情趣的语文教学之道。通过研读本书,广大中学教师和高校师范生可以汲取初高中语文激趣课堂的策略、智慧,让课堂焕发出勃勃生机。

图书在版编目(CIP)数据

兴趣·理趣·情趣:中学语文激趣课堂群文阅读案例教学/许兴阳等编著. -- 合肥:中国科学技术大学出版社,2025.5. -- ISBN 978-7-312-06268-1

Ⅰ.G633.332

中国国家版本馆CIP数据核字第2025QM0868号

兴趣·理趣·情趣:中学语文激趣课堂群文阅读案例教学

XINGQU·LIQU·QINGQU: ZHONGXUE YUWEN JIQU KETANG QUNWEN YUEDU ANLI JIAOXUE

出版	中国科学技术大学出版社
	安徽省合肥市金寨路96号,230026
	http://press.ustc.edu.cn
	https://zgkxjsdxcbs.tmall.com
印刷	安徽国文彩印有限公司
发行	中国科学技术大学出版社
开本	787 mm×1092 mm 1/16
印张	16.5
字数	408千
版次	2025年5月第1版
印次	2025年5月第1次印刷
定价	50.00元

本书编写人员

许兴阳	孙丽佳	田爱梅	卫 佳	邓 雯	孔 丹
孔 淇	支 媛	王 刚	王 曼	包雪华	代秋红
史 静	汤仕普	刘艳芬	刘 莉	孙于婷	孙林茂
许 寻	成 然	何 尖	何青青	李向英	李 念
李晓红	李婷婷	宋 云	宋丹丹	吴勇建	吴彩虹
吴 唯	张银娟	余 萍	余慧萍	杨永贵	杨永琴
杨和为	杨 青	汪 萍	邹 璇	欧阳鑫	周克珍
周佳怡	费 虹	段梅花	胡 驳	胡 朗	赵 青
钟 敏	姜 磊	徐亚玲	梁云云	浦仕尧	袁进兰
董 浪	樊国相				

前　言

"激趣语文"作为一种教学理念，以激情点燃一盏心灯，使语文课堂充满趣味与活力，涵盖兴趣、理趣以及情趣，其关键在于唤起学生的学习兴趣及主动性，以此提升学习成效。

兴趣：对事物感觉喜好或关切的情绪。

理趣："理"一般理解为"道理"，包括具体的事理、物理和抽象的哲理（义理、天理），"趣"即"趣味""有趣"之意。这里的理趣借用了文艺理论的概念，目的是促进学生在语文学习中不只对感性的内容感兴趣，还要在学习理性知识时能产生更高层次的激情。

情趣：性情志趣，志向或情调趣味。高雅情趣体现一个人对美好生活的追求、乐观的生活态度和健康的心理。

"激趣语文"倡导以兴趣为学习起点，以理趣引导学生深度学习，以培养能够丰富学生生命与提升生活质量的高雅情趣为目标。

博采众长、相融共生理应是所有语文教学理念共同的价值追求。"激趣语文"这一理念的提出，意在解决当下语文教育中一系列亟须改进的问题。初中与高中教育阶段在教学内容上的衔接不足，使得语文课堂的连贯性受损，学生的核心素养难以得到全面而有效的培养与提升。同时，部分中学教师、高校师范生在整合中学语文课程资源方面的能力欠缺，导致教学设计尤其是群文阅读（联读）方面缺乏创新，课程资源运用显得较为单一。许多教师、师范生过于依赖教材，未能深入挖掘和利用课程资源，特别是课堂教学资源的有效应用与开发显得尤为不足。此外，当前群文阅读（联读）的教学方式在引导学生主动学习方面的作用有限，学生的主体地位并未得到充分体现。部分教师、师范生的教学观念相对滞后，课堂中"一言堂"现象较为普遍，师生间的互动交流不足，活动设计缺乏新意和实效性。这使得课堂教学在趣味性和引导性上有所欠缺，难以充分激发学生的学习热情和活力。

为了解决上述问题，"激趣语文"应运而生，旨在通过创新群文阅读（联读）教学方式和课程设计，提升学生的学习兴趣和核心素养，促进教师、师范生教学理念的更新和教学能力的提升，进而推动中学语文教育的持续发展。

《义务教育语文课程标准》（2022年版）明确表明：学生乃语文学习的主体。语文教学要激发学生的学习兴趣，着重培育学生自主学习的意识与习惯，为学生营造优良的自主学习环境。

《普通高中语文课程标准》（2017年版，2020年修订）指出：语文属于"最为重要的交际工具，是人类文化的重要构成部分"，具备"工具性"与"人文性"相统一的特性。高中阶段的语文课程"应更进一步提升学生的语文素养，让学生拥有较强的语文应用能力以及一定的语文审美能力、探究能力，形成良好的思想道德素质和科学文化素质，给终身学习和有个性的发展筑牢基础"。目前，中学语文教学中仍旧存在初高中语文衔接失当、语文核心素养培养匮乏的情况。

本书所含课例及其分析旨在找寻语文课堂的兴趣策略、建立激趣课堂、凝练激趣策略，包含五大板块——激趣语文之小说篇、激趣语文之散文篇、激趣语文之文言文篇、激趣语文之古代诗歌篇、激趣语文之实用类文本篇，力图将激趣课堂的理念融入中学语文群文阅读（联读）的教学实践中，教师、师范生们可在丰富、鲜活的课例中借鉴并掌握激趣方法，以增强中学语文教学能力，提升课堂教学实效，让课堂激情飞扬、生机盎然。本书配有相关资料，请联系 xuxingyang@lpssy.edu.cn 索取。

本书为六盘水师范学院教材出版基金资助建设项目，并获得六盘水师范学院校级一流专业（汉语言文学）（项目编号：LPSSYylzy2004）、六盘水师范学院汉语言文学专业卓越教师培养计划（项目编号：LPSSYzyjypyjh201701）支持。

编 者

目　　录

前言 ··(i)

第1章　激趣语文之小说篇 ···(1)

第1讲　剧情不走寻常路:小说情节的反转 ·······························(2)
第2讲　聚焦"变",析形象 ··(6)
第3讲　"变"与"不变"的辛酸人生 ···(10)
第4讲　小说中的次要人物 ··(14)
第5讲　对比为支点,遇见少年郎 ···(18)
第6讲　领略明清小说的魅力 ··(24)
第7讲　青春芳华,对美好人性的赞美 ··(28)
第8讲　荒诞不经的变形,折射现实的悲苦 ································(33)
第9讲　冲破隐形的"枷锁" ··(37)
第10讲　探景明情,风雪无情 ··(42)
第11讲　社会环境与人物命运的关系 ·······································(46)
第12讲　时代镜像,环境影响人生 ··(50)

第2章　激趣语文之散文篇 ···(54)

第1讲　文到细处方传神 ··(55)
第2讲　借双重叙事视角,探人物情感之变 ································(62)
第3讲　环境描写与人物的关系 ···(65)
第4讲　穿针引"线",寻找线索 ···(69)
第5讲　涌泉之恩,滴水相报 ··(73)
第6讲　平凡生活中的情与趣 ··(76)
第7讲　感物而生情,托物而言志 ···(80)
第8讲　情、景、理的有机结合 ··(84)
第9讲　人间风物寓哲思,流年岁月承美学 ································(89)
第10讲　赏风物,品哲思 ···(93)
第11讲　行走在山水人文里的"原生态" ·····································(98)
第12讲　淡浓静闹各有味,诗意粗犷皆本真 ·····························(102)

第3章　激趣语文之文言文篇 ··(107)

第1讲　古今家训的情与理 ··(107)
第2讲　瑶林琼树,向阳而生 ··(112)
第3讲　近水远山皆有情 ··(117)

· iii ·

第4讲	良药苦口利于病,忠言逆耳利于行	(122)
第5讲	袖手"闲"处看,"闲"味何以言?	(126)
第6讲	悟学习之道,学议论之法	(130)
第7讲	尺水兴波,余味悠长	(134)
第8讲	为天下谋而谏,为众生苦而书	(139)
第9讲	探两"书"之异,明言说之术	(143)
第10讲	行君子之道	(148)
第11讲	孝心无价,亲情无限	(153)
第12讲	人生情感"乐"与"悲",生命哲思"生"与"死"	(157)

第4章 激趣语文之古代诗歌篇 (165)

第1讲	寄情山水,寻心归处	(166)
第2讲	古诗词"梦"里的别样情怀	(171)
第3讲	杜甫诗中的"泪"	(176)
第4讲	位卑岂能忘忧国	(181)
第5讲	知曲折人生,悟向上精神	(187)
第6讲	置身诗境,感悟诗情	(191)
第7讲	巧借起承转合,妙解诗人情感	(196)
第8讲	推荐动人诗作,共谈山川之美	(201)
第9讲	失意人生的诗意吟唱	(205)
第10讲	生命的诗意,浓淡各相宜	(208)
第11讲	志士与隐士的对话	(211)
第12讲	千古圣名,何止文章	(219)

第5章 激趣语文之实用类文本篇 (224)

第1讲	勾勒新闻要素,培养阅读习惯	(225)
第2讲	读出风格,讲出风采	(229)
第3讲	品读文章语言,感悟文化魅力	(233)
第4讲	探索中寻真理,领略科学之光	(238)
第5讲	探宇宙之境,品科学之真	(241)
第6讲	设置情境巧,任务激趣妙	(245)
第7讲	寻阅读密钥,感科学精神	(248)

参考文献 (253)

后记 (254)

第1章 激趣语文之小说篇

小说作为一种文学体裁，其核心在于对人物形象的精心刻画，并凭借完整的故事情节以及环境描写来映照社会生活。人物、情节、环境乃是小说的三大要素。情节通常包括开端、发展、高潮、结局四部分，环境包括自然环境与社会环境。小说的价值本质体现在依照时间或空间的顺序，以某一人物或者几个人物作主线，详尽、全面地呈现社会生活里各种角色的价值关系及其产生、发展和消亡的历程。

小说教学属于文学教育的关键构成部分，其目的在于引领学生深度走进文学作品，体会人物情感，感悟社会哲理。不过，传统的小说教学模式显得僵化，致使学生丧失了学习语文甚至阅读小说的兴趣。因而，探究如何开展基于激发学生兴趣的小说教学尤为必要。

第一，若要让小说教学富有趣味，务必唤起学生的兴趣。教师可以选取颇具吸引力的小说作品当作教学素材，以此勾起学生的好奇心。与此同时，教师可以根据小说的情节与人物特质策划富有新意的教学导入，令学生在课堂伊始便怀有浓厚的兴趣。譬如，教师可以讲述小说里的某个悬念或者高潮片段，激发学生的阅读渴望，引领其主动探寻整个故事。再如，可以截取已经被拍摄成影视剧的小说的某个桥段，让学生观看。

第二，塑造轻松欢快的课堂氛围亦是使小说教学增添趣味的关键。教师应当在课堂上营造出一种民主、平等、宽松的气氛，激励学生踊跃发表自己的观点与想法。另外，教师还可组织小组探讨、角色扮演之类的活动，让学生于互动过程中领略小说的魅力。这些活动不但有益于提升学生的参与度，还能够培养他们的合作精神以及交流能力。

第三，教师需要在教学方式上推陈出新。传统的小说教学方式常常着重于讲解和剖析，却忽略了学生的实际体验。这就需要教师开展课堂革命，尝试采用多种教学方法，如情景模拟、读写结合等，推陈出新，激发学生兴趣，建构激趣课堂，加强小说教学。因为情景模拟可以让学生身临其境地体验小说中的场景和情节，加深他们对作品的理解；而读写结合则可以让学生在阅读小说的同时，尝试写作自己的故事或评论，从而提高他们的文学素养和创作能力。

第四，运用现代教育技术也是使小说教学变得有趣的有效途径。教师可以利用多媒体课件、网络资源等现代教学手段，将小说的情节、人物、环境等直观地呈现出来，让学生在视觉上得到享受。同时，教师还可以引导学生利用网络资源进行自主学习和拓展阅读，丰富他们的阅读体验。

当然，有趣的小说教学并不意味着放弃对文学价值的追求。在追求趣味性的同时，教师还应注重培养学生的审美能力和思考能力。教师可以通过分析小说的主题、结构、语言等文学元素，引导学生挖掘作品的深层含义和价值，提高他们的文学鉴赏水平。同时，教师还可以组织学生对小说中的道德、社会问题等进行讨论和思考，培养他们的批判性思维和人文关怀精神。

第五，小说教学的趣味性还体现在与学生的日常生活相联系。教师可以引导学生将小说中的情节、人物与现实生活进行对比和联系，从而加深他们对作品的理解和感悟。此外，教师还可以鼓励学生将小说中的故事情节或人物形象作为创作素材，进行文学创作或表演活动，让他们在实践中感受小说的魅力。

进行有趣的小说教学需要教师在激发学生兴趣、营造课堂氛围、创新教学方法、运用现代教育技术、培养学生的审美能力和思考能力等方面下功夫。只有这样，才能让学生在轻松愉悦的氛围中深入文学作品，体验人物情感，领悟社会哲理，从而真正感受到小说教学的乐趣和价值。

本章节选取了部编版初高中群文阅读（联读）12个课例，从小说的激趣、悬念的设置、情节的跌宕等多角度思考并践行群文阅读（联读）的教学方法，以期给师范生、初高中语文教师等带来启发和帮助。

第1讲 剧情不走寻常路：小说情节的反转
——《变色龙》《窗》《测试》联读

【课例分析】部编版语文九年级下册第二单元为小说单元，要求学生在梳理情节、分析人物的基础上，理解小说的社会意义。本课例选取的《变色龙》与课外篇目《窗》《测试》三篇文章的体裁均为小说，篇幅虽短小，但情节曲折、形象鲜明、结构清晰。作者在小说中都创设了反转的故事情节，故事生动有趣并发人深省，而每篇文章中所设置的反转情节的表达效果又各有不同。《变色龙》在文中设置多处反转，点明反转原因，丰满奥楚蔑洛夫的形象，让读者产生强烈震撼。《窗》一文中结尾让自私冷漠的病人一无所获，这样的"得失反转"引发读者的思考。《测试》在结尾巧设人物关系，测试者与被测试者的身份转变，以小见大，升华主题。这一组小说的情节设置"同中有异""异中有同"，易于学生在比较中整合，于整合中发现、探究，共读共议。

【教学年级】九年级

【选文来源】契诃夫的《变色龙》选自部编版语文九年级下册第6课；泰格特（澳大利亚）的《窗》选自1987年7月出版的《外国小说选刊》；《测试》选自1999年第4期的《中学语文》。

【教学目标】

1. 梳理小说组文故事情节，整体把握文本内容。
2. 聚焦反转，多角度审辨、分析反转在小说中的表达效果。
3. 研读、分析反转在文中不同的呈现形式。

【教学重难点】

1. 聚焦反转，多角度审辨、分析反转在小说中的表达效果。
2. 研读、分析反转在文中不同的呈现形式。

【教学过程】

一、导入

1. 视频导入：教师给学生分享一个《白雪公主》的小视频，请学生认真观看，并注意观察视频中的故事和我们所熟知的故事有什么不同。
2. 梳理情节：梳理原故事情节与视频中的反转故事情节（表1.1）。

表1.1　梳理情节

故 事 情 节	原 文 情 节	反 转 情 节
皇后将有毒的苹果给白雪公主吃	公主吃了苹果后昏迷过去	公主减肥不愿意吃
小红帽在森林里遇到大灰狼	大灰狼吃了小红帽	小红帽吓跑了大灰狼
王子被巫婆变成了青蛙，需要公主的吻	公主吻了青蛙，青蛙变成王子	公主说："臣妾做不到。"

3. 明确反转概念：情节由一种情境转换为相反的情境，人物的身份、遭遇、结局等向相反的方向转变。

设计意图　通过视频中的故事与学生熟知的童话故事相比较，展示反转的概念，并引出议题。

二、课文讲析

环节一：聚焦反转，明其之妙

1. 梳理情节，找出反转。

《变色龙》围绕"狗的主人是谁"这一猜测的不断改变，奥楚蔑洛夫的态度与裁断左右摇摆。请快速浏览文章，梳理故事情节，找出反转。

2. 对比阅读，分析表达效果。

预设问题：情理之中的情节将会如何发展？比较阅读，分析表达效果（表1.2）。

表1.2　表达效果分析

反 转 情 节	情理之中情节	匠　心
好像是将军家的狗，奥楚蔑洛夫替狗辩护，指责赫留金	找到了狗的主人，杀死狗，严厉惩罚狗的主人 ↓ 市场发生了狗咬人事件，奥楚蔑洛夫指责狗，要惩罚狗的主人	1. 使情节跌宕起伏、引人入胜。 2. 多次的情节反转，表现出了奥楚蔑洛夫见风使舵、虚伪的形象特征
不是将军家的狗，奥楚蔑洛夫指责狗，维护赫留金		
也许是将军家的狗，奥楚蔑洛夫再次替狗辩护		
不是将军家的狗，奥楚蔑洛夫要杀死狗		
是将军哥哥家的狗，奥楚蔑洛夫称赞狗		

3. 分析主旨思想。

奥楚蔑洛夫因何频频"变脸"？奥楚蔑洛夫这一形象反映了怎样的社会现实？

明确：深刻揭露了沙皇统治的黑暗现实，有力地揭露了反动政权爪牙们的无耻和丑恶。

设计意图　梳理故事情节，帮助学生了解故事内容，并快速在文中找出反转情节。通过创设情理之中的故事情节，进行对比阅读，比较分析情节反转的表达效果，初步感知情节反转的艺术特点，同时深入探究文章背后的人文意义。

环节二：续写反转，归纳延展

1. 类文阅读，续写结尾。

快速阅读《窗》《测试》后，补充故事的结局，并谈谈你这样写的原因。

学生浏览文章补充结尾，共同分享。

2. 出示原文，分析表达效果。

(1) 出示原文故事情节后，让学生独立思考设置反转结局的作用。

(2) 学生独立思考后共同分享，教师补充指正。

《窗》反转情节：他看到的只是光秃秃的一堵墙！

得失的反转，引发学生深刻的思考。

《测试》反转情节：原来女主人每天早上都要下楼，小保姆把10元钱悄悄放在楼梯上。女主人眼看没人在场，便赶忙捡起钞票，根本没有想到有人也在悄悄地测试她。

身份的反转，突出人物形象，揭下了女主人虚伪的面纱。

3. 小结：同中有异。

三篇小说中都设置了精彩的反转情节，或在故事发展中，或在故事的结尾。但表达效果各有不同。《变色龙》多次的反转使情节跌宕起伏，人物形象也更加丰满；《窗》最后让不靠窗的病人一无所获，引发读者深刻思考；《测试》结尾使得被测试人物的身份互换，揭示了女主人的真实面目。

设计意图　学习过程中求同存异，探究发现，本课例小说虽都设置了反转情节，但其表达效果却各不相同——有的"揭示原因，升华主题"，有的"得失反转，引发思考"。此环节学生通过合作探究、统整信息，发现这组小说情节设计之妙，从而完善议题，建构共识。

环节三：研读反转，分析呈现

1. 探究反转焦点：学生自主探究反转焦点，三篇小说分别围绕着什么焦点来展开情节反转的？明确：

《变色龙》反转焦点——"狗的主人是谁"。

《窗》反转焦点——"窗外的风景"。

《测试》反转焦点——"捡钱的人"。

2. 分析反转呈现方式：请学生进行小组合作探究，分析三篇小说中作者围绕反转焦点，分别以什么方式呈现反转效果。明确：

《变色龙》：围绕"狗的主人是谁？"设置五处反转——量变到质变；

《窗》：窗外的风景由纷繁美丽到一堵墙——设置误导，揭示真相；

《测试》：围绕"谁捡钱"测试的测试者身份发生变化——隐藏关键信息，身份转换。

设计意图 聚焦本组小说的反转情节,探究分析其不同的呈现方式,培养学生比较、判断、统整、思辨等高阶思维能力。

3. 推荐阅读:欧·亨利的《警察与赞美诗》、莫泊桑的《项链》。

设计意图 欧·亨利善于设计情节,"欧·亨利式结尾"更是反转的代名词,其作品往往会设置某种意料之外的反转,或者是形成人物性格的"急剧改变",阅读其作品更有利于学生加深对这类文章艺术魅力的体验。《项链》是人教版高中语文第四册的文章,主题深刻,构思精巧。学生阅读该文章,有利于初高衔接,并触发深刻的思考和感悟。

三、布置作业

用反转手法,根据提供的情境写一个片段:晚自习时,调皮的李同学正在利用教学多媒体看视频,此时刘老师进来了,手里还拿着两个鸡蛋和一瓶水……

设计意图 学以致用,检验所学,将课内练习与课外拓展相互结合,情境设置贴近学生生活,有利于学生展开联想与想象,自由创作。

四、板书设计

剧情不走寻常路
小说情节的反转

【课例评析】

巧识剧情手法,反转妙趣横生

一部好的小说通常由三个要素组成:小说内容、作者的才华和写作技巧。内容也就是"题材";才华有时也被称作"天分",指的是每一位小说家的描述才能;而写作技巧是小说三个组成部分中唯一可以通过学习来掌握的可操作性的内容。该课例聚焦小说情节技巧——反转,通过对《变色龙》《窗》《测试》三篇小说中反转技法运用的分析,调动学生已有的生活积累,利用小组合作、比较阅读等方法,引导学生积极阅读,思考领悟,提高了学生的阅读鉴赏能力。

一、童话故事反转,萌发兴趣

课堂导入是在上课之始或开展某项活动之前,教师引导学生快速进入学习状态的教学活动方式。课堂导入就像一场精彩戏剧的"序幕",在课堂教学中起着非常重要的作用。好的课堂导入能够引起学生的兴趣,激起其求知欲和探索欲。

视频导入和故事导入是常见的趣味性导入方式,该课例巧妙地融合了这两种导入方式。该课例利用动漫视频导入,而视频的内容又是学生熟知的童话故事,但又与传统的童话故事的结局截然相反,于是学生在对原故事情节的回忆和新故事反转的比较中,明确了本堂课学习的目标——反转。同时,该课例注重发掘学生的心理特征和语文的学科特色,集中了学生的注意力,指明了学习方向,为后续的教学奠定了坚实基础。

二、聚焦群文反转,明其理趣

在课例环节一"聚焦反转,明其之妙"中,师生一起梳理情节,围绕"狗的主人是谁"找出了文本的反转,通过对比反转情节和情理之中的情节来分析表达效果的妙处和主旨思想,学生在对比阅读中深入探究文章背后的人文意义。

在环节二"续写反转,归纳延展"中,教师要求学生快速阅读课外的《窗》和《测试》,并在环节一中了解的有关反转知识的基础上,补写文章的结尾,充分激发学生的兴趣,调动学生参与的积极性。最后再呈现小说的原结局,在比较中深入了解三篇文章反转情节的设置及特殊的表达效果。

环节三"研读反转,分析呈现"主要围绕三篇文章的反转焦点来展开探究,《变色龙》——"狗的主人是谁";《窗》——"窗外的风景";《测试》——"捡钱的人",进而分析三篇小说中作者设置情节反转的手法,即量变到质变、设置误导再揭示真相、隐藏关键信息且身份互换。

三、小说拓展阅读,培养情趣

在小说创作中,反转情节是一种常用的技巧,能够给故事增加戏剧性和悬念,让读者对故事的情节和发展产生更多的兴趣和期待。小说常见的反转技巧一般有以下八类:人物性格反转、情节反转、视角反转、隐喻反转、情感反转、事件反转、角色反转和结局反转。

反转的魔力在于"反"与"转"两大环节。"反"的是人物,"转"的是情节。情节的"转",带来人物的"反"。在课外拓展阅读中,教师建议学生阅读欧·亨利的《警察与赞美诗》、莫泊桑的《项链》,除此之外,欧·亨利的《麦琪的礼物》也是小说反转的经典案例。在《警察与赞美诗》中,最后情节突变,人物的命运跟着改变;《项链》最后揭示钻石项链的假,让人不禁感叹女主人公为曾经的虚荣所经受的苦难;在《麦琪的礼物》中,最后情节的变化、人物的形象也发生改变。因此在反转中,总是通过情节的"转",来展示人物的"反",从而在感性上加强主题,让读者难忘。

通过本堂课的学习,学生了解了三种情节反转的技巧。很多学生已经形成了对小说情节反转的浓厚兴趣,相信在今后的学习中,无论是单篇小说阅读,还是涉及小说的整本书阅读,情节的反转一定会成为其关注的一个知识点,并将在情节反转带来的特殊效果中找到独特的阅读体验和新奇的乐趣。更长久地看,或许学生在今后的创作尝试中,也会考虑设定反转来增加故事的趣味性、张力和深度,突出故事的主题或寓意,那么学生就实现了由欣赏美到创造美的升华。

第2讲 聚焦"变",析形象
——《范进中举》《项链》《胖子和瘦子》联读

【课例分析】纵观部编版语文九年级上册教材,第四单元综合性学习的主题是"走近小说天地",第六单元主题是"古典小说的阅读",通过对这两个单元的学习,学生可进一步深入了解小说。而如何将"小说中人物形象分析"这一教学重点予以落实,也成了学习小说单元的关键任务。《范进中举》属于讽刺小说。此类小说于艺术表现方面,充分施展各类讽刺艺术手段,借助夸张、巧合、漫画式描写等方法凸显被描写对象自身的矛盾、可笑或畸形之处,构成强烈对比,以此达成塑造人物形象以及揭示主题的目标。《义务教育语文课程标准》里的"课程内容"表明,7~9年级学段的学生应实现以下目标:阅读展现人与社会、人与他人的古今优秀诗歌、散文、小说、戏剧等文学作品,学习、欣赏、品鉴作品的语言、形象等,交流审美感受,领会作品的情感及思想内涵;尝试进行诗歌、小小说等的创作。本课例旨在引领学生阅读小说特别是讽刺小说,增强中学生对讽刺小说中人物形象的分析能力。

【教学年级】九年级

【选文来源】《范进中举》选自部编版语文九年级上册第六单元第23课;《项链》节选自《莫泊桑短篇小说选》;《胖子和瘦子》选自2014年第11期《中华活页文选(高二、高三年级)》。

【教学目标】

1. 通过快速通读文章,聚焦人物前后之"变",掌握分析讽刺小说人物性格的方法。

2. 学习用夸张、巧合、漫画式描写等手法突出被描写对象本身的矛盾、可笑或畸形的特征,形成强烈对比的讽刺手法。引导学生把握讽刺小说的人物形象,并能将这些凸显人物性格的写作手法运用到写作中去。

3. 培养学生丰富的想象能力及表达能力,引导学生在感知讽刺小说人物形象的基础上,形成正确的价值观,激发学生的阅读兴趣。

【教学重难点】

1. 通过默读故事,聚焦人物前后之"变",掌握分析讽刺小说人物性格的方法。

2. 学习用夸张、巧合、漫画式描写等手法突出被描写对象本身的矛盾、可笑或畸形的特征,形成强烈对比的讽刺手法。引导学生把握讽刺小说的人物形象,并能将这些凸显人物性格的写作手法运用到写作中去。

【教学过程】

一、创设情境,导入新课

1. 课前预习《范进中举》《项链》《胖子和瘦子》。

2. 创设情境。

谈话导入:《儒林外史》是中国古代最优秀的讽刺小说。这节课,我们一起走进讽刺小说,进行群文阅读(联读)。

设计意图 通过创设情境,既自然导入阅读议题,又激发了学生的阅读兴趣。

二、导读故事,总结方法

1. 快速阅读课文,带着下面的问题完成阅读:如果用一些词语来概括胡屠户的性格,可以用哪些?(虚伪、嫌贫爱富、趋炎附势……)

2. 作者通过什么手法将胡屠户塑造得如此鲜明?(夸张。极其鲜明的肢体动作和言语表情、近乎夸张的态度变化刻画了如此嫌贫爱富的胡屠户。)

设计意图 引导学生梳理并及时总结写作手法,加深学生的学习印象。

3. 总结阅读方法:通过梳理故事情节,感知人物前后变化,从而分析人物形象。

设计意图 指导学生通过默读课文,把握内容,透过人物前后变化感悟人物性格。通过对课文《范进中举》的引导学习,初步感悟凸显人物性格的方法,梳理并总结阅读及塑造人物形象的方法,为阅读群文打下基础。

三、类文阅读,学以致用

1. 通读《项链》《胖子和瘦子》。
2. 汇报交流。思考:作者主要用什么手法将人物形象塑造得如此鲜明?
(1)《项链》——巧合(通过梳理情节介绍"巧合"手法)。
(2)《胖子和瘦子》——漫画式描写(通过让学生画简笔勾勒画,引导学生认识"漫画式描写"手法)。
3. 梳理手法。

比较:引导学生了解讽刺小说的特点——学习通过用夸张、巧合、漫画式描写等手法突出被描写对象本身的矛盾、可笑或畸形的特征,形成强烈对比的讽刺手法,从而刻画一个个鲜活的艺术形象(表1.3)。

表 1.3 讽刺手法分析

篇　　目	人　　物	不同点（讽刺手法）	相同点（讽刺手法）
《范进中举》	胡屠户、范进	夸张	对比
《项链》	卢瓦泽尔太太	巧合	
《胖子和瘦子》	胖子、瘦子	漫画式描写	

四、朗读感悟,感知人物形象

师:PPT展示人物语言。
1. 学生读(注意把握说话人当时的心态,读出说话人的语气和语调)。
2. 教师点评并总结。

设计意图 通过指导阅读《范进中举》一文,学生已经掌握了阅读方法,这个环节是让学生应用所学习的方法进行合作学习,这是教学的方向——教是为了不教,学是为了会学。同时,通过交流发现三篇讽刺小说的不同点和相同点,感悟讽刺小说刻画人物形象的方法。

五、尝试创作,续写故事

作业:PPT展示讽刺小小说《面子》相关片段。联系本节课的学习,学生续写出前后的情节,运用讽刺手法塑造楼长老孙这一人物形象。

林局长位高权重时,在很多场合,人们都像众星捧月般围着他转。一天早晨,林局长走出家门,迎面遇到小区的楼长老孙。_____

今年,林局长被组织上一刀切,退居二线了。人走茶凉的滋味很不好受,他整天窝在家

里,陪伴他的是无边的冷清和失落。终于有一天,他听从老伴的劝说,准备出去走走散散心。一出楼门,又碰到老孙。_____

设计意图 培养学生较强的想象能力及表达能力是新课标的要求之一。设置前后两个情境供学生创造性地补充故事情节,让学生在创作中体会讽刺小说人物的特点,培养学生的语言表达能力和创新思维,感受讽刺小说的独特魅力。

六、课堂总结,推荐阅读

1. 谈话总结。
2. 推荐阅读。利用本节课所涉及的讽刺小说激发学生的阅读兴趣,顺势推荐阅读《儒林外史》。

设计意图 通过谈话总结,再次回归议题。结合中学生课外阅读推荐的书目,让学生主动选择读物,积极阅读,以达到本次教学目的——激发学生阅读中外小说的兴趣,这也是群文阅读(联读)教学价值的最好体现。

七、作业布置

尝试创作:续写讽刺小小说《面子》。

八、板书设计

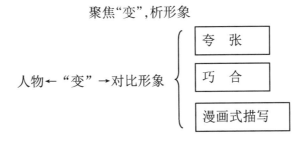

【课例评析】

变中析形象,写中活课堂

该课例围绕《范进中举》《项链》《胖子和瘦子》三篇讽刺小说,通过多种手段有效地激发了学生的阅读兴趣并培养其批判性思维和表达能力。

第一,教学设计在导入环节通过创设情境巧妙地激发学生兴趣。教师通过《儒林外史》引导学生进入讽刺小说的世界,这不仅自然导入了本节课的主题,还利用经典作品的魅力吸引了学生的注意力。例如,教师通过讲述《儒林外史》中的幽默情节,引发学生对讽刺手法的兴趣,使其期待接下来的阅读和学习。

第二,在阅读和分析环节,教师通过提问和归纳方法,帮助学生深入理解讽刺小说的特点。例如,通过讨论"胡屠户在范进中举前后的性格变化",引导学生思考和总结胡屠户的虚伪、嫌贫爱富等性格特征。这种教学方法不仅使学生更好地理解人物形象,还鼓励其主动参与讨论和思考,增强了课堂互动性和趣味性。

第三,在类文阅读环节,该课例比较不同讽刺手法的运用,使学生更全面地理解讽刺小说。教师通过分析《项链》中的巧合手法、《胖子和瘦子》中的漫画式描写,引导学生认识到不同手法在塑造人物和传达讽刺效果方面的作用。教师还鼓励学生进行简笔画创作,不仅增加了课堂的趣味性,还通过视觉化的方式帮助学生更好地理解漫画式描写的特点。这种多样化的教学方式,有利于激发学生的创造力及学习兴致。

第四,尤其重视让学生把所学知识运用到实际写作当中。在尝试创作阶段,教师展示《面子》的相关片段,引导学生续写故事情节,使用讽刺手法塑造人物形象。如此一来,不但增强了学生对讽刺手法的领会,也锻炼了其写作水平与想象力。学生能够依据课堂上学到的夸张、巧合等方法,创作出既鲜活又富有讽刺意味的情节,更进一步激发了学生对讽刺小说的兴趣,提升了理解程度。

第五,在课堂总结和推荐阅读的环节中,教师通过总结性的谈话以及推荐阅读的举措,再度激发了学生的阅读兴趣。推荐像《儒林外史》这类的经典作品,不但有助于学生巩固已学知识,而且拓展了其阅读范围,激发了其阅读的兴趣。这种拓展阅读的形式,有助于培养学生优良的阅读习惯以及持续学习的热情。

第3讲 "变"与"不变"的辛酸人生
——《变色龙》《我的叔叔于勒》《范进中举》联读

【课例分析】《变色龙》《我的叔叔于勒》《范进中举》三篇文章虽然被选编在部编版语文教材的不同册本、单元,但在小说情节设计、人物气质、主旨表现等方面,存在诸多关联之处,蕴含着有意层面的写作谋划和无意层面的作品偶合因素。三篇小说都蕴藏着一个"变色"的人物原型——一种人物形象因为突发事件影响,对原有人、事的态度在短时间内发生逆转性变化。三位作者有意描绘"变色"人物的可耻行径,"变色"人物则受到了作者辛辣的嘲讽,极尽讽刺意味。本课例以"变色·本色"为主题对比阅读这三篇文章,聚多文本为"群",勾连文本,结构教学。如此,既可使学生深刻内化单篇教学的成果,也能更透彻感触文学,觉知真切的社会生活。

【选文来源】《变色龙》《我的叔叔于勒》《范进中举》选自部编版语文九年级。

【教学年级】九年级

【学情分析】

1. 此次上课的对象是九年级学生,在较紧张的学习生活中,相比实用性文本,文学类文本更具吸引力,而情节跌宕起伏的小说则更加能激发学生的阅读兴趣。

2. 九年级的学生对小说题材也接触了不少,且本课堂学生已经结束九年级小说单元的学习,已初步掌握了学习小说的方法,能够自主梳理故事情节,利用描写方法分析人物形象,简单把握主题。但大多单篇教学着眼于引领学生对主题的把握,至于深度拓展文章的现实意义、主题等尚有提升空间。该课例着眼于在了解"这个人"的基础上,引出"一群人",在"一群人"的基础上,延伸到"我们现代人"。

3. 少部分学生基础扎实、思维活跃、学习的主动性强,但相当一部分学生的阅读只停留在浅层,在深入多角度理解小说的主题并分析表达效果上仍有一定难度,所以必须调动大多数学生已有的生活积累,在熟悉的文章里不停地检阅、提取、整合、运用,打通从已知到未知的壁垒。

【教学目标】

1. 以例、析、联、议建模,深入解读小说主题。
2. 通过比较阅读,探究人物之"变"的内因、外因。
3. 探究"变色"人物原型的现实意义。

【教学重难点】

1. 重点:通过比较阅读,探究人物之"变"的内因、外因,深入解读小说主题。
2. 难点:探究"变色"人物原型的现实意义。

【教学过程】

一、情境导入,引出课题

1. 展示动态的变色龙图片,让学生观察其特点。
预设:变色龙总是会依据周边环境的不同而不断地变化颜色。
2. 如果用变色龙指代现实中的一类人物,你认为这类人物有哪些性格特征呢?
预设:多变!
那么这群人又为何变来变去的呢?让我们一同去文本中寻找答案。

二、探究奥楚蔑洛夫之"变"与"不变"

1. 探究奥楚蔑洛夫之"变"。

《变色龙》围绕"狗的主人是谁?"这一猜测的不断改变,奥楚蔑洛夫的态度与裁断发生了几次变化?请快速浏览文章,梳理故事情节,完成表1.4(课堂教学中将留空供填写,下同)。

表1.4 奥楚蔑洛夫的态度变化

态 度 变 化	对小狗(称呼、裁断)	对赫留金(称呼、态度)
不知道狗主人是谁	野畜生、疯狗,把它弄死好了	肯定是被狗咬了
好像是将军家的狗	这么小,怎么会咬人	手指头被钉子弄破的,鬼东西
不是将军家的狗	下贱胚子	受了害,绝不能不管
巡警说也许是将军家的狗	名贵的狗,娇贵的	你这混蛋,不用把你的手指头伸出来
厨师说不是将军家的狗	野狗,弄死算了	
厨师说是将军哥哥家的狗	怪伶俐的,一口就咬破了	我早晚要收拾你

2. 思考奥楚蔑洛夫之"不变"。

奥楚蔑洛夫对待案件的判断与受害人的态度连续发生了五次改变,但奥楚蔑洛夫的本性未变,那么奥楚蔑洛夫的本性是什么?

预设:见风使舵、趋炎附势、媚上欺下的本性不变。

三、独立探究胡屠户、菲利普夫妇之"变"与"不变"

1. 探究菲利普夫妇的"变"与"不变"。

变:菲利普夫妇在于勒地位与身份不同时对于勒的称呼和态度也大不相同,请快速跳读文章,梳理情节完成表1.5。

表1.5 菲利普夫妇的态度变化

于勒状况	称呼	态度
行为不正、糟蹋钱	坏蛋、流氓	厌恶
赚了点钱	正直的人、有良心的人	急切盼望
再次窘迫、狼狈不堪	小子、家伙、贼、讨饭的、流氓	希望破灭、失望躲避

不变:菲利普夫妇身上不变的是金钱至上的观念、对自身利益的极大维护。

2. 探究胡屠户的"变"与"不变"。

变:胡屠户在范进中举后言行举止诸多方面开始"变色",快速梳理全文,完成表1.6,找出胡屠户之"变"。

表1.6 胡屠户的态度

态度变化	中举前	中举后
说话态度	训斥、狗血喷头	老爷、贤婿老爷
所带礼品	一副大肠、一瓶酒	七八斤肉、四五千钱
对嫁女评价	倒运	长到30多岁,毕竟要嫁给一个老爷
对相貌评价	尖嘴猴腮、不三不四	品貌又好
对才学评价	舍与你的	才学又高
能否考中	癞蛤蟆、就想天鹅屁吃	毕竟要嫁给一个老爷
称呼	现世宝、穷鬼	老爷、贤婿

不变:在胡屠户身上不变的是对权势的巴结逢迎、趋炎附势。

四、合作探究,深入探究"变色"之因

1. 结合时代背景,分析奥楚蔑洛夫、菲利普夫妇、胡屠户情感态度变化的表面原因和深层原因,并完成表1.7。

表 1.7　人物态度变化原因分析

人　　物	表 面 原 因	深 层 原 因	共性
奥楚蔑洛夫	狗主人位高权重	沙皇统治下,警察成为权势的走狗,沙皇俄国黑暗统治下大众日渐愚昧	名利
菲利普夫妇	于勒身份改变	资本主义经济高速发展,也改变了人们的精神世界。金钱至上成为人们的信条	
胡屠户	范进身份改变	明清的科举制度,统治者用它选拔人也用它控制人。以权势之名将人困限其中	

2. 你认为这样的变色龙人物在他们所生活的时代和社会中多吗?作者塑造他们的最终目的是什么?

预设:他们是时代和社会环境衍生的一类人,是社会的产物,"变色"人物受到了辛辣的嘲讽,作者塑造他们不仅为了体现人性,更重要的是表达对社会的谴责和不满。

五、寻找下一个"变色龙"

1. 三篇文章中谁会成为下一个"变色龙"?为什么?请说明原因。

预设:(1)《变色龙》中的旁观者厨师最后带着狗走了,那群人就对着赫留金哈哈大笑。他们并没有同情和悲悯赫留金,而是幸灾乐祸。在他们心里,他们已经完全融入这样变态的社会,当他们遇到这样的事,自然会成为新的"变色龙"。

(2)《范进中举》中的张乡绅听闻范进中举后立刻前来拜会,众邻在范进中举后也不断地献殷勤,他们早已"变色"。

2.《我的叔叔于勒》中的"我"也会变成新的"变色龙"吗?

预设:不会。因"我"在最后的时候,和"我"的父母有所不同。"我"在知道他是"我"的叔叔之后,心生怜悯,并多给了叔叔十个铜子的小费。"我"的内心不以金钱和地位为标准,始终以亲情为纽带,连接人与人之间的关系。

3. 我们会成为新的"变色龙"吗?如何保持初心?

开放式问题,任意回答。

六、作业布置

以下两项作业,任选一项完成即可。

1. 自主阅读契诃夫小说《胖子和瘦子》,完成文后问题。

(1) 结合语境,说说下一句话的含义。

"他的手提箱、大包小包和纸板盒全都蜷缩起来,现出条条皱纹来……"

(2) 结合选文内容,说说这篇小说是如何运用对比的艺术手法表现出讽刺效果的。

(3) "瘦子"是一个什么样的人?这一人物形象反映了怎样的社会现实?请简要作答。

2. 片段写作训练:借鉴本课例中刻画人物形象的方法,以《一个……的人》为题,以冬奥会运动员或感动中国人物为素材,进行片段写作,不少于300字。

设计意图 叶圣陶先生在《略谈学习国文》中说:从语文科,咱们将得到什么知识,养成什么习惯呢?简括地说,只有两项,一项是阅读,另一项是写作。阅读是"吸收"的事情,写作是"发表"的事情,每一个学习国文的人应该认清楚:得到阅读和写作的知识,从而养成阅读和写作的习惯,就是学习国文的目标。设计本作业目的就在于此。

七、板书设计

"变"与"不变"

变色——本色

【课例评析】

立意式研读,突发中探究

凯勒·帕森在《最重要的事,只有一件》中认为:在各行各业,成功的秘诀就是要简化,要从小处着手。要用最大的努力,专注做最重要的事情,然后把事情做到极致,这也就是"二八"定律,也叫关键少数法则。这一定律对教师而言,就意味着"每节课只需要让学生理解、掌握一件事情",比"漫天撒网"高效得多。

首先,本节课选择的是"局部立意式研读"思路,片段取材,广泛勾连,同类整合,突破一点。群文(联读)课,讲究"大""小"的配合。"大"是取材的视野,"小"则是立意的聚焦。弱水三千,只取一瓢饮,甚至是半瓢饮,乃是上好此类课的关键。

其次,本节群文(联读)主题阅读课,通过对小说中三组人物在遇到了"突发事件"后,展现的神态、性情,探究其诱因与本质,引导学生思考:在自己及周遭发生变故时,我们该如何选择,又该如何去做。同时也明确:变,是为了适应环境;不变,是内心的考量,是初心的坚守。

第4讲 小说中的次要人物
——《我的叔叔于勒》《雪窗帘》《手》联读

【课例分析】部编版语文九年级上册第四单元的小说,或涉及少年成长的话题,或从少年的角度观察世间百态,取材独特而广泛。这些作品可以加深学生对社会和人生的理解,使学生尽早形成自我意识,促使其更好地成长。九年级学生已具备梳理小说情节,试着从不同角度分析人物形象,结合自己的生活体验去理解小说主题的基本能力。九年级下册第二单元选文也是小说。学习该单元,学生要在梳理情节、分析人物形象的基础上,对作品的内容、主题有自己的看法,理解小说的社会意义。可见,九年级小说教学中"人物"是个关键词。在小说、叙事散文和戏剧等文学作品中,主要人物是作者浓墨重彩、精心雕琢的对象。鉴赏此类作品,其中的人物常常是读者花费时间最多、耗费精力最大去反复品读的对象。另外,此类作品中还有一些着墨不多的次要人物。他们不是主角,故常常会被师生忽略。尽管次要人物在此类作品中地位不高,但每个人都承担着不同的使命,甚至也和主要人物同样重要。如果教师能多关注次要人物,不仅可以加深学生对文章主旨的理解,还能激发学生对人生社会的无尽思索,更好地提高其鉴赏能力。所以,该课例以"小说中的次要人物"为关注点,通过文本的阅读,感知次要人物的作用,并从分析次要人物作用中产生思辨,让学生获得对人生的有益启示。

《我的叔叔于勒》通过主要人物菲利普夫妇对待于勒态度的前后变化,批判人性的自私冷酷、极度虚荣的心理,也反映了小人物的辛酸与无奈。此小说可用于引导学生关注次要人物,对次要人物"不次要"产生初步认识。

《雪窗帘》讲述了一位坐火车买了卧铺票却不懂换票流程,眼睁睁看着自己的铺位被人占有而坐了一宿的老太太。作者以一个旁观者的角度展现整个故事,在中年男子和老太太的争吵中,通过众多次要人物反映了人性的自私和冷漠,引发对正能量的呼唤和直面社会诸多现象的深度思考。小说中次要人物的作用有更多维度的体现,对文本是一个补充,也使得对次要人物"不次要"有更深认识。

《手》讲述叛逆的"我"一次次体会父亲的辛劳与不易,父爱的宽厚和仁慈,终于让"我"认识到自己的错误,并痛改前非。这篇文本的"次要人物"很有意思,根据主题的不同,次要人物也不同:次要人物可以是"我",也可以是父亲。正因如此,该文很适合用于思辨能力的培养,加之前两篇文本的学习,学生很容易有所悟。

【选文来源】《我的叔叔于勒》选自部编版语文九年级上册第四单元第16课;《雪窗帘》节选自2018年第30期《作文周刊·中考读写版》;《手》选自2022年湖北黄冈市中考现代文阅读小说篇。

【教学年级】九年级

【教学目标】

1. 通过文本中人物形象感受次要人物的作用。
2. 从分析次要人物的作用中获得对人生的有益启示。

【教学重难点】

1. 重点:对文学作品中次要人物作用的理解。
2. 难点:从分析次要人物的作用中获得对人生的有益启示。

【教学准备】

教师制作多媒体课件,发放阅读材料和记录单。

【教学过程】

一、设置情境,导入新课

情境引入:同学们,元旦快到了,学校将举行"迎新年,庆元旦"文艺晚会。现在有一个课本剧节目,要挑选几名演员。要求演员必须对所扮演的人物有深刻的理解,所以在咱们班要进行一项考查。对下面这几篇小说的理解就是考查内容,同学们有信心吗?如果被选上,你想扮演主要人物,还是次要人物呢?今天,我们就一起来应对这次考查,聊聊小说中的人物,特别关注次要人物。

板书课题:小说中的次要人物

设计意图 《义务教育语文课程标准》(2022年版)明确提出:"增强课程实施的情境性和实践性,促进学习方式变革。""义务教育语文课程实施从学生语文生活实际出发,创设丰富多样的学习情境,设计富有挑战性的学习任务,激发学生的好奇心、想象力、求知欲,促进学生自主、合作、探究学习。"此环节情境的设置不仅能激发学生学习主动性,还能引发学生对次要人物的思考。

二、课本剧角色选拔:测试一

快速浏览《我的叔叔于勒》,找到体现菲利普夫妇形象特点的相关内容,通过分析主人公形象,感受次要人物的作用。

设计意图 文本一《我的叔叔于勒》是学生刚刚学过的,但学生大多只关注主人公形象,往往忽略次要人物。因此,教师应从学生熟悉的主人公形象出发来促进其感受次要人物的作用,降低学生学习的难度并做到从课内向课外迁移的无缝对接。

三、课本剧角色选拔:测试二

1. 快速阅读《雪窗帘》,感受文本中次要人物的作用。
2. 小组结合文本,交流发现次要人物的作用,归纳并填写在记录单上。
3. 小组汇报,完善对次要人物作用的理解。

设计意图 小组在情境任务驱动下,完成对次要人物作用的补充,建构文本之间的互补关系。学生在分析比较、归纳判断的学习过程中养成积极思考的习惯,培养其思维能力。

四、课本剧角色分配挑战

1. 读文本,辨角色:通过测试的学生,将进入角色分辨环节。请学生阅读小说《手》,看看文中"我"和"父亲"两个角色,到底该把谁定为主要人物,把谁定为次要人物,并说说理由。
2. 学生辨角色,明白主次人物可根据读者关注角度不同而不同。

设计意图 阅读教学是语文教学的重要组成部分,思辨性阅读是培养学生核心素养的重要途径。本环节利用情境任务,引导学生阅读并思辨"谁是小说主要人物,谁是次要人物",得出次要人物与主要人物都很重要的结论。

五、课本剧角色选拔感悟

1. 同学们现在还会对扮演主要人物那么执着吗?请结合以上三篇文本,谈谈你们的感悟,用一句话概括后将它填写在记录单的最后一行。
2. 谈感悟,突出"次要人物不次要",得到有益启示。

设计意图 群文阅读(联读)的核心任务是在阅读实践中积淀丰富的人文素养,满足学生精神成长的需要。此环节引导学生从次要人物的作用中获得对人生的有益启示,促使学生在现实生活中应对真实、复杂的情境。

六、课堂总结

1. 今天,同学们顺利通过了角色分辨的考查,相信无论是在剧目中,还是在生活中,你们都不会介意扮演什么样的角色,因为不管什么角色,你们都会用心做事,做好自己!即使最微弱的光芒,也有其存在的意义!让我们一起演好自己人生这部大剧!

2. 德国诗人海涅说过:"在一切大作家的作品里没有所谓的配角,每一个人物在它的位置上都是主角。"我看见远处,红花和绿叶在同一片土地上,蓬勃向上。

设计意图 引用有关次要人物的名人名言结束课堂,再次强调"次要人物不次要"。

【课例评析】

循任务而寻意趣,析人物以得真知

该课例通过精心策划,以任务驱动的教学策略为核心,成功地点燃了学生的学习兴趣,并引导他们在深入探究小说的同时,领略到文学的理趣与情趣。

一、兴趣激发:巧妙的任务设定引领学生走进小说世界

在起始阶段,教师便以"迎新年,庆元旦"文艺晚会为背景,巧妙地构建了一个课本剧角色选拔的情境。这种情境的设定,不仅与学生的日常生活紧密相连,使得学习任务更显得亲切而有趣,而且通过提问"想扮演主要人物,还是次要人物",成功地引发了学生的好奇心与探究欲。学生在这个问题的引导下,自然而然地开始对小说中的人物进行深入思考与探索,而这样的探索过程,无疑会极大地增强他们对小说的兴趣。

另外,教师通过将课本剧角色选拔与小说次要人物分析有机结合在一起,在无形中加深了学生对次要人物在小说中重要性的理解。这种寓教于乐的教学方式,不仅让学生在轻松愉快的氛围中完成了学习任务,更让他们的学习兴趣得到了长时间的保持与提升。

二、理趣培养:精心设计的任务环节促进学生深度思考

在教学过程中,教师设计了一系列精彩纷呈的任务环节,如课本剧角色选拔测试一、二以及角色分配挑战等。这些环节都紧密围绕着教学主题展开,旨在引导学生通过完成任务,更深入地理解小说的内涵与人物的内心世界。

在这些任务中,学生需要通过小组讨论、归纳填写记录单以及汇报展示等方式,对小说中的人物形象进行细致的分析与解读。这样的学习过程,不仅锻炼了学生的思辨能力与团队合作能力,更让他们在不断的思考与讨论中,逐渐领略到小说的理趣所在。特别是在课本剧角色分配挑战环节中,学生通过辩论"谁是小说主要人物,谁是次要人物"的问题,对小说中的人物关系及其在推动故事情节发展中的作用有了更为深刻的认识。这种对小说内在逻辑的探究与理解,无疑会极大地提升学生的文学素养与审美能力。

三、情趣陶冶:关注学生的情感体验与审美需求

在这堂课中,教师始终关注学生的情感体验与审美需求。通过引导学生深入探究小说中的次要人物,教师帮助他们在理解人物性格与命运的同时,也感受到人性的复杂多样与社

会现实的丰富多彩。

以《我的叔叔于勒》和《雪窗帘》两篇小说为例,学生在教师的引导下,通过分析菲利普夫妇对于勒态度的前后变化以及小说中展现的人性自私与冷漠等现象,不仅对人性的多面性有了更为深刻的理解,更在无形中提升了自己的审美情趣与道德观念。这种对文学作品深层次的解读与体验,无疑会使学生的内心世界变得更加丰富多彩。同时,教师在教学过程中还鼓励学生将文本分析与自己的生活体验相结合,引导他们在理解小说主题的同时,也反思自己的生活态度与价值观。这种教学方式不仅增强了学生与文学作品之间的情感共鸣,更让他们在阅读小说的过程中,得到了情操的陶冶与品格的升华。

该课例通过巧妙的任务驱动策略,成功地激发了学生的学习兴趣,培养了他们的理趣,陶冶了他们的情趣,不仅彰显了教师深厚的教学功底与创新精神,更为初中语文群文阅读(联读)教学开辟了新的思路与方法。

第5讲 对比为支点,遇见少年郎
——《故乡》《我的叔叔于勒》《孤独之旅》联读

【课例分析】本课例聚焦部编版语文九年级上册第四单元,共选三篇课文——鲁迅的《故乡》、莫泊桑的《我的叔叔于勒》、曹文轩的《孤独之旅》,均属于小说体裁。三篇小说涉及少年成长这一话题,从少年的视角观察世间百态。阅读、学习这些作品,学生可以加深对社会、人生的理解,确立自我意识,更好地成长,从不同时代、不同国籍、不同区域的少年身上,汲取向上的力量,丰富思想。

文本组特质:三篇课文均来自一个单元,构成了"少年成长"的主题。对同样是少年的学生主体来说,对其接受程度较普通文本高,更适合开展深度学习。不论是少年闰土和中年闰土,还是在家庭拮据情况下仍然给了小费的若瑟夫,进芦苇荡前恐惧、茫然和经历暴雨之后追回鸭群的杜小康,他们都经历了各自人生中很重要的阶段——青春年少,在不同的社会环境里,在正面或反面的外界刺激下得到不同的人生结果。另外,所选的三篇文章都在小说的三要素中运用了对比手法。

该课例内容契合学习任务群,因为该学习任务群旨在引导学生在语文实践活动中,通过整体感知、联想想象,感受文学语言和形象的独特魅力,获得个性化的审美体验;了解文学作品的基本特点,欣赏和评价文学作品,提高审美品位;观察、感受自然与社会,表达自己独特的体验与思考,尝试创作文学作品。阅读表现人与社会的古今优秀诗歌、散文、小说、戏剧等文学作品,学习欣赏、品味作品的语言、形象等,交流审美感受,体会作品的情感和思想内涵,体会作者通过语言和形象构建的艺术世界,借鉴其中的写作手法,表达自己对自然的观察和思考,抒发自己的情感。而第四部分侧重考查学生对语言、形象、情感、主题的领悟程度和体验,评价学生对文学作品的欣赏水平,关注研讨、交流以及创意表达能力。在主题情境中,开展文学阅读和创意表达活动,引导学生感受文学之美、表达自己的独特感受,促进学生的精神成长。

该课例将重点对比对少年的不同描写,结合社会环境、时代背景,旨在深化少年形象的主题,教会学生学习小说体裁中人物性格、命运转变的描写手法;引导学生在面临人生难题时,保持良好心态,积极向上,把困难变成磨炼,把绝境变成起点。

【选文来源】《故乡》《我的叔叔于勒》《孤独之旅》选自部编版语文九年级上册第四单元;《蒋先贵的音乐之路》为教师自行创作。

【教学年级】九年级

【教学目标】

1. 教会学生运用对比手法分析以人物形象为核心的小说三要素。
2. 挖掘少年成长的共性与个性,深化学生表达和探究能力。
3. 引导少年加深对社会和人生的理解,获得自我成长教益。

【教学重难点】

1. 重点:能建构对比手法的知识体系,运用其多维度品析人物形象的作用。(重点)
2. 难点:能用勾画法、批注法跳读文本,用表格整合内容,用工整的句式回答问题,用书信体表达情思;能透过小说的成长主题关照自我成长,树立文化自信和道路自信,在合作、分享、反思中汲取成长力量。(难点)

【教学过程】

一、课堂导入

课前伴随着音乐与学生聊天,走近学生。

板书课题:教师板书,同时让学生思考本节课的重点,请一位学生代表上讲台圈画"对比""少年"两个关键词。

少年时代的我们,开始睁大眼睛看世界,品尝生活的甘美,经历成长的苦涩与无奈。时间让秋的叶走进生命的轮回,让夏的蝉飞进永生的地底,让一束一束的鸢尾蝶舞纷飞,让一夜一夜的哭啼带来新生和告别。

今天,让我们用笔写少年,惊鸿化于五线,少年的你是音符,我按下琴键,共同奏响少年之歌,共同走进我们今天的课堂:以对比为支点,遇见少年!

设计意图　聊天拉近与学生的距离,埋下对比的伏笔。学生圈画关键词,以学生为主体,明确本课重点。围绕"对比"和"少年"设计开场白,营造氛围的同时揭示为什么要从对比视角去讲述少年故事。

二、寻对比之光,遇见少年

过渡:以对比为支点,回忆三篇小说中的少年,哪一位给你留下了深刻的印象?用一个词描述他。

预设:活泼、勇敢、纯真、善良。

过渡:每一个少年都给我们留下了深刻的印象。他们的形象特质是通过与什么对比凸显出来的呢?完成表1.8。

表1.8 少年形象对比

少年形象	对比元素	对比视角
少年闰土	中年闰土	1. 人物形象塑造的手法如语言、动作、外貌、心理等；
若瑟夫	菲利普夫妇	2. 人物所处时代、环境等
杜小康	前后心理	

阅读提示：小组合作，挖掘对比的支点，并以对比视角，探究对比的作用。遇见具有偶然性，遵循这个逻辑，我们现场抽签，看看你们与哪位少年结缘。

总结：走进小说天地——在对比之中，少年遇见不同的人、环境、时代……遇见少年不变的善良、热爱、勇气、纯真……

1. 回顾三篇小说中有哪些少年形象，用一个词描述该形象。
2. 小组合作：根据所选少年视角及对比手法，分析对比手法的作用，将小组探讨结果制作成展示卡，完成后派学生代表面向全班进行展示。

设计意图 引导学生多角度分析对比的体现以及作用。从对比中挖掘出少年成长的共性，给课堂上的少年以启示。引导学生珍惜当下环境，热爱祖国热爱生活，关注自身的成长与变化，不断充实自己，乐观面对生活带来的每一场考验。

三、聚对比之光，透视少年

过渡：走出小说天地，走进我们的时代，老师遇见了一个印象特别深刻的少年，他和大部分同学一样来自水城，老师便把他的故事写成了一篇微型小说，接下来请大家运用对比的手法走近蒋先贵，在对比之中你有何发现？

蒋先贵的音乐之路

白色的烟雾、绿色的山林与黑色的煤矿——六盘水，是栖身于中国山水画中的巨型工厂。藏在工厂一角的水城乡下，是"00后"少年蒋先贵的家。

在他二年级的时候，父亲从浙江打工回家，随手送了他一盘迈克尔·杰克逊的光碟。夕阳下，落日余晖，村民沉醉在山歌王们的争霸里，蒋先贵沉浸在迈克尔·杰克逊的音乐和舞蹈里，跟着音乐的鼓点，踢踏、旋转、吟唱，模仿着迈克尔·杰克逊的风格与曲调。贫瘠的土壤在缓慢地孕育着音乐种子。

风缓缓地吹着，细雨飘摇着。舅舅生日那晚，长辈们请来了乐队在临时搭建的乡村舞台上表演，吉他手忘我地弹奏，弹出了先贵的梦想。父亲把打工一年存的钱都给少年买了吉他，报了吉他课，少年的音乐梦却在一周只上一次、上一次要周转三次车的吉他课中受到了挫折。枯燥的练习、单一的模仿、无头苍蝇般的学习消磨着小小的他的兴趣，音乐只在生命一隅留下微不足道的痕迹。

初一暑假，正是六盘水的雨季。冒着急躁的雨，迈着随性的步调，他在村子里转来转去，不知不觉就转到了舅舅家。躺在舅舅卧室一角的吉他蓦然出现在蒋先贵的眼前，那一刻，尘封已久的热爱如潮水般涌来，却让他有些不知所措。爷爷看出了他的渴望，问道："你还想不想玩吉他?"他沉吟片刻,坚定地回答道:"想!"爷爷说:"既然想就要一直努力地干下去。"雨依然下着,像是为少年的曲子伴奏。十三岁,他组建自己的乐队forty-nine,创作自己的歌曲,反复琢磨一章一句、一曲一调,在音乐的路上踽踽独行。

在准备艺考的那一年,疫情严重,整个六盘水都刚刚经历了隔离。寒冬冷雨的夜,零星的客人、专注的视线、热烈的掌声,老板深深地注视着他,说:"先生,你一定会释放出属于自己的光芒,加油!"此话便如阴暗罅隙中的一线暖阳,瞬时照亮了他一潭死水般的心……演出完走在回家的路上,行人寥寥,雨停了,天空中挂着一轮弯弯的月亮。蒋先贵的心安静、放松、独孤,嘴里自然地蹦出一句话:"这个时刻,是需要音乐的时刻。"《飞向月球》便由此写就,歌中有贵州方言,有"县城科幻",还有一种"荒诞的真实感"。而正是故乡的月亮、煤炭、玫瑰、方言……在无数个风刀霜剑严相逼的日子,给予他从头再来的勇气,鼓舞他在音乐的路上踏浪前行。

那一晚,月光皎洁,也无风雨也无晴。顶光闪了三下,然后绿色的荧光打出来。迪斯科伴奏响起,手持玫瑰花舞动后,二十一岁的蒋先贵双手插兜,站在万众瞩目的舞台上。他的鼻梁上架着一副茶色的方形墨镜,双眼微闭。舞台的光打在他的花衬衫上,吉他甩在背后。翩翩乐章间,书写着六盘水小巷的温情脉脉,潜藏着生命本身的波涛汹涌;在音乐的荒诞与浪漫间,抒写着自己的思考,为荒芜的心灵原野找到自由散漫的居所,为疲于奔命的大众提供跨越山海的力量。

阅读提示:自读文本,500字/分钟;计时结束后,小组合作探究,回答下面的问题:在少年蒋先贵的音乐足迹里,常常伴随着各种各样的"雨",请运用对比手法分析其在蒋先贵成长之路上的作用。

预设:从最初的细雨飘摇,夏雨急躁,再到寒夜冷雨,最后也无风雨也无晴,通过不同成长阶段遇到不同状态的雨的对比,表现了少年蒋先贵追梦路上,经历着像雨一样或大或小、或轻或重的挑战,揭示了少年实现梦想的过程必然会经历种种困难或挫折,但少年有梦,就要专注、坚持,不被风雨所击倒的成长主题。

独立学习:按照九年级学生要以500字/分钟的速度阅读文本,勾画相关句子。小组合作,运用有关对比手法的知识回答问题。

设计意图 通过实战演练再次梳理课中的内容,帮助学生更好地理解对比手法的妙用,以及在以后的考试中如何利用对比的方式正确分析文意。升华主题,挖掘少年角色的多样性,引导当下的中学生审视人间百态。

四、传对比之光,照亮少年

1. 过渡:走出蒋先贵的故事,走进正当少年的自己,中考的钟声已响起,再次预设。
初一的"我"＿＿＿＿＿＿＿＿＿＿＿＿＿＿＿＿＿＿＿＿＿＿＿＿＿＿＿＿＿＿＿＿＿＿＿
初三的"我"＿＿＿＿＿＿＿＿＿＿＿＿＿＿＿＿＿＿,是＿＿＿＿＿＿＿＿＿＿＿＿＿＿＿＿＿＿＿＿＿＿
照亮了"我"的成长之路,给予"我"前行的光芒。

2. 总结:教师寄语,送给你们一首诗。
一程朝暮,//几次沉浮。//亲爱的少年,//愿你://一路追光,//一腔孤勇,//一念万里,//一化鲲鹏。

设计意图 将对比手法运用到自我的成长历程中来,思考从初一到初三的变化。结合今天所学,深度挖掘有哪些力量在支撑着自己前行。再次升华主题,挖掘少年角色的多样性,以促进当下的中学生审视自我,给予自我信心,获得成长的教益。

五、布置作业

1. 必做:走进少年的你和TA——当少年的你与小说中的少年(闰土/水生/宏儿/若瑟夫/杜小康/《草房子》里的纸月)相遇,运用对比手法,看看你们之间会产生怎样的际遇。请以《遇见少年》为题,写一封信,选择上述人物中的一个,补充完整标题,表达你对少年成长的认识。

设计意图 以作文的方式,系统巩固本课重点,在梳理的过程中训练思维能力,在书写的过程中训练表达能力,在对比的过程中提升审美能力。

2. 选做一:

走进小说天地——班级开展"走进小说天地,遇见最美少年"的主题手抄报评选大赛,请大家通过对比阅读的方式鉴赏小说中的少年之美,选择下面名著中的一本,制作"我心中的最美少年"手抄报。手抄报中需满足以下要求:

概述整本书的故事情节;分析小说中的少年形象;所选文本的作者及创作的时代背景;对比分析人物形象或环境;概括小说主旨;有读后感;图文结合,版面整洁美观;用A4纸。

推荐书目:《钢铁是怎样炼成的》《小王子》《杀死一只知更鸟》《了不起的盖茨比》《追风筝的人》《呼兰河传》《麦田守望者》《少年维特的烦恼》。

设计意图 安排整本书阅读,拓展中学生阅读面,以小说中的对比视角理解人物命运的变化,可以帮助学生拓宽视野,增加对"少年成长"主题的解读深度,培养多角度观察世界的能力。

3. 选做二:

走进少年的家乡,走向社会——用对比手法分析十几年来家乡的变化,挖掘有哪些力量推动着我们在苦难中重生,开创新局面,迈向新时代,将调研成果制作成调研小报告,相信你能在参与社会实践中更加热爱自己的家乡,在自我磨砺中成长。

设计意图 学生回忆十几年内国家促进发展的相关举措,增加社会依从性和责任感,查找相关资料,对比中见变化,帮助学生建构整合资料的思维能力,帮助学生更好地理解和认可家乡,激发学生爱国热情与振兴中华之魄力。

六、板书设计

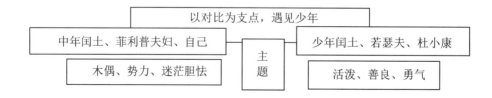

【课例评析】

巧妙生成，激活课堂

一、环环相扣，兴趣蕴之

课前，教师伴随着音乐与学生聊天，快速熟悉学生，减少了借班上课学生的陌生感和紧张感。课堂开始，教师便将课题写在黑板上，请学生上台圈画关键词，学生圈出了"少年"和"对比"两个关键词，学生与教师之间、学生与学生之间的互动和课堂生成悄然发生，兴趣已萌生。接下来，教师依次设计了"遇见少年""透视少年""照亮少年"这几个活动，学生在具体的语文实践活动中理解知识，培育情感。

在"遇见少年"这一环节，教师设计了学习支架——表格来引导学生思考选文中每一位少年都给我们留下了怎样的深刻印象，他们的形象特质是通过与什么对比凸显出来的。在活动过程中，表格起到了引导、帮助和归纳的作用，学生在支架的帮助下快速梳理文本，有效率且有成就感。

在"透视少年"这一环节，教师根据自己的真实经历，给学生讲了一个少年的故事，展示了教师亲自创作的以少年蒋先贵的经历为题材的小说，请大家运用对比的手法走近少年，在对比之间探索发现。出于对教师的崇拜和好奇，教师的真实经历已经能够吸引学生的兴趣，再加上教师亲自创作的小说，更是燃爆全场，学生的兴趣达到最高点。教师是集知识、才华、情思于一身的引领者，学生是集兴趣、期盼、渴望于一身的求知者，接下来师生协作对该文的细致分析便是水到渠成的事了。

在"照亮少年"这一环节，教师引导学生运用对比的手法，回望初中三年的足迹，以"遇见最好的自己"再次升华主题，挖掘少年角色的多样性，以促进当下的中学生去审视自我、悦纳自我，获得成长的教益。

二、巧设作业，激活潜力

在课后作业设计时，教师设计了一道必做题、两道选做题。总体作业设计以发展学生核心素养为基础，服务于学生的自我检测，学生可以自主选择相应的作业内容，缺而补、完而善。

首先，作业设计贴合情境。选做二引导学生用对比手法分析十几年来家乡的变化，挖掘有哪些力量推动着我们在苦难中重生，开创新局面，迈向新时代，将调研成果制作成调研小报告，旨在引导学生在参与社会实践中，热爱家乡，磨砺自我。

其次，作业设计多样化。作业设计覆盖了整本书阅读、跨学科活动等综合性较强的内容，可以满足学生个性化的需求。

最后，作业设计鼓励自主创作。在制作《我心中的最美少年》手抄报这一活动中，学生有充分的自主发挥空间，想象力与创造力在这一刻被激发，可以想见，学生将呈现一个丰富多彩的世界。

第6讲 领略明清小说的魅力
——《智取生辰纲》《范进中举》《三顾茅庐》《刘姥姥进大观园》联读

【课例分析】《义务教育语文课程标准》(2022年版)中要求学生阅读表现人与社会、人与他人的古今优秀诗歌、散文、小说、戏剧等文学作品,欣赏、品味作品的语言、形象等,交流审美感受,体会作品的情感和思想内涵;尝试写诗歌、小小说等。该课例选取明清小说,旨在剖析文本呈现的本质,引导学生领略其间的魅力。阅读小说要善于抓住主要线索,如《智取生辰纲》就有两条线索:一条明线,一条暗线;要学会梳理小说的故事情节,如让学生快速浏览《范进中举》,边读边思考文章围绕范进中举写了哪些事,并用简洁的语言概括情节;要善于把握小说的人物形象,如在学生自学《三顾茅庐》时,提醒学生在"阅读提示"的指引下了解刘备和诸葛亮等人物形象;要学会运用具体描写探讨人物性格形成的原因,如《刘姥姥进大观园》中绘声绘色、形态各异的笑态,从而了解古代白话小说的艺术特点。

【选文来源】《智取生辰纲》《范进中举》《三顾茅庐》《刘姥姥进大观园》选自部编版语文九年级上册第六单元。

【教学年级】九年级

【学情分析】通过前面相关单元的学习,九年级学生对小说文体有了更深入的了解,部分学生对四大名著有所了解,但对我国古代白话小说没有深刻的阅读体验,因此在进行群文阅读(联读)教学时,首先应让学生掌握基础的文学文化常识,然后按照小说文体所需要掌握的知识点进行小组合作学习,通过学生的自主、合作学习以及教师的引导学习,掌握本单元白话小说的相关知识,为以后学生自主解读小说打下基础。

【教学目标】
1. 了解明清白话小说的特点,把握小说内容,梳理故事情节。
2. 运用小说要素分析方法,分析人物形象,提高对古典小说的赏析能力。
3. 学习结合时代背景,探究故事发生的原因,探讨小说表达的主题思想。
4. 积累相关的文学文化常识,掌握本单元重点字词。

【教学重难点】
1. 重点:了解明清白话小说的特点,把握小说内容,梳理故事情节。
2. 重点:分析人物形象,提高对古典小说的赏析能力。
3. 重点:学习结合时代背景,探究故事发生的原因,探讨小说表达的主题思想。
4. 难点:学习结合时代背景,探究故事发生的原因,探讨小说表达的主题思想。

【教法学法】
1. 教法:讲授法、问答法、引导法。
2. 学法:圈点勾画法、合作探究法。

【自主预习】查阅教科书及相关资料,了解"复述"及"复述的相关要求"。

【检测反馈】复述:一是详细复述:① 尽量完整地保留原材料的内容,做适当压缩;②

沿用原来顺序,或稍加调整,注意条理清楚;③ 转换为自己的语言,多用口语,语言表达准确、清晰、连贯。二是简要复述:① 根据要求选取内容要点;② 适当进行综合、概括,要点之间要有内在联系;③ 转换为自己的语言,语言表达准确、简明、连贯。

一、课堂导入

同学们,我们都知道小说主要是通过故事情节来展现人物性格、表现主题的。故事情节是塑造典型性格的依托,优秀小说的故事情节都和塑造典型性格紧密结合,故事发生、发展、结束的过程,也就是塑造典型性格的过程。今天就让我们继续走进我国这几部优秀小说节选,去梳理小说的情节。

二、互动研讨

1. 小组完成导学单上的"情节概括"的表1.9。

表1.9 情节概括

《智取生辰纲》	第十六回 杨志押送金银担,吴用智取生辰纲
情节概括	
《范进中举》	第三回 周学道校士拔真才,胡屠户行凶闹捷报
情节概括	
《三顾茅庐》	第三十八回 定三分隆中决策,战长江孙氏报仇
情节概括	
《刘姥姥进大观园》	第四十回 史太君两宴大观园,金鸳鸯三宣牙牌令
情节概括	

2. 合作交流完善课后作业—展示—小组评议—教师指导。PPT展示如图1.1所示。

《智取生辰纲》	第十六回 杨志押送金银担,吴用智取生辰纲
情节概括	**故事发生**(开头至"今日天下怎地不太平"):杨志押送生辰纲。**故事发展**("杨志却待再要回言"至"唱道:……楼上王孙把扇摇"):七雄贩枣蒙杨志。**故事进一步发展**("那汉子口里唱着"至"也这般啰唣"):白胜设计诱官军。**高潮**("那对过众军汉见了"至"自下冈子去了"):杨志无奈买白酒。**结局**("只见那七个贩枣子的客人"至"挣不动,说不的"):杨志误失生辰纲。**尾声**(最后一段):吴用智取生辰纲。
《范进中举》	第三回 周学道校士拔真才,胡屠户行凶闹捷报
情节概括	**起初**范进考取秀才,却不遭人待见,进学被训,借钱被骂。**后来**他中举了,也因此发了疯,胡屠户把他打醒。**最后**大家对范进的态度发生变化,极尽阿谀奉承。
《三顾茅庐》	第三十八回 定三分隆中决策,战长江孙氏报仇

图1.1 "情节概括"的PPT

情节概括	刘备准备第三次去拜访诸葛亮,关、张二人劝阻,刘备用典故开导他们;刘备三顾茅庐历尽波折,最终见到诸葛亮并问计于诸葛亮,诸葛亮分析天下大势,隆中献策并答应出山辅佐刘备。
《刘姥姥进大观园》	第四十回　史太君两宴大观园,金鸳鸯三宣牙牌令
情节概括	刘姥姥二进荣国府,吃早饭时,在秋爽斋,凤姐、鸳鸯设局取笑刘姥姥,酒席间刘姥姥上演"笑"剧。**饭前**:凤姐、鸳鸯等人计划设局取笑刘姥姥。**饭中**:刘姥姥上演"笑"剧。**饭后**:凤姐和鸳鸯向刘姥姥赔不是,刘姥姥道明原委,甘被取笑,哄贾母开心。

图1.1　"情节概括"的PPT(续)

三、小组合作

任选文中的一个角色,从其视角复述故事。

1. PPT出示:讲故事最重要的要素有两点:一是要脉络清晰,让别人知道你讲的主要内容是什么;二是故事要曲折且生动,才能吸引听众。

2. 建议:找寻故事的开端—发展—高潮—结局;完成表格。在这个基础之上,可以任选一个角色,从其视角来复述,可添加一些心理揣摩和合理的想象。

3. 评价标准:概括力强;情节完整;逻辑严密;条理清晰;语言流畅;动作表情自然大方,有感染力。

4. 复述故事示例(张飞):前两次没有见到诸葛亮。过了一段时间,大哥吃了三天素之后,准备去请诸葛亮。二哥说诸葛亮徒有虚名,不用去了。我就说让我去将他请来,如果不来,我就用绳子把他捆来。因为这个想法,大哥把我责备了一顿,责令我不得无礼后才允许我一同前往。在路上我们遇到了诸葛亮的弟弟诸葛均,连我都感觉此人无礼,可是大哥却善解人意,不计较什么。到了诸葛亮的茅庐,他在睡觉,大哥就一直站着等,不让童子叫醒他。等了很久,我实在受不了,想要干脆一把火烧醒他,被二哥拦住了。后来大哥的诚意打动了诸葛亮,他终于愿意追随我大哥了。

四、课堂小结

1. 中国古典小说的一大特点就在于注重情节的曲折及故事的完整性。茅盾曾如此评价《水浒传》的结构:故事发展前后相互勾连,步步紧凑却又疏密相间,姿态摇曳,手法变化纷繁复杂,规避了平铺直叙之态。叙述往往带有说书人的痕迹,行文也常用说书人的叙述口吻,例如"看官听说""且把闲话休提""只说正话"等。

2. 为满足表达需求而设定巧合,也是古代小说的显著特色之一。如《智取生辰纲》设置了明暗两条线索,处处埋下伏笔,令故事情节愈发曲折且生动。

3. 中国古典小说的另一特点是通常将刻画人物的行动以及语言作为塑造人物形象的关键手段,极少触及人物的内心世界。在具体细节描写上,明清白话小说着重在情节中展开描写,以刻画语言、动作为主要手段,像《范进中举》中就详尽描写了范进中举前后的语言、动作变化;也有他人、环境等侧面描写手段,像《刘姥姥进大观园》中,以贾府的奢侈豪华,写出了刘姥姥的淳朴、土气。

五、课后巩固

1. 必做:小说人物的命运与小说所反映的社会环境息息相关,也折射出小说的主旨。请阅读《水浒传》《儒林外史》《三国演义》《红楼梦》中杨志、范进、刘备、刘姥姥的相关章节,了解主要人物的命运。结合社会背景分析人物命运的成因及作者所欲表达的主旨,以《杨志/范进/刘备/刘姥姥为何如此?》为题,写一篇200字左右的短文(选择其中一个人物完成写作即可)。PPT展示:

(1)《水浒传》相关章回:

第十二回　梁山泊林冲落草　汴京城杨志卖刀

第十三回　青面兽北京斗武　急先锋东郭争功

第十四回　赤发鬼醉卧灵官殿　晁天王认义东溪村

第十五回　吴学究说三阮撞筹　公孙胜应七星聚义

第十七回　花和尚单打二龙山　青面兽双夺宝珠寺

(2)链接《儒林外史》科举背景。

(3)《三国演义》相关章节:从第三十四回至第三十七回,罗贯中为写诸葛亮出场不惜繁复铺垫,尤其是"三顾茅庐"章节。

(4)《红楼梦》相关章回:

第六回　刘姥姥一进荣国府

第三十九回　刘姥姥信口开河

第四十一回　刘姥姥醉卧怡红院

第一百一十三回　忏宿冤凤姐托村妪

2. 选做:《智取生辰纲》用的是元明期间的白话,还夹杂着当时的一些方言,阅读对象是普通大众,因此文章语言通俗易懂,请结合文章主要内容分析这一语言特点。

【课例评析】

灵活多变,共振激趣

一、方法要灵活

该课例将小说单元以群文阅读(联读)的形式展开,堪称一次微尝试。由"一篇"过渡到"一群",这代表着"教"的转变以及方法上的突破。教师应让学生自主阅读,使学生于阅读中掌握阅读技巧。教师在课堂上需懂得抓住重点、凸显要点、把控难点,并要学会适当舍弃。为此,教师既要合理运用重点阅读、比较阅读以及勾连统整等阅读策略,也要培养学生跳读、浏览、略读等阅读方式。故而在本单元教学前,务必通过课前细读、课上略读、重点精读以及其余内容浏览的形式,让学生借助在文中勾画、批注的办法攻克重难点。

二、教师善引导

当数量众多的文章一同展现在学生眼前时,容易使阅读流于肤浅和浮躁,故教师一定要善于引导学生在核心目标上多加停留、深入钻研,不然会使学生只顾浏览文章的故事情节,而忽视核心目标的达成。长此以往,不但学生的语文能力难以提升,还会让学生在阅读中难以抓住重点,无法读出文章的独到之处。

三、学生多参与

在教学中为学生营造一个"交流"的课堂,群文阅读(联读)教学乃是教师、学生和文本相互作用的过程,是在交互中形成新的世界融合的过程。教学不单是一种告知,更多的是学生的一种体验、探究与感悟。给孩子多大的平台,他便能跳出多美的舞蹈。

第7讲 青春芳华,对美好人性的赞美
——《百合花》《哦,香雪》联读

【课例分析】部编版高中语文教材必修上册第一单元归属于"文学阅读与写作"任务群,围绕"青春价值"这一人文主题,选入了一首词、四首诗以及两篇当代短篇小说。《百合花》属于战争题材小说,然而其并未直接描绘战争的残酷与惨烈,而是选取了一个中秋佳节在前沿包扎所发生的故事,呈现出一位年轻的通讯员与两位女性("我"和新媳妇)于严酷战斗环境之中的情感关联。《百合花》是学生进入高中学习的第一篇小说,他们在初中已经学习过小说,掌握了一定的小说知识和阅读方法。但《百合花》区别于以往学习过的小说,尤其是写作方法和语言风格与传统小说有很大区别,对学生来说学会一些方法以指导对这类小说的阅读很关键。《哦,香雪》以北方小山村台儿沟作为背景,讲述了每天仅停留一分钟的火车给向来平静的山村生活所带来的涟漪。此小说通过对香雪等乡村少女的鲜活刻画,展现了山里姑娘淳朴、善良以及美好的心灵,传递出姑娘们对山外文明的渴盼与追逐。两篇小说都属于宏大背景下的小场景叙事,情节简单、语言清新、描写细腻,充满着人性之美、青春之美。

新课标中明确要求,语言构建与运用是学生语文素养的重要构成部分。小说教学可以通过阅读与鉴赏、表达与交流、梳理与探究等活动,充分挖掘小说的细节,剖析人物形象,品味语言艺术美。基于语言构建与运用,引领学生探究文本、进行表达交流,增强鉴赏审美能力,推动思维能力的发展和提升,传承并理解文化。故教学《百合花》《哦,香雪》不应仅满足于感受体验、品味语言、获得启示,还应创设情境,引导学生围绕"人物形象再造""物象与主题关系"等开展有深度的文本鉴赏与表达活动。

为更好地完成教学目标,教师引导学生探讨两篇文章物象的象征意义,通过分析物象与主题之间的关系,帮助学生理解青春的内涵,树立正确的世界观、人生观、价值观。该课例通过情境创设、合作探究、教师点拨等方法,从形象刻画、细节描写等角度欣赏作品,对作品进行个性化解读,以获得审美体验,提高学生对文学作品的鉴赏能力。

【选文来源】《百合花》《哦,香雪》选自部编版高中语文必修上册第一单元。

【教学年级】 高一

【教学目标】

1. 赏析两篇小说中典型物象及其象征意义,感悟所营造出来的充满诗情画意的情绪氛围以及感人心脾的情感力量。

2. 进一步探讨小说物象与主题之间的关系,理解青春的内涵。

3. 学习本篇文章,感悟两篇小说中的人物形象之美、青春之美。

【教学重难点】

赏析两篇小说中典型物象及其象征意义,感悟所营造出来的充满诗情画意的情绪氛围以及感人心脾的情感力量,理解青春的内涵。感悟两篇小说的人物形象之美、青春之美。

【教学过程】

一、导入

少年,处于人生最美的时刻,代表青春与力量,更代表一段五光十色的美好。今天让我们一起感受青春的魅力,走进《百合花》《哦,香雪》,感受那多彩的世界。

二、学习活动

活动一:为展现青春的价值,点燃澎湃的青春激情。

九龙社区茶山村准备举办"青春正芳华"主题墙画征集活动,请你以《百合花》或《哦,香雪》的故事为背景为此次活动写一篇"故事简介"。

活动二:如果你作为一名墙画工作人员,你将会选取哪些物象来展现《百合花》《哦,香雪》的青春呢?

开展小组合作交流,一一找出并呈现。

《百合花》的主要物象:几根树枝、一枝野菊花、馒头、棉被、百合花被、百合花、衣服上的破洞、瓜菜月饼、圆月、毛竹门板……

《哦,香雪》的主要物象:台儿沟火车、大山、被窝、电扇、手表、鸡蛋、核桃、大枣、柳条篮子、挂面、发卡、香皂、火柴、铅笔盒、金圈圈、四十个鸡蛋、西山口、书包、衣裳、芝麻糖……

(一)《百合花》的物象分析

1. 树枝、野菊花。

首次于前往包扎所途中,"我"瞧见他"肩上步枪筒内,稀稀疏疏插着几根树枝,这般情形若说是伪装,倒不如讲是点缀装饰"。

再度相遇时,"我"行至近前拿起那两个干硬的馒头,发现他背的枪筒中不知何时又添了一枝野菊花,与那些树枝一道,在他耳畔瑟瑟颤动着。

思考:假设今天老师也带来了一枝菊花,是不是老师就一定是热爱自然的人呢?

师:枪属武器,而其背后是残酷的战争。寥寥数句,便将小通讯员淳朴且热爱自然的情趣展现了出来。即将展开总攻之际,在紧张的战斗间歇,这名小战士竟还有心思在枪筒插上树枝与野菊。此行为看似被"我"偶然看到,或许还能显露出这个小战士的天真、孩子气,可实际上,这些描写恰恰彰显了小通讯员的青春活力,体现出他对自然、生活的热爱。

2. 馒头。

第一次是在小通讯员离开包扎所返回团部之际,"行未几步,他似又念及某事,于其挎包中摸索一番,掏出两个馒头,朝我扬了扬,顺手置放于路边石头上,言道:'给你开饭啦。'"

馒头是什么?乃饭食。这馒头是谁的饭?是小通讯员的。可他不吃,而是留给了我。我是谁?不过是与他萍水相逢的战友罢了。在物资极度匮乏的时期,他竟将饭留给了我,由此可见他对同志关怀备至,还展现出他的真挚、纯善。同样出于善良,他舍己为公,为护战友,献出了自己的生命。

第二次是在小通讯员牺牲之后,新媳妇一针一线地缝补衣肩上的破洞,"我"着实难以承受这"凝重的氛围","我渴盼看见他坐起身来,看见他面带羞涩地笑。让我无意间触碰身旁一物,伸手一摸,是他为我准备的饭,两个干硬的馒头……"触景生情,勾起"我"对与小通讯员共处时光的回忆:忆起了他的腼腆、憨厚,忆起了他的天真、活泼,忆起了他的善良、体贴。借由这"满含战友深情"的两个馒头,深切抒发了"我"痛失战友的内心哀恸,达成了"无声胜有声"的艺术成效,引发了读者的强烈共鸣。同时,揭示出人物的良善品质,抒发了"我"对小通讯员的怀念之意。

3. 衣肩上的破洞。

第一次:当借被之时,出于羞涩与慌张,小通讯员在接过新媳妇递来的新被转身离开时,不慎于衣肩上弄出了一个洞,且拒绝让新媳妇为其缝补。这既与前文所写小通讯员的腼腆、憨厚相呼应,又展现出了他的执拗。当然,也带有些许对新媳妇的惬意。

第二次:小通讯员离开包扎所往团部去时,"我"望见"他肩上撕挂下来的布片,在风里一飘一飘。我真后悔没给他缝上再走。现在,至少要裸露一晚上的肩膀了"。这一方面与前文形成呼应,表明这个破洞不小,同时也能看出"我"目送着小通讯员远去,再加上对"我"懊悔心情的描绘,细致地烘托出了"我"对小通讯员的惦念与关怀,并且隐隐暗示了小通讯员将遭遇不测,为后文叙述小通讯员负伤牺牲埋下了伏笔。

第三次:小通讯员躺在门板上,新媳妇看到他肩头上露出了那个大洞,不禁发出悲叹。这不但进一步证明担架队抬回来的这名重伤员的确是小通讯员,还表明他从包扎所回到团部后,始终没有时间顾及这个破洞,直到最后连缝补破洞的机会都没有就牺牲了。与此同时,也展现了小通讯员大公无私、舍己为人的高尚品质,使小通讯员的形象在读者心中愈发高大。

第四次:新媳妇"低着头,正一针一针地缝他衣肩上那个破洞"。医生说"不用打针了","新媳妇却好像什么也没看见,什么也没听到,依然拿着针,细细地、密密地缝着那个破洞"。我实在看不下去,劝她别缝了,她却异样地瞟了"我"一眼,"低下头,还是一针一针地缝"。

思考:小通讯员牺牲后,新媳妇用心地为他缝补衣肩上的破洞。同学们不妨猜想一下:新媳妇当时是以怎样的心情缝补这个破洞的?

点拨:其中蕴含着丰富的内容与情感——有当初让小通讯员"受气"的懊悔与内疚,更有对烈士的钦佩和沉痛哀悼。这种复杂的情感体现了深厚的军民鱼水情和人情美……与小说故事情节的前后发展相互呼应,营造氛围,紧紧牵动读者的心。

4. 百合花。

思考:我们在选用物象时,选用"百合花被"合适,还是"百合花"合适?

点拨:在《百合花》中,有一个关于物件的细节一直都存在于小说的主干情节当中,就是那条绣满百合花的被子。

起初是通讯员"借被子",接着是新媳妇"献被子",最后是新媳妇为牺牲的通讯员"盖被子",这床被子成为推动情节发展的关键道具。

但两者一比较,可看出百合花具有丰富的象征内涵(百合花的象征作用)。"白色"是纯洁、美好的象征,这象征纯洁与感情的花,展现的是新媳妇的纯真、善良与友善,也是小通讯员淳朴、真诚、高尚的精神体现。

总结:通过这些细节描写我们看到了文章展现的青春之精神。我们也仿佛看见了青春之精神如百合花般正在中国的大地上绽放。

(二)《哦,香雪》的物象分析

1. 大山。

这短暂的一分钟,打破了台儿沟往昔的宁静。以往,台儿沟人向来是吃过晚饭就躺进被窝,仿佛他们在同一时刻接收到了大山无声的指令。因此,台儿沟那一小片石头房子于同一时刻骤然全然静止了,静得那般深沉、着实,仿佛在悄悄地向大山表露着自身的虔诚。

点拨:由"命令""静得那样深沉、真切""虔诚"等词或短语可看出大山里的人们还在过着"日出而作,日入而息"的农耕文明生活,所以"大山"是闭塞、贫困的象征,也是封闭、传统的象征。

2. 火车。

思考:火车只在台儿沟停留一分钟,可姑娘们为这一分钟都做了哪些准备呢?

台儿沟的姑娘们刚把晚饭摆上桌就慌了手脚,她们漫不经心地仓促吃上几口,丢下碗便着手梳妆。她们洗去一整天的黄土与风尘,显露出粗糙却红润的面容,将头发梳理得乌黑发亮,接着就竞相穿上最为出色的衣裳。有的换上仅在过年时才穿的新鞋,有的还悄悄往脸上抹点胭脂。即便火车抵达时天色已黑,她们仍依着自己的心意,精心考量着装和容貌。

3. 铅笔盒。

经由作家的精妙描绘,铅笔盒已不单单是一个物品,而是一种象征。它象征着文化与知识,代表着一种心愿、一种追求,也是自尊的体现。当香雪与它相隔甚远时,香雪是迷茫、懵懂的;当它归香雪所有时,香雪便精神饱满,前途充满希望。对铅笔盒的向往,是她期望摆脱小山沟封闭落后生活的表现,也是她对现代文明的渴望。

过渡语:每一位青年人、每一代青年人都有他们渴求的梦想,他们也在为之努力奋斗,青春在不同时代也被赋予了不一样的意义。让我们一起观看一段有关青春的视频,了解不同时代的青春之内涵。

观看视频后,学生用词语、句子为自己的青春定义。

活动三:探讨如何让我们的青春更有价值,学生自由发言。

学生思考并回答。

三、故事推荐,写作参考

1.《战狼2》:其故事于非洲附近的大海上展开,主人公冷锋历经人生重挫,"被开除军籍"。本欲就此漂泊一生的他,被一场猝不及防的意外打乱了,从而卷入了一场非洲国家的叛乱之中。他原本能够安全撤离,然而因难以忘却曾经身为军人的使命,毅然孤身涉险,冲回沦陷区,引领身处屠戮中的同胞和难民,进行生死奔逃。

2.《长津湖》:70多年前,中国人民志愿军奔赴朝鲜作战,在极度严寒的长津湖,东线作战部队凭借钢铁般的意志以及英勇无畏的战斗精神一路追击,勇猛地抗击敌人,扭转了战场形势,彰显了军威与国威。

四、《百合花》《哦,香雪》群文阅读(联读)学习任务单

(一) 自主学习

1. 小说三要素。
2. 小说中刻画人物的常用手法。
(1) 正面描写(直接描写):通过对人物的外貌、动作、语言、心理、神态以及肖像展开正面的直接的描写。
(2) 侧面描写(间接描写):借由对其他人或环境的描绘,从旁烘托所写人物,以此达到"烘云托月"的效果。
(3) 细节描写。

(二) 学习活动

活动一:为展现青春的价值,点燃澎湃的青春激情,九龙社区茶山村准备举办"青春正芳华"主题墙画征集活动,请你以《百合花》或《哦,香雪》的故事为背景为此次活动写一篇"故事简介"。

活动二:如果你作为一名墙画工作人员,你将会选取哪些物象来展现《百合花》《哦,香雪》的青春呢?

学生自由讨论。

活动三:我们该如何把握美好青春?结合自身的感受,谈谈你的理解。

五、课堂小结

岁月如流,青春易逝,然而青年们挥洒的热血、拥有的情怀,会穿越时空,以更恢宏的姿态重现。身为青年的我们,务必要传承这份滚烫的热忱与拼搏的底色,凭借不朽的精神担当,谱写青春的华章。

六、作业布置

1. 学习《百合花》《哦,香雪》后,我们对"青春"有了更深刻的认识,请你为"青春正芳华"主题墙画征集活动写一段宣传语。
2. 为更好地展现青春的活力,请你尝试用细节描写来刻画你的同桌。

【课例评析】

以物激趣，披情入文

一、创设情境，任务激趣

该课例根据《普通高中语文课程标准》(2017年版，2020年修订)强调在语文教学中情境任务设计的相关要求，学习任务单设计了三个学习活动。在整个授课过程中，学生能够很快融入学习情境，对基于情境创设的任务也能理解并积极完成。以文章具有象征意义的物象为切入点，着力提高学生听、说、读、写等多方面的能力，以学生为课堂主体，用丰富的课堂活动激发学生的学习兴趣。本堂课总体完成了任务，让学生在活跃、轻松的课堂氛围中有了一些收获。

二、自主合作，探究激趣

为了让学生更好地感悟两篇小说的人物形象之美、青春之美，理解青春的内涵，教师让学生合作交流和自主探究，从而很好地感悟两篇小说的人物形象之美、青春之美。特别是第三个活动，学生能够结合文本内容、自身实际，很好地表达自己对青春的理解，展现了青年人应有的担当。

三、故事推荐，方法激趣

为了让学生对文章的重要情节进行回顾，设置了让学生写"故事简介"这一活动，但是给学生的写作参考却是两部电影的简介。两者有共性也有个性化特征，所以这一环节还可再进行改进，教师应在平时的教学活动中多进行故事简介的写作方法指导。

第8讲 荒诞不经的变形，折射现实的悲苦
——《促织》《变形记》联读

【课例分析】该课例所选择的中国古代文言小说《促织》和西方现代派小说《变形记》的共同点在于均讲述了一个"人变为虫"的"幻化"故事，呈现出神秘且荒诞的倾向。这两部小说皆涉及人化为虫的情节，小说家的想象极为奇特，令人称奇。在阅读这两篇作品时，需留意主要情节的跌宕以及人物情感的转变，感受人物的生存状况，从而领会"变形"中所蕴含的社会批判意义。与此同时，还应对比两篇作品的差异，把握它们各自的风格与特色。

【选文来源】《促织》选自部编版高中语文必修下册第五单元，卡夫卡的小说《变形记》为花城出版社2014年出版。

【教学年级】高一

【教学目标】

1. 速读课文，梳理"人化为虫"的前后境况。

2. 研读课文,读懂荒诞小说的写法,并比较中西方作品中荒诞手法的异同。
3. 体会荒诞手法对社会现实的深刻批判,引发学生对成名之子与格里高尔异化背后的思考。

【教学重难点】
初步感知荒诞的特点,读懂荒诞小说的写法,体会荒诞手法对社会现实的深沉批判。

【教学过程】

一、导入

《促织》是中国古代文言小说,《变形记》为西方现代派小说,分别是蒲松龄和卡夫卡的代表作。两个不同年代、不同国度的作家,却构思、演绎了相同的变形故事,都是人变为虫。预习完两篇文章,请用一些词分享自己的感受。

预设:荒诞、奇异、难以置信。

文学源于生活却高于生活。所谓高于生活是指生活中无法真实发生的事,经过作家艺术化的处理在文学中体现,而虚构就是文艺创作中最常见的一种艺术手法。我们今天就来挖掘虚构的荒诞变形故事之下所隐藏的真实。

二、预习任务:虚构故事,描荒诞之形

任务活动一:通读两篇文章,给《促织》《变形记》的主人公制作一份人物简历表(表1.10)。

表1.10 人物简历表

姓名	社会地位	家庭成员	经济状况	变形原因	变形结果
成名之子	普通平民	父母	略有薄产 但累尽	弥补过错 拯救家庭	获得功名富贵 享有社会地位
格里高尔	公司 推销员	父母 妹妹	经济困厄 负债累累	工作辛苦 饮食低劣 人情冷漠 还债压力	遭到家人厌弃 疲累困乏病重 平静死去(小说原结局)

明确:根据变形结果,《促织》是以喜剧结尾,《变形记》是以悲剧收场。

思考1:无论悲喜,像化虫这样离奇的事件发生在两位普通人身上,他们对此接受吗?

引导学生着眼于两人化虫后的表现进行分析。

预设:

(1)格里高尔:一觉醒来突然变形。"我发生什么事啦?这可不是梦啊。"说明他是在毫无准备的情况之下,在突如其来的灾难命运之下无法逃避而被动接受。

(2)成名之子:化虫之后"翘然矜鸣,似报主知",是因为内心愧疚想要挽救全家性命而化虫以供赏玩,说明他是自愿主动变形的。

思考2:根据变形结果,你认为谁更可怜?

(预设)生：我更喜欢《促织》的结局，因其符合中国人的审美，写出了中国人对美好生活的追求。蒲松龄美好愿望的寄托——成名之子"化虫"的圆满结局是表达"天将以酬长厚者"，《促织》的变形是给长厚者安慰和奖励，是蒲松龄那个时代的许诺和期待，因而作者用丰富的想象力幻化出来的情节，更准确地说是表达了作者的愿望。

(预设)生：鲁迅说"悲剧则是把人生有价值的东西毁灭给人看"。变形是一面镜子，目的是折射出人性中的阴暗面，折射出现代文明对人的摧残。卡夫卡的结局就是想证明在资本主义社会对金钱的极力追求下，人与人之间关系的异化，人与自我关系、人与社会关系的异化。格里高尔与家人关系冷漠，工作、生活对他的重压是难以缓解的。《变形记》中的"化虫"是不可逆的，人变为虫，并且变不回来了，这是作者卡夫卡对人的"异化"的一次全方位的彻底的观察，"化虫"后外形改变，产生了虫的习性，但格里高尔依然保留了人的思维和情感，甚至从来没有放弃过人的这种"高贵性"。这也使得他本能地逃避、拒绝虫性的变化，导致他在异化之后无法自洽，更是和外界社会环境形成不可调和的矛盾冲突，展现卡夫卡对人性的执着、迷茫和绝望，这其实也是一个时代的迷茫。

预设：大部分学生认为格里高尔更可怜，同情其被家人厌弃后凄惨死去——在工作、生活的重压之下，丧失自我，惨遭毁灭是必然结局。从结局上看，成名之子化虫后又回魂，且得到了功名地位；而格里高尔却孤独去世，后者更可怜。

补充分析：成氏一家的功名富贵，需要年幼的稚子化魂为促织，以满足统治者的喜好，虽"一人飞升，仙及鸡犬"，但是是以丧失人的意识、泯灭人的价值为代价的。

小结：结合现实，我们会发现《促织》中的结局其实是喜剧外壳，悲剧内核，展示了封建专制统治下残酷的社会现实。艺术作品要表现现实，教师顺势引出虚构的作用之一：穿越表层文字，反映生活的真实。

任务活动二：真实批判，辨明虚构。

评论家谢有顺说："好的小说家往往能够把假的写成真的，所谓虚构，其实是一种达到更高的想象的真实。"我们可以知道作者通过虚构来批判社会现实，为什么虚构的手法能够达到"更高的真实"，从而让我们感受到批判性呢？请小组合作，并思考以下问题：

（1）两者化虫的方式有何不同？

（2）卡夫卡为什么要让格里高尔化为甲虫而不是如猫、狗等其他生物？思考甲虫所具备的象征意义。

（3）同样是荒诞的情节，你认为哪一只虫离我们的生存状态更近？

预设：

（1）成名之子：身体虽在，魂灵却离身而去，是灵魂化虫。

引导：变虫后的状态是自己很得意，要为家庭负责，功成名就之后就变了回来。

（2）格里高尔：思想意识如人，行为习性如虫，是肉体化虫。

追问：思想意识如人，具体体现在哪里？

变成甲虫后的内心想法——惊慌害怕、对老板的埋怨等符合人的性格特征，体现了内心真实。

追问：行为习性如虫，具体体现在哪里？

变成甲虫后的诸多尴尬——四肢不能伸展自如、失语、起床开门的细节都符合甲虫的身体构造和行为习性,体现了细节真实。

重重的壳:人背负着沉重的现实压力。

外壳坚硬,内心软弱:外强中干,人的软弱性格,将身体缩到壳里自我保护,体现了对世界的恐惧、逃避;壳隔绝了世界,体现了人与社会的隔阂。

这只甲虫不仅是被生活所压的格里高尔,更是生活重压下的你我。面对无常人生,每个人或许都是格里高尔。

《变形记》更贴近我们,同样有孤独、恐惧、空虚、扭曲的内心,同样处于学习和生活的焦虑中,同样拥有真实而痛苦的内心世界。

小结:通过探讨,我们可以总结文学作品通过虚构抵达三种真实(虚构的作用):展现生活本质的真实、合乎细节的真实、直达心灵的真实。

任务活动三:虚构真实,揭生活真实。

马克·吐温说:"有时候真实比小说更加荒诞,因为虚构在一定逻辑下进行,而现实往往毫无逻辑可言。"两篇小说所描绘的荒诞虚构其实都是指向人的"异化"。那么,什么叫"异化"呢?

出示概念:异化是指在生存竞争的高压下,人失去自我,失去价值、尊严、地位乃至躯体,成为非人。马克思对"异化"的表述:"物对人的统治,死的劳动对活的劳动的统治,产品对生产者的统治。"

通过刚才的学习,我们可以发现:人被异化成非人,使人作为人的价值被否定了。你觉得在我们现在的生活中存不存在这种"异化"的现象? 思考并举例。

举例:当代异化者图鉴一览(某种程度上,手机把你变成了盲人)。

"世界上只有一种英雄主义,那就是认清生活的真相后依然热爱生活。"
——罗曼·罗兰《米开朗基罗传》

在现代社会,每个人或多或少都可能是变形的病人。我们阅读这样的小说,就是要在看清现实的荒诞之后仍能观照自我、热爱生活。荒诞的故事,真实的生活,文学源于生活又高于生活的意义或许正体现在此吧。

三、作业设计

思考:现实中能化虫吗? 如果不能,那么两者的结局会有什么不同? 请展开想象,续写故事走向。

请学生分享续写内容。

预设:现实中不能化虫。成名一家因为找不到促织而家破人亡;格里高尔按部就班地过着日常生活。

四、板书设计

"变形"——现实观照
"荒诞"——真实批判

【课例评析】

对比激趣,虚实入理

一、高屋建瓴,比较寻趣

该课例围绕第六单元之小说,在教学设计上进行了大单元教学的思考,照顾到小说教学的主要方面,并且将小说阅读体系化的内容分散到本单元的五篇小说的教学过程中。其实这两篇小说相同点很少,变形是两者表面的相似点,除此以外,几乎无其他共性。教材编者将两者编为一课,并非单纯要求我们去分析同中之异或异中之同,其实更希望教师引领学生思考如何利用两篇小说去实现单元整体的学习目标。

二、巧设环节,虚实相生

在具体的教学设计中,该课例针对学生提取文本重要信息的能力较弱,能够结合资料总结,对比激趣,虚实入理。在"探究异化原因"这一环节,从学生课堂反馈情况来看,关于原因,学生能够总结得比较好,但是不能够结合文本来支撑自己的结论。

三、综合施策,理趣润之

该课例从异化之形、异化之因出发,归纳出主题,逻辑清晰。又从手法、情节、人物方面对比异同,感受"虚构"与"真实"。

四、有详有略,重点突出

在课堂中能合理运用多媒体,借文学作品、艺术作品关照现实,也关注作品的社会批判性含义,符合单元学习任务要求,详略得当,重点鲜明,难点适切。

第9讲 冲破隐形的"枷锁"
——《林教头风雪山神庙》《装在套子里的人》联读

【课例分析】卢梭有言:"人生而自由,却无往不在枷锁之中。"本课例中的林冲一开始是委曲求全,忍辱求安;别里科夫则一直在"套"中惶惶不可终日。本质上,他们同属"套中人",有形的无形的套子在两人身上交错。当然,他们也曾为"出套"做出过挣扎与努力,这也是两篇文本相契合的点。套子、奴性皆为枷锁,都会稀释生命中的美好。逃离枷锁,才得自由。可重压下的小人物,想要逃离,谈何容易!

【选文来源】《林教头风雪山神庙》《装在套子里的人》选自部编版高中语文必修下册第五单元。

【教学年级】高一

【教学目标】
1. 理清情节,把握小说内容。
2. 通过比较,分析林冲、别里科夫形象的异同。
3. 结合社会背景,理解小说中"套子"的内涵。
4. 探究小说主题,正确认识社会中的"套子"。

【教学过程】

一、情境任务

我校决定承办"品读经典,省察人生"的阅读中外经典小说系列活动。活动中的小说人物分为"多余人""异形人""套中人"等。我们班取得了"套中人"的分析任务,决定推选林冲、别里科夫作为典型代表。

学习任务:读文本,理情节。请结合文本,展示"林冲"和"别里科夫"的命运曲线图和命运关键节点。

二、分析比较

学习任务一:细比较,悟"套子"

1. 请分别用一个字概括林冲和别里科夫"套中人"的表现。

林冲的"忍"、别里科夫的"怕"。

2. 林冲的"忍"体现在哪些地方?请结合课文语句进行分析。

林冲指着自己的脸说道:我因触怒了高太尉,被他寻衅诬陷,从而吃了官司,遭刺配至此。如今让我管理天王堂,不知日后情形怎样。未料今日能再次与你相见。尽管深知遭人构陷,却仍坦然承认自身之过错;内心仍对回归朝廷怀有期许。

林冲盛怒之下离开了李小二家,先去街上购置了一把解腕尖刀,佩于身上,于前街后巷四处寻觅。李小二夫妇为此提心吊胆。当晚安然无事。……林冲又来对李小二讲:今日依旧相安无事。李小二言道:恩人,但愿一直如此。只是您自己务必要多加小心。林冲自行回到天王堂,度过了一夜。在街上持续找寻了三五日,毫无消息,林冲自己心中也渐渐不抱希望了。

复仇的念头并不强烈;被动且短暂地抵抗。

林冲抬头看向那间草屋,四处均已损坏,又受朔风的吹拂摇撼,晃动得厉害。林冲说道:这屋子怎能熬过一冬?待雪停天晴了,去城中叫个泥水匠来修缮一番。对着火烤了一会儿,感觉身上寒冷,心想:方才那老军提及二里路外有集市,为何不去买些酒来喝?遂从包裹中取出些许碎银,用花枪挑起酒葫芦,将火炭遮盖住,戴上毡笠,拿好钥匙出门,把草厅的门拉拢。那雪正下得紧,行走还未到半里多路,看到一处古庙,林冲虔诚行礼道:神明护佑,改日再来烧纸钱。

性格:有意久居,安心于所处的环境,服从安排,安于现状。

3. 别里科夫的"怕"具体体现在哪些方面?结合课文语句加以分析。

穿着方面:他着实奇怪,即便在最为晴朗的日子,也要穿雨鞋、带雨伞,并且必定身着暖和的棉大衣。他总是将雨伞置于套中,并放在灰色的鹿皮套里;就连削铅笔的小刀也装在小套子里。他的脸似乎也被套子遮住,因为他老是把脸藏在竖起的衣领之中。他戴黑眼镜,穿羊毛衫,用棉花堵塞耳朵眼。他一坐上马车,定然叫马车夫支起车篷。

用具方面:他将随身携带的物品都放置在一个个"套子"里。

出行方面:乘坐马车"总要叫马车夫支起车篷"。

住处方面:卧室仿若箱子,床上挂着帐子;"他一上床,就拉过被子蒙住脑袋""他躺在被子底下,战战兢兢""生怕会出什么事""生怕小贼溜进来"。

语言方面:现实生活对他形成刺激和惊吓,总是搅得他心神不宁。或许是为给自己的胆怯、对现实的厌恶找借口吧,他总是赞颂过去,赞颂那些从未存在过的事物;实际上他所教授的古代语言对他而言,恰似雨鞋和雨伞,借此逃避现实生活。

性格:行为怪异,隔绝人世,胆怯,逃避现实。

4. 教师展示表1.11。

表1.11 人物的"套"中与出"套"

人物	"套"中	出"套"	性格
林冲	"我因恶了高太尉……" "我是罪囚……" "这屋如何过得一冬" "将火炭盖了,把两扇草场门反拽上锁了" ……	复仇山神庙	忍辱负重 委曲求全 小心谨慎 英勇果敢 ……
别里科夫	"衣着上……" "用具上……" "职业上……" "语言上……" "思想上……"	恋爱结婚	因循守旧 胆小多疑 阴郁衰退 内心卑微 ……

5. 思考:

(1) 林冲走上梁山,最后打开了"枷锁",冲破了套子吗?

没有。他接受了朝廷招安,奉徽宗御旨讨伐四寇,屡建功勋,最后因病去世。他刚从一个"套子"脱身,却又迈入了"另一个套子"。从被朝廷逼迫上梁山,再到回归朝廷,林冲始终身陷"套子"之中。

(2) 别里科夫中途是否有过打开"套子"的机会?

有。别里科夫和热情开放的华连卡的恋爱与婚姻是别里科夫打开"套子"的唯一机会,但别里科夫最终是不可能打开"套子"的,因为"套子"已经长到其骨髓之中,是剥离不掉的。

通过比较,可以直观地看出两位主人公身在"套"中和出"套"的表现:林冲暂时冲出了"套子",而别里科夫的想要稍微出"套"的结婚事件,最终也以悲剧告终。

(3) 你认为林冲和别里科夫分别属于鲁迅所说的哪种人?

林冲是想做奴隶而不得的人;别里科夫属于努力坐稳奴隶的人。

林冲与别里科夫尽管时代不同,身份不同,但他们都是"戴着镣铐行走的奴隶"。林冲是"官逼民反"的典型,而别里科夫在残暴、反动的沙皇统治之下,成了现有秩序的"维护者"与"逼迫者"。

学习任务二:探枷锁,观世相

"人创造环境,同样环境也创造人。"

——马克思、恩格斯《德意志意识形态》

1. 为什么两个时代不同、性格迥异的人会同样戴上"枷锁",成为"套中人"呢?请比较林冲和别里科夫所处的社会环境的异同点(表1.12)。

表1.12 人物所生活的社会

人　物	生活在什么样的社会?
林冲	官僚腐败,皇帝享乐,流氓恣肆,司法不公,仗势欺人,人情淡薄……
别里科夫	沙皇专制,政府管制严厉,知识分子苟且偷安,百姓循规蹈矩……

2. 探究主题:思考林冲走向爆发与别里科夫走向灭亡的不同原因。

《林教头风雪山神庙》:官逼民反的反抗精神。

《装在套子里的人》:对人民奴性麻木、逆来顺受的痛心。

小结:林冲与别里科夫实质上都是官僚主义体系下的"套中人"。他们于外在环境的压迫与内在的自我束缚的双重压力下,丧失了自我的主体自觉意识。根深蒂固的"奴化思想"使他们分别成为"想做奴隶而不得"和"努力坐稳奴隶"的人,但最终都走向了悲剧。

学习任务三:出"套子",省人生

我校准备在校刊《语文学习》"品读经典"栏目刊登同学们的阅读心得体会和感受,希望同学们踊跃投稿,字数不限。在你周围,是否也有这样那样的"套子"?如果有,你是怎样看待这些"套子"的?请写一篇300字左右的心得体会。

示例1:"套子"并非契诃夫时代的"专利"。从根本上说,"套子"是对人的自由本性的抑制,是人与人之间的相互束缚以及人的自身精神的束缚,暗示着人类的生存状态。在现实生活中,重男轻女的思想是一些家庭的套子;金钱是毒害人们最深的套子。虽然金钱只是商品流通中的一般等价物,本身并不具有什么价值,但是它的"神通广大"却着实让人着迷。政府中的贪污腐败现象,正是因为有些公职人员被金钱所套,坠入深渊。无边的欲望和虚荣也都是生活中普遍存在的套子,它们都以不同的形式套着人们,毒害着人们。比如网络游戏,沉迷后会束缚牵制许多缺乏自制力的青年的生活,让他们成为游戏的奴隶而荒废学业。

示例2:在我们的生活中也有"套子",我认为我们要警惕思想上的"套子"。林冲犹如一只被缚住的老虎,缚住他的那条无形的绳索是委曲求全、安于现状、逆来顺受的思想,致使他的拳头往往仅仅停留在空中,并未真正落下。别里科夫为自己戴上了很多套子,最可怕的是思想之套。思想的套子很多,比如教条主义、遵守规则而不知变通、顽固守旧、泥古不化、定式思维等,这些都可能导致思想腐朽、锈蚀,最后变得僵硬,没有创新精神。当思想进入绝对的自由境界,我们才能挣脱思想的套子。霍金的身体虽被轮椅束缚,思想却可以驰骋到无限的时空,创作出常人所不能完成的《时间简史》。我们要走出套子,为思想松绑,为精神突围,突破传统的束缚,冲破教条的约束,才能发挥个性,进入自由创造的天空,从而发掘出思想的最大潜能。

三、作业设计

林冲和别里科夫最后各自走上了怎样的道路？你认为是性格决定命运,还是社会环境决定命运呢？假如你所在班级举行辩题为"决定人生命运的是性格,还是社会环境？"的辩论会,请你选择其中一方写一篇不少于800字的辩论发言稿。

四、板书设计

林冲　　　　　逃脱不掉
时代悲剧
别里科夫　　　挣脱不开

【课例评析】

比较激趣,激活思维

一、比较中理解主题

比较阅读指的是将内容或形式相近或相对的两篇文章乃至一组文章放置一处,对照着展开阅读的一种方式,属近年来高考试题里的常见题型。这种形式对学生阅读、分析、比较与评判的能力予以考查,并且在阅读期间把有关内容予以对照和鉴别。如此一来,既能拓宽学生的视野、激活思维,让认识更为充分且深刻,还能发现差异,抓住特点,提升鉴赏能力。该课例将《林教头风雪山神庙》与《装在套子里的人》两篇课文一同进行比较阅读,能够让学生更好地把握两篇文本中的人物形象,对主题也有更透彻的理解。

二、异同里寻找契合

林冲和别里科夫分别生活在不同的时代和国家,是由不同作者塑造出的人物形象。林冲起初委曲求全、忍辱求安;别里科夫则始终在"套子"里惶恐不安。从本质上讲,他们都属于"套中人",有形和无形的套子在他们身上交互。当然,他们也都曾为脱离"套子"做出挣扎和努力,这便是两篇文本的契合点。套子、奴性都是枷锁,都会消弭生命中的美好,摆脱枷锁,方能获得自由,然而重压之下的小人物,想要逃离,又谈何容易。

林冲初始时的逃避和退让,于课文中体现得极为明显。他原本是八十万禁军教头,在面对高俅与高衙内的设计构陷时,林冲起初接连忍让、委曲求全,到走投无路时,才爆发出强烈的反抗。林冲的反抗,实乃奸人相逼,正所谓"乱自上作"。"杀人可恕,情理难容!"这话出自林冲之口,由此可知,林冲的反抗并非源于自身的自觉行为,而是被现实所迫,在他的故事里,我们见到最多的依旧是他对现实的持续妥协。

别里科夫的逃避和退让,在课文中具体表现为别里科夫晴天穿雨鞋、带雨伞、着棉大衣,眼戴黑眼镜,耳用棉花堵,脸藏在竖起的衣领里;卧室仿若箱子,床上挂着帐子;赞美过去,赞颂从没存在过的事物;运用所教的古代语言躲避生活,对不合规矩之事郁郁不乐。别里科夫思想狭隘,因循守旧,畏首畏尾,惧怕变革,极力维护现行秩序,是一只被"套子"箍住了手脚和思想的可怜虫,"套中人"从而成为保守、僵化和奴性的代名词。

第10讲 探景明情,风雪无情
——《祝福》《林教头风雪山神庙》联读

【课例分析】该课例选择的是部编版高中语文必修下册第五单元内容,人文主题是"观察与批判",意在引导学生阅读学习小说,通过虚构的人物与情节感受文章所反映的社会生活和小说对人情世态的描摹,从而对当下的生活和现实的人生进行思索。一草一木皆有声,一词一句总关情。该课例选择细化小说知识点,将《祝福》和《林教头风雪山神庙》进行比较阅读,探究多样的人物在复杂的社会环境中所体现的不同形象和小说反映的不同社会现实。从不同角度和层面鉴赏小说,注意知人论世,在人物与社会环境共生的关系中认识人物性格的形成和发展,关注作品的批判性,对作品的表现角度和艺术价值有独到的感悟和思考。该课例无论是在考点突破上,还是在写作素材的积累、对学生的精神启迪上,都较为典型。

【选文来源】《祝福》《林教头风雪山神庙》选自部编版高中语文必修下册第五单元。

【教学年级】高一

【学情分析】高一学生已经具备了一定的知识储备以及语言鉴赏等能力,根据学生的认知规律及本课例的特点,遵循"教师为主导,学生为主体,训练为主线"的指导思想,根据新课程标准、学生实际情况等,充分发挥学生的主体地位,采用"自主学习,合作探究"的方式,让学生自主学习,独立思考,培养学生合作交流、质疑探究的能力;引导学生在朗读中概括内容,在品读中抓住关键语句,体会环境的作用,在读写训练中提升语文素养,在表达交流中深刻领会并受到启发教育。教师引导学生以品味语言为主,充分调动学生的知识、情感、生活储备以达成目标;通过联系实际,读写结合突破重难点;采用朗读、讨论、质疑、小组合作学习等方式培养学生良好的语文学习习惯。

【教学目标】

1. 分析两篇文本中描写"风雪"的语段,领会环境描写对情节、人物、主旨的作用。
2. 理解"风雪"的深刻含义,分析环境对人物命运的影响,领会人物的悲剧性。
3. 感受经典文学作品的魅力,学会正确认识并对待人生中的"风雪"。

【教学重难点】

1. 重点:体会环境描写作用以及景物描写的方法,提高鉴赏小说的能力。
2. 难点:读写结合,学会用观察的眼光反映社会生活。

【教学过程】

一、导入:走进文本识风雪

她像雪一样纯洁善良,却也是脆弱的,终究逃不过吃人的封建枷锁。她的挣扎与反抗无

法逆转命运,雪花飞舞,瑟瑟作响。在一连串生活的重压下,她死在了漫天雪地里。雪一样的心情,雪一样的命运!(她就是祥林嫂)

不经历风雪,难见一个人真正的成长;不经历风雪,也难看清一个人真正的底色。

有这么一个人,他的生命真切地直面"风雪",在风雪中忍耐,在风雪中妥协,在风雪中被算计,终于在风雪中奋起反抗。(他就是林冲)

二、情境任务

鲁迅在《花边文学·大雪纷飞》中说,《水浒传》里一句"那雪正下得紧"就是接近现代的大众说法,比"大雪纷飞"多了两个字,但那神韵却好得远了。也有人认为,鲁迅笔下《祝福》中的雪景写得更好。大家如何看?

学习任务一:研读文本,品赏风雪

聚焦风雪,找出文中描写风雪景物的句子,体会景物描写作用,小组内交流讨论。

1. 知识链接:小说环境描写的作用:

(1) 自然环境描写的作用:交代故事发生的时间、地点及人物活动的背景;渲染____气氛,烘托心情;交代或暗示社会环境。

(2) 社会环境描写的作用:揭示了____社会现实。

(3) 对人物的作用:衬托人物____心理,交代人物____身份,表现人物____性格。

(4) 对情节的作用:推动情节发展,为____的情节发展做铺垫。

2. 正面描写风雪:

金圣叹对这一回书中风雪描写的批语:"一路写雪,妙绝!"到底"妙"在哪里?

(1) 第7自然段:正是严冬天气,彤云密布,朔风渐起,却早纷纷扬扬(写雪花之大且密)卷(写朔风之烈)下一天大雪来。

(2) 第8自然段:雪地里踏着碎琼乱玉,迤逦背着北风而行。那雪正下得紧。

(3) 第9自然段:看那雪,到晚越下得紧了。

("紧"写出雪降落的力度、速度、密度,令人想象出越下越大的雪势)

林冲去市井沽酒时,写雪势正大:"雪地里踏着碎琼乱玉,迤逦背着北风而行。那雪正下得紧。"

离开酒店回草料场时,进一步写雪势之大:"看那雪,到晚越下得紧了。"

两个"紧"字不仅突出了风大雪猛的环境特点,而且暗示出林冲的处境越来越危险,形势越来越严峻,而林冲又全然不知,这就使得读者不能不随着雪下得紧而感到紧张!

3. 这三次写雪,妙在何处?

三次直接写风雪,不仅层次分明地描绘了这一场风雪越下越大、越下越紧的动态过程,而且紧密地伴随着人物活动和情节发展,成为故事的有机组成部分。

4. 侧面衬托风雪:

第8自然段:仰面看那草屋时,四下里崩坏了,又被朔风吹撼,摇振得动。

第10自然段:那两间草厅已被雪压倒了。

写的是草屋被压坏,给人的感觉却是风雪之大。这是通过环境描写来侧面衬托风雪。

第8自然段:熄了一回火,觉得身上寒冷。

第10自然段:"先取下毡笠子,把身上雪都抖了""上盖白布衫""早有五分湿了""把被扯来盖了半截下身"。

这是用人物动作、感觉暗写风雪。写出了风雪的威猛和天寒地冻的感受。风雪的交替出现,正侧结合,和人物的活动相融合,使读者读到、感受到林冲时刻处于风雪交加的境遇之中。

5. 小结:《祝福》与《林教头风雪山神庙》中的"风雪"在艺术效果上有何异同?

(1)同:两篇文章均借助环境描写映衬人物的命运,尤其是雪景的设置,具有强烈的隐喻特征。《祝福》中的雪凄寒寂寞,与闭塞冷漠的鲁镇何其相似!与孤苦无助的祥林嫂何其相似!《林教头风雪山神庙》中的雪与林冲英雄末路、任人宰割的命运相合相映。

(2)异:《祝福》中的环境注重渲染,凸显反差,祥林嫂在大雪纷飞的祝福之夜死去,令人叹惋和愤怒。环境和人物的命运依存共生。

《林教头风雪山神庙》中环境与人物则具有互动之感,即环境推动人物命运的发展,在环境的变化中人物的性格逐渐发生转变,由原先的委曲求全到后来的果敢决绝。

学习任务二:感悟风雪,探究主题

1. 这场"风雪"只是自然中的风雪吗?说说你对《祝福》与《林教头风雪山神庙》中"风雪"的理解。

(1)《祝福》的"风雪":

借雪之无瑕,写祥林嫂的清白无辜。

借雪之飘零,写祥林嫂的挣扎。

借雪之寒冷,写鲁镇众人的冷漠。

借雪之短暂,写祥林嫂命运的悲惨。

(2)《林教头风雪山神庙》的"风雪":

风雪是林冲所面临的恶劣自然环境。八面的狂风,肆虐着摇摇欲坠的草厅,剥夺着他安分守己的温暖。这个环境迫使他烧火取暖、沽酒御寒、挪石挡门。

风雪也是林冲所处的险恶社会背景。高衙内的无端加害,让他猝不及防;陆虞侯的无耻背叛,让他悲愤交加;层层迫害、步步紧逼,让只想守着家、守着妻子、做顺民的他,退无可退。那就反抗吧,忍无可忍无须再忍!

"中国只有两个时代,一个是暂时坐稳了奴隶的朝代,一种是求做奴隶而不得的朝代。"

——鲁迅《灯下漫笔》

2. 祥林嫂和林冲面对不幸的命运抗争过吗?你怎么理解他们的抗争行为?抗争的结果如何?

(1)祥林嫂的挣扎与抗争完全是出于自发的,而且本身就带有浓厚的封建礼教和封建迷信色彩。为了反对再嫁,她进行了"出格"的反抗,是为了保持自己的"贞节";为了赎"罪",她去土地庙里捐了门槛。她是在封建礼教和封建迷信的泥沼中进行挣扎、反抗的。这注定了她不仅逃不出造成她人生悲剧的苦海,而且最终只能走向死亡的深渊。

(2)林冲隔门倾听了血淋淋的事实,抛弃了自己的幻想。封建压迫者的步步紧逼,使他认清了封建统治者的真面目,从而使他的思想性格发生了根本转变:由动摇到坚定,由忍让到斗争。面对残忍狠毒的仇敌,长期积压在他胸中的满腔怒火像火山一样迸发,化为反抗的行动,林冲亲手杀死仇人,终于在逼迫之下不得不走上了反抗封建统治阶级的道路。林冲由逆来顺受、委曲求全,走向反抗道路,体现了《水浒传》"官逼民反"的主题。

3. 祥林嫂、林冲两人最终的结局怎样?有何不同?

祥林嫂在一个风雪交加的除夕之夜凄然死去,令人惋惜。

林冲在一个风雪交加的寒冬之夜完成蜕变,令人敬佩。

一场命运的"风雪",埋葬了祥林嫂,也让林冲走向了不归路,他们终其一生都无法逃脱命运的"风雪"。

学习任务三:直面风雪,育人有声

每个人的一生中都要遇到不可躲避的"风雪",我们该如何正确认识并对待人生中的"风雪"?从祥林嫂和林冲生命中的这场风雪历程中,你读出了什么?

风雪见英雄!沧海横流,方显英雄本色;青山矗立,不堕凌云之志。林冲,自带光芒,真英雄也!漫天风雪,无尽悲伤,一壶浊酒,十分惆怅。正义已死,问苍天,路在何方?熊熊烈火,长天茫茫,壮士心,英雄泪,空飞扬!一把刀,一杆枪,把江湖走尽,不再彷徨。飞雪狂卷,也要化作反抗的力量;精神永在,也要努力挣脱封建礼教吃人的枷锁!一腔爱国热忱的鲁迅先生在面对腐朽的社会现状时,果断弃医从文,为被封建礼教绑架的愚昧国民开上一剂良方猛药,试图在思想上唤醒、医治更多的时代"患者"。

三、课堂小结

作为新时代的青年,我们更要从先辈们披荆斩棘的不懈努力中汲取精神力量,直面人生中的"风雪"!

四、作业布置

四月的校园,具有别样的美。学生深入校园,仔细观察,完成自己的创作。请学生以小组为单位推荐一篇优秀的写景片段,在班内进行朗读展示。要求:

1. 运用景物描写的方法。

2. 能表达一种思考或情感。

四、板书设计

【课例评析】

以"点"激趣,突破难点

该课例在设计上遵循从局部感知到整体探究,从学生的自主学习到合作探究,从阅读到写作训练,再到感悟拓展,从课内到课外,从文本到文外的思路设计,突出"以学生为主体,教师为主导",打造高效课堂。该课例在读、背、悟中让学生感受到文学作品的魅力;匠心独运的设计,促进了学生核心素养的生成;连点成线的群文阅读(联读)实现了高中语文教学的有效提升,也让学生体会到生机盎然的语文课堂。

一、选点整合,难点突破,自有妙招

该课例紧扣"环境描写"这一主题,通过"朗读语句,展示背诵—品味语句,字字珠玑—读写结合,拓展延伸"三大任务,突破了情景交融环境描写的手法,实现了听、说、读、写的结合,达到对学生思想的引领。

二、紧扣目的,内外联动,学以致用

在整节课教学中,紧扣"鉴文知今"学习目的,从联系实际情境引入文本到课内文本探究,再到课外知识的延伸拓展,即实行"课外—课内—课外"的模式,既有效地实现了目标,又达到了学以致用的目的。本节课设计上突破两点:一是紧扣考纲,学会鉴赏散文语言,提升读写能力;二是紧扣文本,关注现实,提升境界,培养学生的语文素养。

三、群文对比,点面结合,培养格局

秉持"以篇为例,授之以渔"的原则,实施"以点带面"、整体推进群文阅读(联读)教学,找到了适合的角度,牵引出学生思维的多触角,引领学生的思维走向更广阔的空间,思维的深度也得以彰显。"点"是一种提炼和概括,是思维深度的体现;由"点"而"面"是思维广度的体现。"点"选得好,在引领学生的思维上,有方向,有路径,给学生提供了思维支架,由此引领学生去广泛思考,比较思考,深入思考,批判性思考。该课例改变了学生只知其一不知其二、非黑即白的认知习惯,教会学生批判性认识、思辨性认识,让学生的思维在比较辨别中走向深刻。在教学过程中,教师应立足课堂,立足学生实际,精心设计教学内容,提升学生语文核心素养,提高学科育人质量,"研"以潜心,"学"以致远,展现语文课堂独特魅力,给学生带来无限收获。

第11讲　社会环境与人物命运的关系

——《祝福》《林教头风雪山神庙》《装在套子里的人》联读

【课例分析】高中语文群文阅读(联读)是2017版"新课标"的学习要求,需要以语言知识建构与使用为基础,以思维发散及点拨为核心,以审美鉴赏与文化交流为支撑,循序渐进地提升学生的群文阅读(联读)能力,培养学生的语文学科核心素养,进而促进学生全面且个性地发展。小说不仅是文化的载体,也是人类智慧的结晶。通过阅读小说,学生可以接触到不同的社会面貌,理解不同文化背景下人物的思想情感,从而拓宽视野、增强人文素养。此外,小说中的复杂情节与多维度人物塑造,有助于培养学生的想象力和批判思维能力。

在高中阶段,小说作为文学的一种重要形式,因其生动的情节、丰满的人物形象以及深远的主题思想,对学生的心灵产生着深刻的影响。该课例旨在探讨高中小说学习的意义,并分析如何有效地进行小说教学,以提升学生的综合素质。不同作品之间的对比往往能揭示出更深层次的主题与意义。该课例把鲁迅的《祝福》、施耐庵的《林教头风雪山神庙》以及契诃夫的《装在套子里的人》进行对比阅读,探讨这三篇小说背后共通而又发人深省的主题。《祝福》中的祥林嫂在封建礼教桎梏下悲惨地生活着。她的命运被牢牢地束缚在家道中落、丧夫失子的社会现实中。同样,《林教头风雪山神庙》中的林冲也面临着来自社会和个人情感的巨大压力。作为一名武艺高强的军官,他却无法逃脱权力的游戏和妻子遭辱的命运。这两位人物都在试图寻找个人幸福的同时遭受着深深根植于他们生活环境中的种种阻碍。契诃夫的短篇小说《装在套子里的人》,这里的"套子"象征着保守的思想和恐惧变革的心态,主角别里科夫则是这一形象的化身。他的存在不仅是对他个人生活的禁锢,更是对整个社会僵化状态的一种反映。

这三个文本有一个共同点:个体的生活选择受到了强烈的社会制约。《祝福》和《装在套子里的人》均展示了个人如何在其所处的文化传统和社会规范之下挣扎求生。尽管这些规范在不同的文化背景下有着截然不同的表现形式,但其压抑个性自由的核心是一致的。而《林教头风雪山神庙》则通过描绘官场的黑暗面及其导致的悲剧结果,强调了体制性腐败对个人命运的影响。三部作品都体现了人物深刻的内心冲突。无论是祥林嫂内心的痛苦与麻木,还是林冲矛盾的心理及最终的反抗行为,或是别里科夫对于旧秩序维护的执着与因此产生的自我囚禁意识,无一不展示了一个普遍真理:人的心理状态与其生存环境紧密相连,并对其产生深远影响。综合上述内容,可以得出结论:这三篇文章通过对个体生命境遇的刻画,反映了各自时代的社会现实并传达了一种深刻的批判精神,也提醒我们在面对困境时,要敢于正视背后的深层原因,勇于挑战那些不合时宜的传统观念和制度弊端。同时,作为当代读者,也应从中汲取教训,不断反思自身的处境,以期创造一个更加公正、合理且充满人文关怀的社会。《祝福》《林教头风雪山神庙》《装在套子里的人》虽然诞生于不同的文化和历史背景,但提供了相互映照的机会,让我们得以窥见人性深处那既脆弱又坚韧的一面。这样的跨文化比较不仅增进了理解,而且会激发学生对人类存在的根本性问题的深入思考。

【选文来源】《祝福》《林教头风雪山神庙》《装在套子里的人》选自部编版高中语文必修下册第五单元。

【教学年级】高一

【教学目标】

1. 通过关注小说的社会环境描写,进而分析其对人物命运的影响。
2. 通过探究作品的深层意蕴,关注作品的批判性,学会观察生活,思考人生问题。

【教学过程】

一、导入

在小说中,人物形象各色各样,一方面他们会受社会环境的限制甚至压迫,另一方面他们的所作所为不可能超越自身阶层的局限。本节课,我们选取三个典型的人物形象,探究其命运与社会环境的关系。

二、探究学习

任务一

1. 在虚构小说里,请思考人物的命运悲剧是偶然的,还是必然的?结合文本,谈谈你的理解。

提示:可从时代背景、社会环境、人物本身几个方面进行思考。

2. 三篇小说中的社会环境有什么共同点?

封建思想对人的压迫:祥林嫂受到封建思想的压迫;林冲受到腐朽政治的压迫;而别里科夫是沙皇专制统治的帮凶,实质上是专制思想下精神的自我困囿。从他们受压迫的种种迹象来看,人物的命运是必然的,是当时残酷的社会环境影响下的必然结果。

任务二

在社会环境与人物命运的关系中,人是否就是完全处于被动的境地?有人说祥林嫂、林冲、别里科夫的身上有抗争的痕迹,你怎么看?

小组交流讨论:

1. 祥林嫂反抗二婚,坚持封建礼教的"从一而终",属于不完全的反抗;林冲买刀雪耻,高俅一伙步步紧逼,使林冲走投无路,终于走上了反抗斗争的道路;华连卡热情大方、开朗乐观、富有朝气,象征新思想、新事物、新生活,而别里科夫打算与其结婚,曾尝试走出套子,却恋爱失败,体现了"套子"思想在其身上根深蒂固。

2. 祥林嫂反抗二婚,也只是为了能在封建礼教统治之下的鲁镇更好地生活;林冲是忍辱求安而不得才奋起反抗;别里科夫甘愿做专制统治的奴隶,尝试接受新鲜事物最终失败了。

3. 在强大的专制统治与强权压迫下,在统治阶级思想影响下,人们的思想已经被奴化,不自觉地服从封建压迫,而他们的反抗也是做奴隶而不得之后的反击。

"中国大抵太过古老了,社会中的大小诸事,皆恶劣至此,犹如一只黑色的染缸,不管添加何种新事物进去,皆会变得漆黑一片。然而,除了再次设法进行改革,实无他途。我认为所有的理想家们,不是怀念'过去',便是'期望将来',对于'现在'这一问题,皆交了白卷,只因无人能够开出药方,而所谓最好的药方,也就是所谓'期望将来'而已。"

——鲁迅《两地书》

三、课堂小结

如果祥林嫂来到当代社会,也许她会在陌生的环境中感到迷茫和惶恐。但通过社会的帮助和自身的努力,她可能会获得救助和心理辅导,学会一技之长以谋求生活。她会接触到各种新的观念和思想,逐渐摆脱过去的阴影,在他人的鼓励下,重新燃起对生活的热情和希望,最终过上安稳、平静的生活。

新青年应当明晰个人命运与时代紧密相连。时代宛如宏大的背景幕布,深刻影响着个人命运的走向;而个人在一定程度上也能对时代产生作用。新青年当于社会环境的土壤中深深扎根,踊跃汲取其中有益的养分,促使自身蓬勃向上,成为参天大树,并致力于改变社会中的不利因素,就如李大钊所言:"青年之字典,无'困难'之字,青年之口头,无'障碍'之语;惟知跃进,唯知雄飞,惟知本其自由之精神,奇僻之思想,敏锐之直觉,活泼之生命,以创造环境,征服历史。"

【课例评析】

多方激趣,落实任务

在实际的教学过程中,教师往往面临着种种挑战。一方面,传统的应试教育使得教师可能过分关注对作品知识点的讲解,忽视了学生个性化的解读和创造力的发展;另一方面,学生可能会因为对长篇小说的兴趣不足或是阅读难度大而抵触。因此,教师需要探索一种新的教学模式来激发学生对小说的热情并深入其内涵。为了有效开展小说教学,教师可从以下几个方面入手:

1. 铺设情境:创造真实或模拟的小说场景,让学生身临其境地体验故事背景。
2. 问题导向:提出具有启发性的问题,引导学生思考,促使他们主动探究文本背后的深层意义。
3. 文本细读:鼓励学生细致品味小说的语言文字,挖掘作者潜藏于行文之间的精妙构思。
4. 角色扮演:分配角色给学生,让他们站在角色的角度去理解和诠释故事情节及人物性格。
5. 跨学科融合:结合历史、哲学、心理学等其他学科知识,为学生提供更全面的理解视角。
6. 创作实践:指导学生创作自己的短篇小说,将所学理论应用于实践中,加深对小说艺术的认识。

最终,教师要达到的目标不仅仅是帮助学生掌握关于小说的基础知识,更重要的是培养学生独立思考的能力,使学生在阅读的过程中学会自我发现、自我成长。这样的教学理念不仅符合现代教育追求的"学生中心"原则,也能够让每个学生获得独特且深刻的文学体验。

总之,高中小说学习是一项既充满乐趣又富有挑战的任务。通过对这一领域的不断探索和完善,教师有望提高学生的学习兴趣,启迪他们的智慧,同时也为国家的文化传承与发展作出积极贡献。未来的路还很长,让教师们携手共进,让每一部经典小说都成为照亮学生心灵之路的一盏明灯！

第12讲 时代镜像，环境影响人生
——《阿Q正传》《边城》联读

【课例分析】在《阿Q正传》里，鲁迅剖析了国民的奴隶根性，揭露了人性"恶"的一面，于审美上把读者引入现实的"真"；《边城》中，沈从文借着对翠翠、老船夫等健康人性的展现、对"人性美"的赞颂，把读者带入理想的"美"。因为作家个性气质、生活经历以及思想观念等存在巨大差别，他们笔下的"乡土世界"也呈现出别样的景象，拥有了不同的内涵与意义。他们凭借各自独特的视角来透视乡土中国，解读乡土文化，一同构建起了丰富多元、绚烂多彩的现代乡土文学世界。

教参表明："学习这两篇小说，既要抓住各自特点进行文本细读，把握两篇小说反映的社会风貌与人物性格，知悉它们独特的艺术手法和美学风格，还要深度体会当中共同的对乡土社会和普通民众的深切关怀，理解作品感时忧国的精神。"这两篇小说貌似文风大相径庭，实际在主题上却是异曲同工。

单元研习任务指出："鲁迅和沈从文均关注着国民的精神世界和乡土社会的生存样貌，只不过他们是用不同的视角和描写方法来呈现。"

教参和单元研习任务指出了这两篇小说之间的共性与个性，存在着互文性的关联。鲁迅创作阿Q这一人物是为了揭出病苦，引起疗救的注意；沈从文创作翠翠这一人物是想要构建"人性美"的"希腊小庙"。因而本课例将"国民性探索的不同视角和共同诉求"作为主题，通过文本互涉，从探究"环境与人"的关系角度，实现研习"乡土小说"的教学目标。

【选文来源】《阿Q正传》《边城》选自部编版高中语文选择性必修下册第二单元。
【教学年级】高二
【教学目的】
1. 本堂课主要依托教学情境，以一个情境大任务加若干子任务的形式贯穿整个课堂教学。
2. 引导学生对作品进行文学绘画活动，培养学生的艺术创造力。

【教学重难点】
1. 重点：通过阅读作品，领略乡土小说的社会风貌和人性世界，掌握读懂乡土小说的基本方法。
2. 难点：把握环境特征，探究环境与人之间的关系，进而挖掘主题。理解作品超越时代、民族的感时忧国精神，进而培养学生的民族责任感。

【教学过程】

一、创设情境任务

"阿Q流浪记"微评写作：入一方乡土

受儿时所观动画片《三毛流浪记》的启发，教师创设"阿Q流浪记"的教学情境。"橘生淮南则为橘，生于淮北则为枳。"一方水土养一方人。阿Q的结局让人痛惜，因为我们每个人身上都有阿Q的影子；翠翠的等待充满了希望又是那么的无望，未庄和茶峒两片完全不一样的乡土，养育出了精神品性完全不同的两类人，正如张天翼先生曾在《论〈阿Q正传〉》里谈道："假如你不是生活在那个强吃弱、大压小的未庄世界里，而你能够被人爱，被人帮助，而你会去爱人，帮助人……"那么阿Q可能就是另一个阿Q了。试想在阿Q流浪到茶峒，感受到不同地方的风土人情之后，他会选择在茶峒定居，还是重回未庄？《青年小说家》杂志邀请你为"阿Q流浪记"专栏写微评，请围绕以上问题，阐述你的看法。

1. 绘画作品展示：画一方乡土（子任务一）。

PPT展示学生优秀画作并请学生分析其构思。

问题：阿Q到了茶峒，他会看到哪些景象？和未庄又有什么区别呢？请你画出这些景象，用句式"一个_____的边城，一个_____的未庄"概括，并说说你的构思。

<u>设计意图</u> 使学生对阿Q、翠翠的生活环境有初步认识，培养学生的语言理解、审美发现与创造能力。

2. 比较生活环境，析一方风土（子任务二）。

（1）从风土人情的角度比较阿Q、翠翠的生活环境及其所反映的社会现实或所隐含的文化寓意。

问题1：阿Q在茶峒待上一段时间之后，他发现这里的风土人情和未庄天差地别，你认为未庄、茶峒的风土人情有何不同？

问题2：阿Q总感觉在茶峒，人与人之间的关系和未庄好像不太一样，可他又说不上来到底有什么区别，你能否帮助阿Q分析这两处的人际关系有什么不同？

问题3：阿Q发现原来在茶峒，人是有名字的，他开始疑惑，为什么未庄的人没有名字呢？

问题4：阿Q试着用未庄的风格来给茶峒的人重新命名，替换之后似乎有些别扭，你能否帮他分析原因？

<u>设计意图</u> 通过问题任务的引导，将情境与文本融合，剥离生涩感，使学生明确阿Q、翠翠生活的环境有着各自鲜明的特点，如地域风俗特点、人际关系特点、生活场景特点等；同时，环境中还蕴含深刻的社会意义。风俗习惯、人际关系也可以成为人物的生存环境和社会关系之"网"，人物即网上的一个个"结"；人和人之间互为环境，又相互影响。

（2）完成情境任务，当堂写作微评。

<u>设计意图</u> 通过写微评的方式，使学生在文本限定"当时当事"背景下，深入探究环境与人之间的关系，提升思维发展能力、表达能力与交流能力。

3. 品作家意图：辨一方乡土（子任务三）。

通过群文阅读（联读），品位不同的"人性世界"，明确作者意图，挖掘人性美丑暗含的社会价值;帮助学生树立正确的人生观,增强民族责任感。

鲁迅先生以笔为刃,冷峻透视,揭露现实;沈从文以笔为盾,温情注视,折射现实。不同的乡土世界,同样的写作目的:呼唤人性美,为民族、国家寻找出路。

设计意图 使学生在了解、分析作者写作风格的基础上,领会作者共通的家国情怀,感受超越时代、民族的感时忧国精神,进而引导学生树立正确的人生观、价值观与民族责任感。

二、小结归纳

要读懂乡土小说,我们可以从哪些角度入手?

设计意图 分析节选文本只是基础,在归纳总结阅读乡土小说的角度后,实现以单篇教材带动一类文本的阅读,提升学生"文化传承与发展"的核心素养。

三、课后作业

课下阅读小说剩余章节并与选修中册中孙犁的《荷花淀》进行对比,选择任意一个角度,完成一篇不少于300字的文学短评。

设计意图《荷花淀》属于革命题材的乡土文学,通过勾连前后所学,引导学生思考《阿Q正传》《边城》《荷花淀》的社会意义,培养学生自觉的审美意识和高尚的审美情趣,实现"引导学生自觉传承中华优秀传统文化和革命文化,吸收世界各民族文化精华,积极参与中国特色社会主义先进文化的建设与传播"。

四、板书设计

【课例评析】

任务驱动性学习情境,合作探究以境激趣

保加利亚心理学家乔治·洛扎诺夫指出:"情境对个人的心理有着明显的暗示作用,含蓄而间接地影响着人的行为和心理。"在语文教学中,恰当的情境创设自然也能够对学生起到心理暗示的作用。本课例围绕一个中心议题,选取恰当的切入点,并依此设境,将知识点以任务形式串联呈现,并与情境相匹配,将任务按知识点及内在逻辑,合理分布排序,落实教学目标,使学生围绕任务展开学习,以任务的完成结果检验和总结学习过程,改变学生的学习状态,使学生主动建构探究、实践、思考、运用、解决、高智慧的学习体系。

一、创设形象激趣

该课例创设"流浪的阿Q"这一虚拟形象本身就具有吸引力,加之现阶段学生对未知领域充满了探求欲,因而在教学过程中,很容易点燃学生思维的火苗,激发学生兴趣,体现了

"教育不是灌输,而是点燃火焰"的理念。通过比较两篇小说所塑造的人物形象以及所呈现的人性、社会和写作意图,学生可了解中国现当代文学发展的历程,把握当时的时代特征和民族心理,从而进一步加深对中国社会变革和发展的认识。完成情境任务的过程,实际也是培养学生聚合思维与发散思维的过程。教师引导学生多角度解剖文本,在原本的文学世界与再次构建的情境中穿梭而行,带着任务和问题去探究文本,会降低阅读难度,强化个性化解读,从而促进学生的"语言理解与运用""思维发展与提升""审美发现与鉴赏""文化传承与发展"。

二、设置情境激趣

以"情境"激趣,既有利于调动学生探究的积极性和主动性,激发求知欲,使学生回归学习的"主体地位",又有利于将单元知识做系统化的串联,使教学目标精准、教学过程清晰流畅,以点带面,构建知识体系,创造教学新天地,打造高效课堂。入情入境而后知情明境,在情境创设中加入任务驱动,使整个教学过程有章可循,有法可依。同时,情境的设置也使学生获得了主动式成长,进而促进学生语文核心素养的提升。

三、解决任务激趣

该课例的授课班级为"物政生组合"班级,学生思维活跃,有求知欲,但形象思维较弱,缺乏阅读方法与阅读耐心。在此基础上,该课例通过创设情境大任务与子任务,化整为零地让学生带着任务与情境尽快入文,再通过自主探究学习,勾连前后,又合零为整地实现对现当代文学作品鉴赏能力的巩固与提升。经过课例学习,挖掘作者的写作意图和风格后,学生能够深入体会文学作品共通的对乡土社会与普通民众的深切关注,理解作者感时忧国的精神。

四、引入生活激趣

课程标准提出应关注学生学习方式的转变,做好学生语文学习活动的设计、引导和组织,注重学习效果。教师要基于课标、学情,创设恰当的情境,尽量贴近学生的生活,消除与文本的距离感,切实调动学生的主动性,积极鼓励学生参与到探索中,而不是生造情境,机械性地灌输知识点,只注重形式而背离了教学任务的本质。

五、求异思路激趣

群文阅读(联读)的"文"应指向"文本"而不是"文章"。在新高考的背景下,学生的学习不应只局限于单篇文章的学习,而是要以单篇带整本、带一类,从横向和纵向两个维度,拓展其阅读的广度和深度。通过教学策略的积极探索,教师可以实现传统课堂的改革创新,把课堂真正还给学生。教师不只是教会学生教材中的知识点,还应将学生培养成有独立思维能力的个体。教师如果能在课堂中建立民主、融洽的师生关系,就可最大限度地发挥师生在教学中的主动性与创造性,真正落实核心素养目标下的立德树人目标,传承和弘扬中华优秀传统文化,争取教学效益的最大化。

第2章 激趣语文之散文篇

散文是一种抒发作者真情实感、写作方式灵活的文学体裁。它不像诗歌那样注重音韵和节奏,也不像小说那样有复杂的人物和情节。散文以其独特的魅力,在文学领域中占有重要地位。它不拘一格,形式自由,记录生活中的点滴,表达作者的情感和思考,具有很强的个人化和主观性。散文语言质朴自然,流畅自如,能够直接触及读者的内心,引发共鸣。在语文教学中,散文教学占有举足轻重的地位。通过散文教学,学生可以接触到丰富多彩的语言表达形式,提升语言理解和运用能力。同时,散文中蕴含的深刻思想和文化内涵,也有助于培养学生的思维能力和审美情趣。因此,探索有效的散文教学方法,对于提高学生的语文素养和综合能力具有重要意义。

我们倡导的激趣语文中,散文教学的兴趣也是重要的一类,并且经过长期的探索和实践,从散文的特点出发,掌握了一些规律和具体方法。

一、激趣散文教学的规律

(一)尊重学生的主体性

在散文教学中,教师应尊重学生的主体地位,充分发挥学生的主动性和创造性,避免"满堂灌"的教学方式,可通过引导和启发,让学生积极参与教学过程,成为学习的主人。

(二)注重学生情感体验

散文具有很强的情感性,教师在教学中应注重学生的情感体验;要创设轻松愉快的课堂氛围,引导学生深入文本,与作者产生情感共鸣,从而更好地理解和欣赏散文。

(三)看重学生审美能力

散文是一种美的艺术。教师在教学中应注重培养学生的审美能力,善于引导学生关注散文中的"美点",发现其独特之处,从而提升学生的审美发现与鉴赏能力。

二、激趣散文教学的方法

(一)朗读教学法

朗读是散文教学的基础方法。通过朗读,学生可以感受到散文的节奏美、韵律美,进一步理解作者的思想感情。教师可以先示范朗读,再引导学生模仿,注意语速、语调、停顿等技巧的运用。同时,教师可以结合散文的内容和特点,设计朗读比赛或角色扮演等活动,激发学生的学习兴趣。

(二)品味语言法

散文的语言优美、精练,需要学生细细品味。教师可以引导学生关注散文中的关键词句,分析其表达效果和深层含义。例如,学生可以通过对比不同版本的译文感受语言的差异和魅力;或者学生通过仿写、续写等方式亲自动手体验语言的运用和创造。

(三)整体感悟法

散文往往通过描绘具体的事物或场景来表达作者的思想感情。因此,在教学中,教师应善于引导学生从整体上把握散文的意境和情感,学生可以通过讨论、分享等方式交流自己的阅读感受,加深对散文的理解和感悟。同时,教师还可以结合散文的创作背景和作者的生平经历,帮助学生更好地理解散文的深层含义和文化内涵。

(四)启发思维法

散文教学不仅要注重语言品味和情感体验,还要关注学生的思维发展。教师可以通过设置问题、引导讨论等方式,激发学生的思考兴趣,培养他们的思辨能力。例如,教师可以针对散文中的某个观点或现象,让学生提出自己的看法和见解,或者引导学生从不同的角度思考问题,培养他们的多元思维。

(五)读写结合法

读写结合是散文教学的有效手段。通过阅读优秀的散文作品,学生可以学习到丰富的语言表达和写作技巧;通过写作练习,学生可以进一步巩固和拓展所学知识。教师可以布置一些与散文相关的写作任务,如仿写、续写、读后感等,让学生在实践中提升写作能力。

综上,散文教学在激趣语文教学中有很多方法,但所有方法都不可能割裂开单独使用,需要综合运用多种教学方法和手段。在散文教学中,教师应不断探索、创新并运用有效的教学方法,激发学生的学习兴趣,提升他们的语文素养和综合能力;培养学生的学习理趣,促进他们的思维发展;关注学生的学习情趣,培养学生的主体地位和情感体验,让他们在轻松愉快的氛围中学习和成长。总之,教师应通过激趣散文教学,充分发挥散文教学的优势,为学生的全面发展奠定坚实的基础。

第1讲 文到细处方传神

——《秋天的怀念》《老王》《背影》联读

【课例分析】著名作家贾平凹在谈文学创作时说:"没有细节一切就等于零。"细节描写是文章的灵魂。该课例以"文到细处方传神"为议题,旨在引导学生关注细节描写,学会从关键词入手,通过品析,感受细节描写的魅力,并能以读促写,学会将细节描写融入自己的写作中。首先,引导学生以小摄影师的身份去捕捉三篇文章中的感人镜头。其次,学生运用圈点勾画、做批注等方法,去品析精彩段落,聚焦关键词语,引导学生品味细节描写的魅力,让学生感受到,有了细节文中的人物形象就变得立体、传神了。再次,引导学生回归文本,结合具体内容,探究细节描写的作用,提升学生整合性思维。最后,再结合课例所学,进行当堂练笔,尝试将细节描写融入自己的创作中,让情景再现,旨在培养学生语文素养,发挥语文学科的育人功能。

本课例选择的三篇文章,均选自初中语文教材。从文体上来看,这三篇文章都是散文,且都属于写人记事类散文;从写法上来看,这三篇文章在刻画人物形象时,都运用了细节描写,都将细节描写具体渗透到对人物的描写中。从这三篇文章中,我们感受到了爱和善。

【选文来源】史铁生的《秋天的怀念》选自部编版语文七年级上册第二单元;杨绛的《老王》选自部编版语文七年级下册第三单元;朱自清的《背影》选自部编版语文八年级上册第四单元。

【教学年级】八年级

【学情分析】从学生的学习能力来看,八年级的学生阅读能力有了很大的提升,大部分学生能在理解文本的基础上深入体会文章中所蕴含的真情实感,并能通过圈点勾画、批注等多种方法呈现对作品中的语言、形象、情感的理解。从学生的身心发展来看,八年级的学生正处于青春叛逆阶段,对生活缺少观察和体验,不理解亲情。部分学生与父母之间已产生了沟通上的障碍。因此,教师还希望通过本次教学,引导学生从细微之处去感受爱,去发现生活中的真、善、美。

【教学目标】
1. 运用圈点勾画、做批注等方法品析文中的关键词语。
2. 合作探究细节描写的作用,学会运用细节描写来刻画人物形象。

【教学重难点】
1. 重点:运用圈点勾画、做批注等方法品析文中的关键词语。
2. 难点:合作探究细节描写的作用,学会运用细节描写来刻画人物形象。

【教法学法】点拨法、圈点勾画法、合作探究法。

【教学过程】

一、图片导入

同学们,进入初中后,你们的学习压力大不大呀?你们会采用哪些方式来缓解压力呢?(学生畅所欲言)

看来呀,面对压力,每个人都有不同的解压方式。老师的解压方式就是到外面走一走、拍拍照,或是看一些摄影作品,让自己放松放松。在此之前,我曾看到过这样一张照片(展示《雨伞爸爸》的照片)。记得第一次看到这张照片时,我感触颇深,十分感动。而就在此刻,当我再次看到这张照片,我的内心再次受到了触动。我想问问同学们,你们从这张照片中感受到了什么?(生:父亲对孩子的爱)你们是从哪些地方感受到了父亲对孩子的爱呢?(生:照片中的父亲为孩子撑起雨伞,而自己却被雨水打湿了衣裳)同学们,从这把倾斜的雨伞,从父亲湿透的衣衫,大家便读懂了父亲对孩子的爱。每一处细节,都能打动人心,这就是细节的魅力。

今天这堂课,就让我们去感受文学作品中细节描写的魅力,一起走进我们的群文阅读(联读)——《文到细处方传神》。

设计意图 贴近学生生活,激发学生兴趣,让学生初步感受细节描写的妙处。

二、聚焦镜头,品析细节

同学们,刚才的这张照片,拍摄者将镜头定格,将这感人的一幕拍摄了下来。如果你是一位小摄影师的话,综观这三篇文章,你会将你的镜头定格在哪一个画面呢?

预设:母亲央求"我"去北海看菊花,母亲离世前仍牵挂我们;老王半价送冰,老王临终前送来香油和鸡蛋;父亲同脚夫讲价,父亲攀爬月台为"我"买橘……

师:看来呀,同学们的想法和老师的想法是不谋而合的,咱们是心灵相通的。如果我是摄影师的话,我也会将镜头定格在这些画面。因为,这些画面都深深地打动了我。那么,作者是如何将这些动人的画面通过文字呈现在我们眼前的呢?现在请各位小摄影师将镜头移至我们的阅读文本,将你的镜头定格在打动你心灵的画面上。仔细品读相关的文段,圈点勾画关键词语,并进行简要批注,由此来感受人物形象。

学生自学,教师巡视,了解学生自学情况。

学生进行展示。

预设:

母亲央求"我"去北海看菊花这个片段:"挡"是母亲下意识的动作,母亲怕"我"触景生情,怕"我"失去生活的信心,挡在了窗前,看出母亲的细心和用心良苦;"母亲憔悴的脸上"中的"憔悴"一词,既写出了母亲的操劳,也写出了母亲的身体状况很差,但此时的她没有顾及自己身体的不适,一心想着推"我"去看菊,通过细节描写,突出了母亲的无私。

老王临终前送来香油和鸡蛋片段:"镶嵌"一词,原指把一个物体嵌入另一个物体内,在这里用"直僵僵"来修饰"镶嵌",抓住老王的外貌,写出了老王毫无生气的姿态;"面如死灰"一词,通过肖像描写,写出老王脸上没有一点血色,说明他现在已经病入膏肓了。

父亲攀爬月台,为"我"买橘片段:"攀""缩""倾"一连串的动词,将父亲攀爬月台时的动作生动传神地展现在了读者的眼前,写出了父亲攀爬月台时十分吃力。

…………

小结:听了同学们的分享,老师感受到了语言的温度,哪怕只是一个词,都值得我们细细地品味。在这三篇文章中,无论是形容词、动词,还是副词,用词都十分精练、准确且意味丰富。三篇文章中,作者都将细节描写具体渗透到对人物的描写当中,对其动作、神态、肖像等进行了细微而具体的刻画,让人物形象更加鲜明、传神。

设计意图 与导入部分相连接,化身小摄影师,以此激发学生的学习兴趣,引导学生将镜头聚焦到文本中精彩、感人的片段。引导学生通过圈点勾画、做批注的方法,体味和推敲重要词语在语言环境中的意义和作用,培养学生从文本中提取信息及欣赏语言的能力。

三、小组探究,整合归纳

"没有细节一切就等于零。"那么,细节描写到底有哪些作用呢?请各位小摄影师再次将你们的镜头聚焦到运用了细节描写的这些片段,以小组为单位,结合具体内容,探究细节描写的作用,并将探究结果写下来。

小组讨论;教师巡视,了解各组讨论情况,引导学生要结合具体内容去探究细节描写的作用,而不是泛泛而谈。

小组合作后,组员展示探究结果。

预设:老王在临终前送来香油、鸡蛋,从这里感受到老王是一个善良、知恩图报的人,由此可以看出,细节描写能突出人物的性格和品质。此外,这里通过对老王外貌细致入微的描写,为后文老王的离世埋下了伏笔,推动了故事情节的发展……

教师根据小组展示,提炼信息,板书:"细节描写的作用。"

小结:同学们,其实细节描写的作用还有很多,希望大家在今后的学习中,关注文中的细节描写,结合具体内容,继续探究其作用。

设计意图 通过小组探究,整合归纳,发散学生的思维,让学生对课文内容有自己的心得,既能提出自己的看法,又能够与他人合作,共同探讨、分析、解决疑难问题。在此环节,学生既有自由思考的空间,又有集体建构的过程。

四、妙笔生花,情境再现

细节描写的作用很多,但如何将细节描写巧妙地融入我们的写作中呢?百说不如一练!现在请各位小摄影师将镜头移至我们的大屏幕,咱们大屏幕上共有三张照片。哪一张照片最能打动你的心呢?请将你的镜头定格在最能打动你的心的这张照片上,仔细观察图中人物的外貌、动作、神态等,尝试运用细节描写来刻画图中的人物形象,用你们手中的妙笔,将这动人的一幕呈现出来(表2.1)。

表2.1 小练笔评价表

评价项目	评价指标	评价		
		自评	学生互评	教师评价
基本要求	1.能做到语言通顺、简洁; 2.能抓住人物的动作、神态、外貌进行描写	☆☆☆	☆☆☆	☆☆☆
高阶要求	1.能使用生动细腻的动词、形容词等; 2.能对图中人物进行细微而具体的刻画	☆☆☆	☆☆☆	☆☆☆

注:各等级指标分别是:三颗星——两项指标全部合格,两颗星——达到一项指标,一颗星——未达标。

教师巡视,了解学生完成情况,及时点评、指导,再进行展示。

设计意图 学以致用,以读促写,引导学生仔细观察图片,尝试抓住细节来刻画人物形象。同时，立足于学生核心素养的发展，充分发挥语文课程的育人功能，引导学生心怀感恩。此环节，教师设计了"小练笔评价表"，有利于学生对照标准进行评价，明确自己创作中的缺失，取长补短，发掘自身潜能，学会自我反思。

五、课堂小结

同学们，这本是一张张静态的、无声的照片，但在大家的笔下，图中人物的形象变得鲜明、立体，这就是细节的魅力。物理学家阿基米德说过这样一句话："给我一个支点，我就能撬起整个地球。"这句话说的是杠杆原理。在文学作品中，细节描写就是这样一个支点，它是文章的灵魂所在，它让文中的一人一物都有了生命。希望同学们学以致用，学会将细节描写融入自己的写作中，不断提升自己的文学素养。

设计意图　通过课堂小结，再次强调了细节描写的作用之大，《义务教育语文课程标准》（2022年版）中提到要跨学科学习，所以教师将语文学科与物理学科融合，形象地突出了细节描写的作用。

六、作业设计

1. 基础性作业：走进生活，寻细节。（必做）

化身小摄影师，走进生活，将打动你的心的一幕拍摄下来，并运用细节描写为你拍摄的图片配上一段文字。（100字左右）

2. 拓展性作业：课外阅读，品细节。（选做）

课后阅读莫言的《拾馒头的父亲》、魏巍的《我的老师》及刘元兵的《老妈给我的一个抚摸》，品味文中的细节描写，结合"课外群文阅读（联读）评价表"（表2.2），完成"课外阅读任务单"（表2.3）。

表 2.2　课外群文阅读（联读）评价表

评价项目	评价指标	评价		
		自评	学生互评	教师评价
基本要求	1. 能抓住文中精彩片段来分析人物形象； 2. 能从片段中提炼关键词语品细节、进行简要批注	☆☆☆	☆☆☆	☆☆☆
高阶要求	1. 能结合所赏析的内容，体会细节描写的妙处； 2. 能尝试将细节描写融入写作当中	☆☆☆	☆☆☆	☆☆☆

表 2.3　课外阅读任务单

篇　目	精彩片段	关键词语	人　物　形　象
《拾馒头的父亲》			
《我的老师》			
《老妈给我的一个抚摸》			

设计意图 在"双减"背景下,我们实施了作业分层设计。基础性的作业,紧扣教学主线,由课堂转入生活,引导学生留心观察,去捕捉感人画面,去发现生活中的真善美,这其实也是写作素材搜集的过程。要求给图片配文,旨在通过片段练笔,使学生能将细节描写融入写作中,能够运用细节描写来刻画人物形象。而拓展型作业的设计,是由课内延伸到课外,旨在通过课外的阅读,继续去体会细节描写的妙处。因为学生的学情不同,所以教师将这道题设计为选做题。

考虑到课外群文阅读(联读)的可行性,教师会将阅读文本发到学生手中,并设计"课外群文阅读(联读)评价表"。评价方式有自评、学生互评、教师评价,评价的标准是公开的,更有利于学生对照标准进行评价。小组长将本组同学的"课外阅读任务单"通过QQ的方式发给教师,教师可以随时跟进,了解学生课外群文阅读(联读)的情况。

七、板书设计

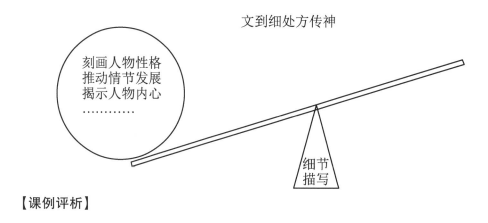

【课例评析】

文到细处方传神,课堂内外皆含趣

著名作家贾平凹在谈文学创作时说:"没有细节一切就等于零。"细节描写是文章的灵魂。本课例以"文到细处方传神"为议题,旨在引导学生关注细节描写,学会从关键词入手,通过品析,感受细节描写的魅力,并能以读促写,学会将细节描写融入自己的写作中。引导学生从细微之处去感受爱,去发现生活中的真善美。本课例亮点在于借助文本链接生活,联系学生实际,进行语文功能指导,让学生在兴趣中感受爱、发现爱、表达爱。

一、照片导入,品味细节,品细节之趣

开始的照片导入,照片中的父亲为孩子撑起雨伞,而自己却被雨水打湿了衣裳,学生从这把倾斜的雨伞,从父亲湿透的衣衫,读懂了父亲对孩子的爱。每一处细节,都能打动人心,这就是细节的魅力。此设计贴近学生生活,激发学生的兴趣,让学生初步感受细节的妙处。

二、聚焦镜头,品析细节,试摄影之趣

首先,引导学生以小摄影师的身份去捕捉三篇文章中的感人镜头。与导入部分相连接,化身小摄影师,以此激发学生的学习兴趣,引导学生将镜头聚焦到文本中精彩、感人的片段。其次,引导学生通过圈点勾画、做批注的方法,体味和推敲重要词语在语言环境中的意义和作用,培养学生从文本中提取信息的能力及欣赏语言的能力。实现了"课例分析"所设想的:学生运用圈点勾画、做批注等方法,品析精彩段落,聚焦关键词语,品味细节描写的魅力,感受到,有了细节文中的人物形象就变得立体、传神了。再次,引导学生回归文本,结合具体内容,探究细节描写的作用,提升学生整合性思维。最后,再结合本节课所学,当堂进行小练笔,尝试将细节描写融入自己的创作中,让情景再现,旨在培养学生语文素养,发挥语文学科的育人功能。

三、妙笔生花,以读促写,画人物形象之趣

百说不如一练!请各位小摄影师将镜头移至大屏幕,大屏幕上共有三张照片。哪一张照片最能打动你的心呢?请将你的镜头定格在最能打动你的心的这张照片上,仔细观察图中人物的外貌、动作、神态等,尝试运用细节描写来刻画图中的人物形象,用你们手中的妙笔,将这动人的一幕呈现出来。本环节立足于学生核心素养的发展,充分发挥语文课程的育人功能,引导学生心怀感恩。更难能可贵的是,此环节教师设计了"小练笔评价表",有利于学生对照标准进行评价,明确自己创作中的缺失,取长补短,发掘自身潜能,学会自我反思,自我总结。

四、走出课堂,走进生活,寻细节之趣

作业布置环节教师设置了两道作业。一是基础性作业:走进生活,寻细节(必做)。化身小摄影师,走进生活,将打动你心的一幕拍摄下来,并运用细节描写为你拍摄的图片配上一段文字(100字左右)。二是拓展性作业:课外阅读,品细节(选做)。课后阅读莫言的《拾馒头的父亲》、魏巍的《我的老师》及刘元兵的《老妈给我的一个抚摸》,品味文中的细节描写,完成"课外阅读任务单"。

在"双减"背景下,教师实施了作业分层设计。基础性的作业,紧扣教学主线,由课堂转入生活,引导学生留心观察,去捕捉感人画面,去发现生活中的真善美,这其实也是写作素材搜集的过程。要求给图片配文,旨在通过片段练笔,使学生能将细节描写融入写作中,能够运用细节描写来刻画人物形象。而拓展型作业的设计,是由课内延伸到课外,旨在通过课外的阅读,继续去体会细节描写的妙处。因为学生的学情不同,所以教师将这道题设计为选做题。考虑到课外群文阅读(联读)的可行性,教师将阅读文本发到学生手中,并设计"课外群文阅读(联读)评价表"。评价方式有自评、学生互评、教师评价,评价的标准是公开的,更有利于学生对照标准进行评价。

总之,教师关注教材,关注学生实际,提供阅读支架、写作标准,整个设计有情趣、有理趣、有智趣。

第2讲　借双重叙事视角，探人物情感之变

——《背影》《秋天的怀念》《老王》联读

【课例分析】《义务教育语文课程标准》(2022年版)(以下简称《课标》)"核心素养内涵"中提出："义务教育语文课程培养的核心素养，是学生在积极的语文实践活动中积累、建构并在真实的语言运用情境中表现出来的，是文化自信和语言运用、思维能力、审美创造的综合体现。"有了明确的培养目标，教师应结合《课标》中"立足学生核心素养发展"的要求，以表达、交流、梳理、探究等实践活动为主线，以学习任务为载体，整合学习内容，设计语文学习任务群；教学中，教师应充分利用现代信息技术的优势，创设情境，促进学生自主、合作、探究学习；注重听说读写的整合，关注差异，关注不同学生核心素养发展的需求。

该课例的《背影》是部编版语文八年级上学期第四单元第一篇课文，是散文中的名篇。《背影》"思考探究"第二题要求：指出"我"对父亲的情感态度有怎样的变化，这种变化的原因是什么？此为同一篇目内不同情感的对比，编者意在让学生体会两种叙事视角下两种情感的不同，并从情感的对比中把握作者情感变化脉络，最终落到散文阅读方法的掌握上。《秋天的怀念》"预习"要求：找出一些蕴含着丰富情感的语句，细加体会。《老王》"思考探究"第二题指出：这是一篇回忆童年生活的散文，指出回忆性散文这一概念的同时，也明确了回忆性散文的文体知识，引导学生通过对语句的品析，进一步体会双重叙事视角在表情达意方面的妙处。综上，该课例借双重叙事视角，来探究人物情感之变。

【选文来源】朱自清的《背影》选自部编版语文八年级上册第四单元；史铁生的《秋天的怀念》选自部编版语文七年级上册第二单元；杨绛的《老王》选自部编版语文七年级下册第三单元。

【教学年级】八年级

【教学目标】
1. 理解两个"我"之双重叙事视角。
2. 通过比读，体悟双重叙事视角下的双重情感。
3. 探究并总结双重视角的作用。

【教学重难点】
比读《背影》《秋天的怀念》《老王》，掌握用双重叙事视角探析情感变化的方法。

【教学方法】综合运用浏览、朗读、跳读、小组合作、比较阅读、探究、整合等教学方法。

【教学过程】

一、视频导入

每次听到"年少不懂父母恩，懂时已是中年人"，心里五味杂陈，不是滋味。一句歌词勾起了我们许多过往，对于亲人和曾经给予我们许多温暖的人，因我们的任性和不在乎，造成

了永久的伤痛。今天,就让教师带着这份心情,和同学们一起走进今天的课题,忆悠悠往事,悟拳拳情思。

过渡语:为了更有针对性地学习本课,我们一起来看看本节课的学习目标。

屏显:学习目标。

二、走进文本,初识两个"我"

1. 请快速浏览《背影》,勾画出文中能体现时间的词句,认识文中的两个"我"。
2. 发现两个"我"。

教师板书:昔"我"——今"我"。

3. 屏显:双重叙事视角。

三、品味视角,悟双重情感

故事发生在1917年,而朱自清写作《背影》则是在8年后的1925年。时隔8年,当朱自清坐在书桌前,回忆起父亲,他会有怎样的情感呢?

1. 请精读《背影》,找出文中能表达作者情感的事件,分析作者的情感变化。
2. 小组交流合作,完成填空。

通过文中_____(事件),我读出了(过去或现在)的作者对父亲的_____之情。

教师小结:同学们,通过以上分析,你发现回忆性散文有什么特点了吗?

预设:双重叙事视角,双重情感。

板书:(昔我)不理解——愧疚——理解(今我)

过渡语:《背影》是一篇回忆性散文。那么,是不是只有《背影》一文才有以上特点呢?

四、学以致用,探索双重情感

1. 请结合《背影》中学到的方法,快速跳读《秋天的怀念》《老王》两篇文章,体悟"两我"(作者)所表达的双重情感。
2. 小组合作,完成表2.4。

表2.4 情感探索

篇　　目	"昔我"的情感	"今我"的情感	双重叙事视角的作用
《背影》			
《秋天的怀念》			
《老王》			

3. 学生展示成果。
4. 教师引导学生理解双重叙事视角在回忆性散文中的作用。

五、一叶知秋,归纳总结

学习回忆性散文的方法:
1. 勾画文中能体现时间的词句。
2. 把握"昔我"和"今我"。
3. 抓典型事件。

六、审视过往,自我思量

1. 通过双重叙事视角(过去的"我"和现在的"我")的方法,我们体悟了三篇文章中前后不同的情感。老师想做一个调查:幼年的我们因懵懂和任性误解过亲人、朋友、老师和他人的关爱,甚至发生过激烈的冲突,之后感到非常后悔、愧疚的同学,请举手。

在此,老师给同学们提供一个机会,请大家闭上双眼,回忆当时的情景,然后用简单的语言叙述事情的经过,并说说你的情感变化。

2. 请以"_____,我终于懂您了"为开头写一段话。

结束语:同学们,回忆总是在不经意之间溜走,人间的真情也在回忆中显得那么厚重,愿我们的回忆里能少一些愧疚,生活中能多一份理解,多一份尊重,多一份关爱!

七、推荐课外读物

《朱自清散文集》《史铁生散文集》。

八、板书设计

(昔我)不理解　　愧疚　　理解(今我)

【课例评析】

人生至味是清欢,激趣课堂魅力繁

《背影》是部编版语文八年级上学期第四单元第一篇课文,是散文中的名篇。《背影》"思考探究"第二题要求:指出"我"对父亲的情感态度有怎样的变化,这种变化的原因是什么?此为同一篇目内不同情感的对比,编者意在让学生体会两种叙事视角下两种情感的不同,并从情感的对比中把握作者情感变化脉络,最终目的是促进学生对散文阅读方法的掌握。《秋天的怀念》"预习"要求:找出一些蕴含着丰富情感的语句,细加体会。《老王》"思考探究"第二题指出:这是一篇回忆童年生活的散文,既指出了"回忆性散文"这一概念,同时也明确了回忆性散文的文体知识,引导学生通过对语句的品析,进一步体会双重叙事视角在表情达意方面的妙处。该课例抓住单元解读和预习提示的要求,关注到双重视角,比较有新意,学生感兴趣。

一、视频导入,歌曲激趣

每次听到"年少不懂父母恩,懂时已是中年人",心里五味杂陈,不是滋味。一句歌词勾起了我们许多过往,对于亲人与身边曾经给予我们许多温暖的人,因我们的任性和不在乎,造成了永久的伤痛。用视频导入,歌声自然引入课题,忆悠悠往事,悟拳拳情思。歌声悠扬,开启了快乐学习之旅。

二、师生互动,角色激趣

1. 走进文本,初识两个"我"。

学生快速浏览《背影》,勾画出文中能体现时间的词句,认识文中的两个"我"。运用不同的视角,发现昔日的"我"和现在的"我"。品读《背影》,背影的故事发生在1917年,而朱自清写作《背影》则是在8年后的1925年。时隔8年,当朱自清坐在书桌前,回忆起父亲,他会有怎样的情感呢?通过品味视角,悟双重情感。

2. 审视过往,自我思量。

《义务教育语文课程标准》(2022年版)在"核心素养内涵"中提出:"义务教育语文课程培养的核心素养,是学生在积极的语文实践活动中积累、建构并在真实的语言运用情境中表现出来的,是文化自信和语言运用、思维能力、审美创造的综合体现。"教师通过阐释双重叙事视角(过去的"我"和现在的"我")的方法,引导学生体悟了三篇文章中前后不同的情感。教师利用一个调查:针对学生幼年时因懵懂和任性而误解过亲人、朋友、老师和他人的关爱,甚至发生过激烈的冲突,之后非常后悔、愧疚这一现象,让其闭上双眼,回忆当时的情景,然后用简单的语言叙述事情的经过,并说说自己的情感变化。教师这一环节的教学,在激趣的基础上完成了学生思维能力和审美创造能力的综合培养、训练和提升。

第3讲 环境描写与人物的关系
——《秋天的怀念》《小巷》《前方遭遇塌方》联读

【课例分析】借着"群文阅读(联读)"的教学模式,以一带多,精心编选群文篇目,可以使学生更加系统地掌握环境描写与人物的关系,激发他们学习的热情,化繁为简,真正让课堂成为学生的课堂。本课例意在引导学生增强语言积累、梳理的意识,教给学生语言积累、梳理的方法,注重积累、梳理与运用相结合;引导学生梳理自己积累的语言材料,建立自己的创意语言资料库,并能学以致用。学生是学习的主体,语文课程必须根据学生身心发展和语文学习的特点,保护学生的好奇心、求知欲,鼓励学生自主阅读、自由表达,充分激发他们的问题意识和进取精神,关注个体差异和不同的学习需求,积极倡导自主、合作、探究的学习方式,使学生在不同内容和方法的相互交叉、渗透和整合中开阔视野,提高学习效率,初步具备现代社会所需要的语文素养。

《秋天的怀念》(史铁生)记叙了双腿瘫痪后"我"暴怒无常的表现,借树叶飘落体现内心的绝望,在母亲无微不至的照顾之下,"我"逐渐走出困境,借菊花盛放的姿态,表达了史铁生积极乐观的心态以及对母亲深切的怀念之情;《小巷》(贾平凹)通过写"窄窄的小巷"由阴暗、潮湿、冷清,变得热闹、明快,从被人遗忘变得人来人往,实际上是写住在小巷深处的一群被人遗忘的盲人生活由黑暗变得光明,暗示了人物的命运;《前方遭遇塌方》(肖复兴)通过环境描写——环境的恶劣和行车的艰难,衬托了人物小心谨慎、沉稳果断的品质。三篇文章都通过环境描写体现了环境与人物的关系。

【选文来源】《秋天的怀念》(史铁生)选自部编版语文七年级上册第五课;《小巷》(贾平凹)选自鄂教版语文九年级上册第八课;《前方遭遇塌方》(肖复兴)选自2009年9月第1期的《中学生阅读(初中版)》之"河南省中考语文试题"。

【教学年级】七年级

【教学目标】

1. 引导学生联系上下文,明确描写环境的缘由。
2. 引导学生通过关键语句,分析环境描写与人物的关系。

【教学重难点】

引导学生通过关键语句,分析环境描写与人物的关系。

【教法学法】

教学方法:讲授法、问题引导法。

学习方法:圈点勾画法、合作探究法、任务驱动法。

【教学过程】

一、新课导入

考试成绩出来了,比预期好很多,我走在回家路上……

乌云密布、小鸟唱歌

百花盛放、草木干枯

寒风凛冽、晚风温柔

请从短语中任选一个或多个,发挥联想和想象,使用恰当的词语续写句子,并说明选择的理由。

设计意图 使用学生熟悉的场景导入,激发兴趣。

二、教授新课

(一)抛砖引玉

跳读课文,勾画出《秋天的怀念》中描写环境的语句,思考:这些环境描写带给你什么样的感受?体现了人物怎样的心理状态?

设计意图 借助跳读的方式,锻炼学生筛选关键信息的能力。学生通过联系前后文学会在作品中联系背景,结合相关语句,分析环境描写与人物的关系,锻炼学生分析理解能力。

(二)触类旁通

默读《小巷》《前方遭遇塌方》,探究环境描写与人物的关系。

1. 勾画出描写环境的语句,并在旁边批注带给你的感受。(自主完成)
2. 分别归纳出两文中环境描写与人物的关系。(小组合作,推荐一人展示,其他同学可进行质疑补充)

设计意图 默读选文,学生通过群文阅读(联读)的方式,体悟作品异同,学会知识迁移,锻炼归纳总结能力。

三、课堂总结

同学们,我们已经对三篇文章进行了分析,不难发现,三篇文章在写人记事时都运用了环境描写,但作者却从不同角度为表现文中人物服务。由此可见,环境描写可以体现人物心理、暗示人物命运、衬托人物品质。

设计意图 再次回顾课堂内容,复习环境描写与人物的关系,强化学习方法,使学生形成知识体系的构建。

四、作业布置

1. 分析《植树的牧羊人》中环境描写与人物的关系。(必做)
2. 运用环境描写,写一段话,体现环境描写与人物的关系,150字左右。(选做)

设计意图 课后作业进行分层,因材施教,结合学情,引导学生学会环境描写的分析方法,继而懂得在写作中运用环境描写。

五、板书设计

【课例评析】

饶有趣味,人在境中

《义务教育语文课程标准》(2022年版)给出了教学提示:"引导学生掌握问题探究的基本步骤和方法,学会提炼、表达、呈现学习成果。"该课例基于群文阅读(联读),创设真实而富有意义的学习情境,采用丰富多样的阅读方式,让学生获得个性化的审美体验,进而在独特阅读体验的基础上建构环境描写与人物塑造关系的知识体系。

一、巧用导入技法,引导学生进入课堂

万事开头难,教学也不例外,初中语文教学更是如此。有趣味的导入是课堂教学成功的一半。本堂课的导入别具新意,将学生的精力集中了起来,启发学生去思考、探究及享受知识带来的乐趣,完美践行了《义务教育语文课程标准》(2022年版)中的提示:"引导学生在广阔的学习和生活情境中学语文、用语文。"教师在课前4~5分钟内给学生营造了一个非常有趣的情境:考试成绩出来了,比预期好很多,我走在回家路上……

要求学生结合"乌云密布""小鸟唱歌""百花盛放""草木干枯""寒风凛冽""晚风温柔"等短语,发挥联想和想象续写句子。教师在创设真实而富有意义的学习情境的同时,还关注到了常见的"以乐景衬乐情"的诗歌传统。考试成绩比预期好这个前提也让学生易于接受,架构了教师与学生之间的心灵桥梁,能够充分引导学生向上、向善、向前,激发其对语文学习的期待感和获得感。

二、阅读课内课外群文,拓宽学生阅读视野

教师颇具匠心地围绕阅读主题选择了三篇借助环境描写体现环境与人物关系的文章,教学的跨度和跳跃性大、机动性强。三篇文章一篇课内、两篇课外,符合学生认知水平和发展规律。《秋天的怀念》从"那天我又独自坐在屋里,看着窗外的树叶'唰唰啦啦'地飘落"到"黄色的花淡雅,白色的花高洁,紫红色的花热烈而深沉,泼泼洒洒,秋风中正开得烂漫",作者的心境也从绝望无助走向积极乐观;《小巷》从"巷道里草漫了上来,渐渐覆盖了那古老的四方砖块"到"小巷里的草一天天踏下去了,又露出了那古老的四方砖块",不难看出小巷深处一群被人遗忘的盲人,生活由黑暗变得光明,暗示了人物的命运;《前方遭遇塌方》中"整条岷江就在我们的左侧晃悠着,肆无忌惮地咆哮着,随时都有可能把我们连人带车一起揽进它可怕的怀中",这里凶险的外在环境衬托了人物小心谨慎、沉稳果断的品质。

三、阅读方式多样,注重学生阅读体验

叶圣陶先生说:"阅读程度不够的原因,阅读太少是一个,阅读不得法,尤其是最重要的一个。"由此看来,怎样读尤其重要。在具体的教学过程中,教师关注单元学习方法的指导,在"抛砖引玉"和"触类旁通"两个环节中运用了跳读、默读、圈点批注等多种阅读方式来开展课堂学习,注重学生主体的阅读体验。对于课内文章《秋天的怀念》教师建议学生快读、跳读,这是考虑到了学生对文本具有一定的熟悉度,对课外的文章《小巷》《前方遭遇塌方》则要求学生圈点批注,记录自己的感受,进而思考环境描写与人物的关系。如此,则学生不是被动地记忆,而是主动地探究文本的内容,不仅可以提升学生阅读的专注力,还能够以自己独特的视角来品读文本。另外,在此基础上的小组合作交流则促进了学生在理解、认同的基础上创造性地解读文本,从而提升文本的价值,符合文本认知的普适性规律。

好的教学总结可以让结课更有趣味。在课堂的最后,教师邀请学生一起回顾课堂内容,明确环境描写与人物的关系,求同存异,十分巧妙地用三片树叶形象具体、简洁明了地概括了本堂课的内容,帮助学生直观地构建起环境描写与人物关系的知识体系,实现了学习的成果从文中来、从读中来、从学中来的教学目的。

第4讲　穿针引"线"，寻找线索
——《散步》《我的老师》《钥匙》联读

【课例分析】七年级学生对文章的整体把握能力较弱,七年级上册第二单元教学要求"在整体感知全文的基础上,体会作者的思想感情"。而把握文章的线索既是搞清结构、把握文章故事脉络的需要,也是掌握人物性格特点、挖掘作品主题思想、领会其审美意义的必要途径和手段。所以,根据单元要求及学生实际,该课例选择"线索"作为议题,从线索的定义、寻找线索的方法及线索的作用三个方面进行设计,目的是提高学生整体把握文章的能力。

【选文来源】《散步》选自部编版语文七年级上册;《我的老师》选自《1949—1959建国十年文学创作选·散文特写》(中国青年出版社1959年版);《钥匙》选自《罗兰散文》(当代世界出版社2015年版)。

【教学年级】七年级

【教学目标】
1. 了解线索定义。
2. 阅读选文,找出线索。
3. 归纳寻找线索的方法及线索的作用。
4. 培养学生阅读兴趣,提高阅读能力与水平。

【教学重难点】
1. 重点:阅读选文,找出线索。
2. 重点:归纳寻找线索的方法及线索的作用。
3. 难点:培养学生阅读兴趣,提高阅读能力与水平。

【教学过程】

一、激趣导入

展示不同颜色的线及刺绣图片,引出文章的线索。
展示不同颜色的线,询问:这是什么?(线)
展示刺绣图片,询问:这又是什么?(刺绣)
那么,文章里面有没有这么一条主线呢?今天我们一起去找一找!
设计意图　通过传统刺绣作品引出线索,激发学生兴趣。

二、试寻线索,归纳方法

1. 回顾课文《散步》,思考:本文的线索是什么?围绕线索写了哪些内容?(展示PPT)。完成课堂任务单第1小题(表2.5)后小组交流汇报。

表 2.5 《散步》的线索与内容

篇 目	线 索	内 容
《散步》		

预设:《散步》的线索是一家人散步这一事件。围绕"散步"这一线索,写了散步的原因、散步中产生了分歧及解决分歧的方法。围绕散步这一事件生动地展示了一家人互敬互爱、和睦共处的深厚感情和生活情趣,体现了中华民族尊老爱幼的传统美德。

2. 同学们思考:什么是文章的线索呢？学生自行归纳,教师点拨。

预设:线索是贯穿全文、将材料串联起来的一条主线,是贯穿在整篇文章中的情节脉络以及作者表现在文章中的思想感情的起伏变化。

3. 归纳寻找方法,学生交流分享,教师适时归纳。

预设:总结寻找线索的方法:① 整体阅读法;② 标题入手法;③ 反复出现人、事、物之法。

设计意图 让学生默读《散步》,目的是让学生试着寻找线索,把握文章的主要内容,自行归纳线索的定义,归纳寻找线索的方法,为后面自主学习起到铺垫作用,让教学不脱离课例。

三、学以致用,再寻线索

1. 默读《我的老师》《钥匙》两篇选文,思考:文章的线索是什么？围绕线索写了哪些内容？(展示PPT)。

先独立思考,完成课堂任务单第2小题(表2.6),再小组讨论汇报。

表 2.6 《我的老师》《钥匙》的线索与内容

篇 目	线 索	内 容
《我的老师》		
《钥匙》		

2. 我们可以交流了吗？先来说说《我的老师》。

预设:《我的老师》的线索是"蔡老师"这个人物。作者设置了老师假装发怒、教跳舞、观察蜜蜂、教读诗、模仿老师、为我们排解纠纷、梦里寻师等七件事,抒发了对老师的热爱和感激之情。"蔡老师"这个人物贯穿全文,使文章材料统一,结构严谨,便于文章内容的表达。

3. 哪位同学再来说说《钥匙》的线索是什么？

预设:《钥匙》的线索是"钥匙"。围绕"钥匙"这一物品来写,从自身经历的与"钥匙"相关的生活琐事,引发对"钥匙"具有的重大意义的深切认识。"钥匙"这一物品同样贯穿全文,使文章材料统一,结构严谨,便于文章内容的表达。

设计意图 通过阅读两篇选文,使用同样的方法找出线索。理清每个选文的线索,找出根据,为以后能迅速理解文章内容打下基础。

四、对比异同,突破提升

1. 回顾所学,对比异同,完成课堂任务单第3小题(表2.7)。

表2.7 比较异同

篇 目	异	同
《散步》		
《我的老师》		
《钥匙》		

对比异同,小组交流后回答。

2. 教师适时归纳总结。

异:线索不同,表达的情感不同……

同:作用相同,都贯穿全文,使文章材料统一;结构严谨,便于文章内容的表达。

同样都是线索,但有不同的表现形式。不同的文章,线索的作用却相同。有同有异,这就是线索的魅力。

设计意图 通过问题设置,引导学生归纳并掌握线索的作用,突破教学难点,为学生今后阅读素养的提高作铺垫。

五、课堂小结

请同学们谈谈本节课的收获。(学生交流收获)

同学们,线索除了可以是事件、人物、物品外,它还可以是时间、地点、情感等,这些都需要大家多多去发现。

设计意图 通过让学生谈谈本课的收获,培养学生的归纳总结能力,让学生学有所得,学后能用,并引出不同线索类型,为激发学生课外阅读兴趣做引导。

六、拓展延伸,推荐阅读

今天同学们从寻找一篇文章的线索到寻找几篇文章的线索,最后还要学会去寻找整本书的线索。请同学们思考:美国小说家海明威的长篇小说《老人与海》的线索是什么?

设计意图 这样做的目的是由一篇文章的阅读延伸到多篇文章的阅读,由课内阅读走向课外阅读,由单篇文章的阅读走向整本书的阅读,培养学生阅读兴趣,提高阅读能力与水平。

七、作业布置

1. 基础作业:温习本节课所学知识,整理课堂笔记。
2. 拓展作业:用本节课所学知识去寻找分析其他文章的线索。

设计意图 让学生整理课堂笔记,温故知新,所学知识需要复习巩固才能内化为自己的知识。在温习基础上的实际运用,能提高学生阅读理解能力。

八、板书设计

穿针引"线",寻找线索
整体阅读法→事←贯穿全文
标题入手法→人←材料统一
反复出现法→物←结构严谨,便于表达

【课例评析】

置身情境,图文激趣

该课例涉及《散步》《我的老师》《钥匙》三篇选文的群文阅读(联读)。教学面对的是七年级的学生。七年级上册第二单元要求:"在整体感知全文的基础上,体会作者的思想感情。"而把握文章的线索既是搞清结构、把握文章故事脉络的需要,也是掌握人物性格特点、挖掘作品主题思想、领会其审美意义的必要途径和手段,但七年级的学生对文章的整体把握能力较弱。所以,根据单元要求及学生实际,该课例选择"线索"作为议题,从线索的定义、寻找线索的方法及线索的作用三个方面进行设计,目的是提高学生整体把握文章的能力。

一、情境导入,以图激趣

本节课的教学重点是阅读选文,找出线索。依据此重点设计了以图创设情境的环节,教师依托传统刺绣作品引出线索,展示了不同颜色的"线"及"刺绣"图片,与问题相结合,激发学生学习兴趣,快速地引导学生进入学习状态。

二、图文梳理,以理激趣

《散步》《我的老师》《钥匙》三篇选文的群文阅读(联读)设计的重点是找线索,但是如果一篇一篇地完成,首先是时间不允许,其次就是失去了群文阅读(联读)的意义,所以本课例以《散步》为基本篇目,在导学案中设计了一个表格,请学生完成《散步》的线索以及内容的填写,然后由此引导学生思考什么是线索,归纳找出线索的方法。接着,在学生掌握了怎么找文章的线索的方法之后,另外设计了一个表格,让学生完成《我的老师》《钥匙》线索和内容的寻找,小组交流讨论,选出最好的答案进行展示,激发学生深度学习、精练表达的理趣。

三、深度理解,以比激趣

为了实现深度理解,在完成对三篇选文线索与内容的学习后,该课例还设计了第三张表格来引导学生分析、比较三篇散文的异与同,小组讨论交流,体会线索的魅力。比较异同环节的设计,容易激发学生的好奇心、好胜心。

总之,整篇教学设计运用"情境导入,以图激趣"的方法激情导入,激发学生学习兴趣;用"图文梳理,以理激趣"完成对线索的梳理,归纳了寻找线索的方法及线索的作用,突破教学难点;用"深度理解,以比激趣"完成了知识巩固、知识迁移和能力提升,学生的兴趣得到了调动、能力得到了提升,学生的语文素养得到了培养。

第5讲　涌泉之恩，滴水相报
——《背影》《打》《指尖上的父爱》联读

【课例分析】《背影》是朱自清早期散文代表作。作者选取一系列生活琐事，用朴素真挚的语言、细腻传神的细节描写，真实地再现了父亲浦口送别的情景，把父亲对儿子的关爱之情展现得淋漓尽致。对八年级学生而言，他们接触到的记叙性散文并不多，学习散文的能力是不足的，加上当代中学生多是独生子女，对于父母之爱，常常熟视无睹。因此，引导学生走进文本，引发学生对于爱的思索，是很有必要的。八年级的孩子，十三四岁的年纪，正处于青春叛逆时期，与父母的关系也变得敏感而微妙。同时，处于中年阶段的父母们，本身各种压力纷至沓来，对待孩子时，或简单粗暴，或含蓄严厉……不论哪一种形式的爱，都要让孩子们明白，父母之爱至高无上，而我们能回报他们的，却少之又少。《背影》中的父亲，处境艰难，对儿子的爱无比深沉；《打》中的父亲看似"暴力"了一些，但父亲在月光下的身影和泪水感人至深；《指尖上的父爱》中的父亲，那高高扬起的手指，为"我"一次次指明前行的方向。将这样三篇写父亲的文章放在一起比较阅读，分析父亲的人物形象，能够触发孩子们的情感，引发他们对于爱的思索。

【选文来源】《背影》选自部编版语文八年级上册课文；《打》选自阎连科的《我与父辈》（江苏文艺出版社2021年版）；成健的《指尖上的父爱》选自360文库（https://wenku.so.com/d/7cc6d6e6498928e8e4da82fabaab883e）。

【教学年级】八年级

【教学目标】

1. 学习从文章情节和细节描写的角度分析人物形象，体会人物情感。
2. 运用典型事件和细节描写来表达真情实感。
3. 理解不同形式的父爱，感恩回报父爱。

【教学重难点】

1. 体会文中浓浓的父爱之情。
2. 运用典型事件和细节描写来表达真情实感。

【教学过程】

一、导入新课

同学们，上课前我们先来看一个短视频。（播放视频）

看了刚才的视频，大家有什么感受呢？

学生观看视频，自由回答。

是啊，这就是我们的父亲，再多的苦，再多的难，他们都默默扛起，为我们撑起一片蓝天。今天，我们就来学习一组关于父爱的文章。

板书:涌泉之恩,滴水相报

二、赏析《背影》,感受父爱

师:首先,我们来学习朱自清先生的叙事散文《背影》。

1. 布置任务。

(1) 速读全文,想想文章写了哪几件事,边读边圈点勾画。

(2) 从以上情节中,你读出了一个怎样的父亲?理由是什么?

(3) 同桌间交流,完成表格。发言格式:我读出了一个_____的父亲,因为_____。

2. 适当补充学生的回答,并提取关键词语板书。

板书:

3. 学生赏析《背影》。

(1) 自主阅读,边读边圈点勾画。

(2) 感知父亲形象,感受父爱深情。

(3) 自由发言。

(4) 聆听教师小结,做笔记。

师:大家总结得很快也很准确。这篇散文通过车站送行这一情节,叙述了六件与父亲有关的琐事,其中对父亲买橘子这一情节更是进行了细致的描绘,从而表达了父亲对儿子无微不至的关爱之情。这就是本堂课我们要掌握的学习叙事性散文的方法:抓情节,品细节,从而体会文中所蕴含的情感。

三、阅读《打》《指尖上的父爱》,品读不同形式的父爱

师:如果说朱自清笔下的父亲是慈爱的、温和的,是细致而又体贴的,那么下面两篇文章中的父亲可能会给你不一样的感受,请大家阅读《打》《指尖上的父爱》。布置任务:

1. 跳读两篇文章,选其中一篇来谈谈,文中的哪一件事或哪一个细节最打动你?大声朗读出来,并说说原因。

2. 组内交流、讨论,班级展示。

发言格式:我们组讨论的是《_____》这篇文章,最打动我们的一件事(一个细节)是_____,理由是_____。

生:

1. 边读边在文中圈点批注最打动自己的一个情节或某个细节。

2. 组内交流,达成共识,在白板上填写关键词,由小组发言人在班级展示。

师(总结过渡):我们的父亲对我们或慈爱,或严厉,或体贴入微,但始终不变的是深深地爱着我们。面对这似海深情,我们该怎么做呢?

四、牛刀小试

分享你与父亲间一件感人的事,说说为什么感动。你有什么想对他说的话吗?大胆地说出来吧。

回想自己与父亲的日常相处,选取一件典型事例,通过细节描述,展现父亲对我们的爱。在课堂上交流。

五、课堂小结

今天我们学习了三篇表达父爱的文章,通过梳理情节、抓取细节描写的方法,来体会文中情感,也让我们明白:为子女者应尽奉养父母之责。

六、布置作业

请大家今天回到家里,给父母夹一次菜,为他们倒一杯水,向他们道一声辛苦……用滴水之举,报答涌泉之恩。

七、板书设计

【课例评析】

多样激趣,事半功倍

一个好的开头,能激发学生的兴趣,本教学设计采用了视频导入的方法。这个视频让学生看得热泪盈眶,很能打动学生。课堂上,学生在谈感受的时候,也说自己确实被感动到了。

一、问题激趣,感受父爱

设置问题引发兴趣,是语文课激趣的手法之一。文章写了哪几件事?重点写的是哪一件?从"车站送行"这一情节中,你读出了一个怎样的父亲?是怎么读出来的?通过这几个问题的设置,让学生学会从情节和细节两个角度来解读文章所蕴含的情感,为后面两篇文章的学习做铺垫。

二、"1加X"的模式激趣,培养学生迁移能力

该课例采用的是"1加X"的教学模式来激趣,培养学生的迁移能力,让学生理解不同形

式的父爱。在实际生活中,我们的父亲并不都是温和的、慈爱的,他们可能很武断,但本质上,他们仍然是爱我们的。通过阅读这两篇文章,希望学生能感受不同的父爱,理解爱的内涵。那么,这样的父亲又是什么原因造成的呢?作为拓展内容,引导学生理解父亲的不易与艰辛。

三、写作激趣,让爱闪光

分享与父亲间一件难忘的事,并思考为什么难忘。我们该如何回报他们呢?通过这样一个小练笔,检测学生本节课的学习成果。有两位学生分享了他们的故事,看得出来,他们是动了真情的。然后,教师也分享了自己与父亲间的往事,一时没控制好情绪,竟数度哽咽。

总之,语文学习离不开阅读,而群文阅读(联读)是拓宽学生阅读视野的一个有效途径。因此,引导学生好好阅读,给学生一把打开阅读之门的钥匙,学生将受益一生。

第6讲 平凡生活中的情与趣
——《昆明的雨》《翠湖心影》《米线和饵块》联读

【课例分析】部编版语文八年级上册第四单元的各篇课文,是类型多样的精美散文。其中,《昆明的雨》是一篇写景抒情类散文,作者通过描写昆明雨季中的各种人、事、物、景,表达了自己对昆明雨季甚或昆明的喜爱和想念之情;同时,又运用修辞、感官、描写、短句和口语等多种方式来表现作者在凡人小事中发现的情与趣。中学语文课程标准在教学建议中倡导教学应努力体现语文的实践性和重视情感、态度、价值观的正确导向,语文又是"工具性"与"人文性"统一的一门学科,该课例是为了让学生在感受散文语言、体悟作者深厚感情的基础上,学会从身边的凡人小事中发现情与趣,从平凡生活中发现美。

八年级学生已具备一定的散文知识储备,了解散文的基本特征,但感知语言的能力相对较差,教学中可用多种方式阅读文本,通过不同的阅读方式读出作者的情感,读出自己的感悟,学习作者从凡人小事中表现情与趣的写作方法,并运用于写作实践中。该课例的选文《翠湖心影》《米线和饵块》也如《昆明的雨》,都展示出汪曾祺笔下平凡生活中的情与趣。

【选文来源】《昆明的雨》选自部编版语文八年级上册第四单元第4课;《翠湖心影》《米线和饵块》选自《汪曾祺全集》(北京师范大学出版社1998年版)。

【教学年级】八年级

【教学目标】
1. 通过多种方式阅读文本,学会从凡人小事中体会作者感情。
2. 通过对文本的学习,学会在生活中发现美。

【教学重难点】
1. 通过多种方式阅读文本,学会从凡人小事中体会作者感情。
2. 通过对文本的学习,学会在生活中发现美。

【教学方法】讲授法、整合法。
【教学过程】

一、创设情境,图片导入

同学们都知道六盘水有"凉都"之称,其实除了凉爽的天气以外,咱们六盘水好吃、好玩的事物也很多。但是看到网友们发出的请求推荐六盘水美食美景的帖子时,我竟然有点为难。因为说到底,这一些好吃的、好玩儿的,也不过是我们平凡生活中的寻常小食、平常小景罢了。如何推荐才能够引起网友们的兴趣呢? 这还真是"爱你在心口难开"呀!直到读了汪曾祺先生的文章,我觉得自己受到了一些启发,获得了一些灵感:汪老先生不就是一个擅长从平凡生活中发现情与趣的高手吗? 所以,今天我们将在回顾《昆明的雨》这篇文章的前提下,再来阅读《翠湖心影》《米线和饵块》。希望通过对这几篇文章的学习,我们能够学会从身边的凡人小事中发现生活之美。

设计意图 从生活场景出发,更容易吸引学生的注意力,使他们更快速地进入课堂学习,并贯彻语文生活化的课标要求。

二、明确目标,找准方向

1. 通过多种方式阅读文本,学会从凡人小事中体会作者感情。
2. 通过对文本的学习,学会在生活中发现美。

设计意图 出示学习目标,明确本节课学习的方法和学习的内容,让学生做到心中有数。

三、初步体味:回顾《昆明的雨》

1. 除了雨,作者还写了哪些和雨相关的人、事、物?
2. 作者通过这些凡人小事表达了对昆明怎样的情感?
活动:快速浏览《昆明的雨》。
思考:作者是如何通过语言表现雨中凡人小事的情与趣的?
提示:在文中圈划出关键词、句。
1. 除了雨之外,作者还写了哪些和雨相关的人、事、物?
预设:有倒挂的开花的仙人掌,有青头菌、牛肝菌,有缅桂花,有叫卖杨梅的苗族女孩、送花的房东母女。
2. 作者通过这些凡人小事表达了对昆明怎样的情感?
预设:喜爱、想念(怀念)。

设计意图 浏览《昆明的雨》,找到文中关键语句进行品析,进而理解"平凡生活中的情与趣"的含义。

四、延读品味,合作学习

活动:阅读《翠湖心影》《米线和饵块》。

思考:文中哪些语句表现了平凡生活中的情与趣?

提示:学生先独立阅读思考,再进行小组交流讨论后反馈。

1. 学生默读课文,通过小组合作学习,圈画出能表现作者"情与趣"的语句并进行分享。

预设:作者运用比喻、夸张、拟人的修辞,环境描写和心理描写,调动视觉、听觉等感官,写出了翠湖的重要和景色的美丽,表现了作者对翠湖的喜爱之情。同时,作者还使用短句,使文章语言简洁明快,富有节奏感,体现了平凡生活中的情与趣。

预设:在《米线和饵块》中发现了"玛丽呀,你要哪样?""是哪个说的? 哪个说的!""吃酸醋嘛甜醋?"这些句子。这些语言非常具有地方特色,是昆明本地的方言口语。

2. 为什么汪曾祺能够在凡人小事中发现趣味,并通过使用修辞、运用描写、调动感官以及使用短句和口语等将这些趣味呈现在读者面前?

预设:因为他对昆明这座城市充满深情,因为他热爱在昆明的生活,因为他知道用心去观察!所以就算是那些看起来毫不起眼的凡人小事,在他的眼中也是充满趣味的。

3. 请从今天学到的这些方法中,任选一到两种方法介绍你家乡的美食或美景。

设计意图 迁移学习另外两篇课外文章,既培养了学生良好的阅读方法,又培养了学生提取信息的能力和口语表达能力。小组合作学习,在学习《昆明的雨》一文的基础上,体会另外两篇文章中作者表现"情与趣"的不同方法。

五、整合文章,求同存异(课堂总结)

其实我们的生活本身就是平淡、平凡的,但是汪曾祺先生用他的文字告诉我们:即使是平凡生活,只要充满热爱,依然能从平凡中发现趣味。希望同学们能像汪老先生一样,始终对生活充满热爱,用心观察身边的凡人小事,同时又能够将这种方法加以运用。学习并借鉴《昆明的雨》中生动有趣的修辞、多种感官的调动、多角度的描写,《翠湖心影》中简洁明快、富有节奏感的短句和《米线和饵块》中生活化的口语,相信你们一定能写出富有趣味的家乡推荐帖!

设计意图 总结归纳三篇文章的共性和个性,实现"群文阅读(联读)"中的"整合文章,求同存异"。

六、布置作业

选取你认为家乡最有特色的美食、美景,为网友们写一则200字左右的回帖。

设计意图 检测学生学习效果,实现一课一得。

七、爱上学习,推荐阅读

1. 制作一张具有家乡特色的明信片。
2. 推荐阅读汪曾祺《昆明年俗》,品味作者情感。

设计意图 扩充学生阅读量,引导学生课后继续学习从细微之处体悟作者情感。

【课例评析】

平凡生活中的哲思共赏，文学情趣并蓄

在当今的教育背景下，如何有效激发学生的学习兴趣、理趣和情趣，成为教育者不断探索的重要课题。该课例通过精心设计的教学任务，让学生在参与中感受文学的魅力，理解文化的深邃，进而激发他们对学习的兴趣。该课例通过联读的方式，采用任务驱动的教学模式，旨在通过一系列精心设计的任务，引导学生深入探究文本内涵，提升审美鉴赏能力，培养文化传承与理解能力，提升学科素养。

一、任务驱动激发学习兴趣

兴趣是最好的老师，对于学生的学习而言，兴趣是推动他们主动探索、积极思维的重要动力。课堂以"网友们发出请求推荐六盘水美食美景的帖子"为导入，巧妙地将生活与文本相联系，设置了多个教学任务。这些任务不仅紧扣教学内容，而且形式多样，富有趣味性，能够有效激发学生的学习兴趣。

首先，在导入环节，教师通过引导学生关注"平凡生活"这一核心概念，从而激发学生对文本的好奇心与探究欲。这种导入方式新颖且富有启发性，能够迅速抓住学生的注意力，为后续的深入学习打下良好的基础。

其次，在研习任务中，学生需要结合文句，赏析平凡生活所引发的联想和思考。这一任务要求学生在细致阅读文本的基础上，发挥想象力，深入挖掘文本背后的深层意蕴。这样的学习任务不仅具有挑战性，而且能够让学生在完成任务的过程中感受到文学作品的独特魅力，从而进一步激发他们的学习兴趣。

二、任务设计提升学习理趣

理趣是指在学习过程中对知识的理性思考和探索的乐趣。本堂课通过精心设计的任务，旨在提升学生的学习理趣，让他们在完成任务的过程中不仅掌握知识，更学会思考和探索。在研习任务中，教师不仅要求学生联想和思考，还引导他们多角度、多层面探究作品的意蕴。这一过程中，学生需要运用所学的文学理论知识，对文本进行深入分析，挖掘出作品背后的深层含义。这样的任务设计不仅提升了学生的学习理趣，还培养了他们的文学鉴赏能力和批判性思维。

同时，教师还结合特定的社会历史背景，帮助学生理解作品中蕴含的民族心理和时代精神。这种跨学科的融合教学不仅丰富了教学内容，还拓宽了学生的视野，使他们在探究文本的过程中更加深入地理解文学作品与社会、历史、文化的紧密联系。

三、任务实践培养学习情趣

情趣是指在学习过程中的情感体验和审美追求。该课例通过实践任务的设计，旨在培养学生的学习情趣，让他们在完成任务的过程中感受到学习的快乐和成就感。在作业环节，教师布置了"选取你认为家乡最有特色的美食、美景，为网友们写一则200字左右的回帖"的写作任务。这个任务不仅呼应开头导语，还需要学生结合自己的亲身体验和感受进行创作。这样的实践任务不仅锻炼学生的写作能力，还让他们在创作过程中加深了对文学作品的

理解与感悟。同时,通过将自己对当地文化的感悟和热爱融入作品中,学生的学习情趣得到了充分培养和提升。此外,这种实践性的学习任务还有助于学生将所学知识运用到实际生活中去,提升他们的综合素质和实际应用能力。学生在完成任务的过程中不仅能够感受到学习的快乐,还能在实际操作中不断挑战自我、超越自我,实现自我价值的提升。

综上,该课例通过任务驱动的方式,有效激发了学生的学习兴趣、理趣和情趣。精心设计的任务让学生在参与中感受到了文学的魅力、理解了文化的深邃,并提升了他们的文学鉴赏能力、创作能力和批判性思维。这样的设计符合新课程改革的理念要求,为学生的全面发展提供了有力支持。在今后的教学实践中,我们应继续探索和优化任务驱动的教学模式,以更好地激发学生的学习兴趣、理趣和情趣,为他们的长远发展奠定坚实基础。

第7讲 感物而生情,托物而言志
——《紫藤萝瀑布》《贝壳》《三角梅》联读

【课例分析】《紫藤萝瀑布》是一篇写景状物的散文,文章通过写作者徘徊于庭院见一树盛开的紫藤萝花,睹物释怀,由花儿自衰到盛,转悲为喜,感悟到人生的美好和生命的永恒,课文使用了托物言志的手法,表达了作者对人生的感悟。《贝壳》通过对贝壳的描写,托物言志,说明了一个人应该尽自己的能力做自己该做的事和能做的事,要认认真真、坚持不懈地去做,并为后人留下一些令人珍惜、令人惊叹的东西。《三角梅》借三角梅的生长过程告诉我们生命的成长有自身的规律,有时并不被我们察觉,它是一个漫长的过程,需要静静地等待;只有不断地坚持、不断地积蓄、不断地拼搏,才能够绽放出生命的美丽。

这类型的文章字里行间闪烁着哲理的光彩,能带给学生人生的启迪。因此根据本课例的学习内容和学生学习的需要,将课题定为"感物而生情,托物而言志",选取了三篇现代散文,其目的在于引导学生掌握托物言志这种手法。对七年级学生而言,已经初步学习过《陋室铭》《爱莲说》《紫藤萝瀑布》等几篇托物言志的文章,对托物言志的概念有所了解,但学习基本上只停留在文章"托了什么物""言了什么志",在把握文本中"物"与"志"的关联性上的能力是不足的,更不用说能够运用托物言志手法写作。因此,引导学生走进文本,深入掌握托物言志的手法,对学生进行初步的写作指导,为本单元的写作打下基础是很有必要的。

【选文来源】《紫藤萝瀑布》选自人教版语文七年级下册第五单元,《贝壳》选自七年级上册第四单元;《三角梅》选自2021年2月的《语数外学习(初中版)》。

【教学年级】七年级

【教学目标】
1. 默读课文,运用圈点批注法分析概括所托之"物"的外在特征。
2. 分析"物"的内在品质,把握文本中"物"与"志"的关联性,探究作者所言之"志"。
3. 引导学生通过自己的语言文字,记录并传递生活中的真善美。

【教学重难点】
1. 重点:用圈点批注法分析概括所托之"物"的外在特征,分析"物"的内在品质。

2. 难点:把握文本中"物"与"志"的关联性,探究作者所言之"志"。

【教学方法】

教法:提问法、引导法、读书指导法。

学法:圈点批注法、自主探究法、合作探究法。

【教学过程】

一、视频导入

播放《疯狂的蒲公英》动画短片。

提问:视频中的蒲公英是一株怎样的蒲公英?蒲公英本身没有这些精神品质,是我们赋予了它精神和品质,人类感物而生情。作者是通过什么方法来传情达意的呢?让我们带着这些问题走进今天的课堂。

二、课程讲授

1. 观看视频后,思考:作者眼前紫藤萝的特点是什么?

明确:繁盛、美丽、生机盎然、尽情绽放。

2. 十年前紫藤萝的特点是什么?

明确:花朵稀落、伶仃、小心试探、"谨慎"开放。作者通过对比描写紫藤萝(物),感悟到了生命的长河是无止境的,困难和挫折是常有的,我们要积极乐观面对生活,珍惜生命中美好的事物。

提出方法:这种通过描绘客观事物的某一个方面的特征来表达作者情感或揭示作品的主旨的方法叫作托物言志。

板书:托物而言志。

设计意图 通过复习已经学过的课文,明确托物言志的概念。

3. 创设情境:在半个月前的期中考试中,我们年级的何同学成绩很不理想,于是他每天都闷闷不乐,久而久之,丧失了学习的兴趣,请同学们用托物言志的方法写一段话来激励他,让他重拾信心。同学们有没有信心写出符合要求的一段话?

学生聆听,进入情境。

设计意图 创设贴近学生生活的情境,激发学生学习的内在动力。

任务一:赏物之美

口说无凭,老师还是想检测一下同学们课堂学习的效果,一起进入今天的闯关活动吧。提示:每闯过一道关卡,就可以解锁一条写作提示。

默读《贝壳》《三角梅》,学生自主阅读所选诗文,圈点批注,分析、概括"物"的外在特征。

1.《贝壳》描写物的词句:贝壳很小,却非常坚硬和精致。

物的外在特征:小、坚硬、精致、生命短暂而细小。

2.《三角梅》描写物的词句:忽见山墙边露出一段红色的花枝,仔细一看,才发现竟然是三角梅开了一串火红的花。又是一个春天来临了,此时的三角梅已长成一棵枝茂花繁的大树,比房檐都高。

物的外在特征:花开得繁密、美丽动人。

恭喜同学们闯过了第一关,解锁了第一条写作提示:抓外在特征展开描写。(板书)

设计意图 激发学生的好胜心,激发学习兴趣;自主学习,初步阅读文章,通过圈点批注把握"物"的外在特征。

任务二:悟人之志

运用托物言志的手法来写作,只知道事物的外部特征是远远不够的,还需要我们进一步去阅读,分析作者赋予了人物怎样的精神品质,进而明确作者所言之志。

问:《贝壳》《三角梅》这两篇文章哪一篇给你留下了深刻的印象、触动了你的心灵？请同学们在组内交流。

组内交流讨论后展示:在《_____》一文中,作者紧紧抓住_____(物)的_____外在特征,赋予了_____(物)_____的精神品质,从而含蓄地表达了作者的_____(志向、情趣、理想、追求)。

示例:在《贝壳》一文中,作者紧紧抓住贝壳小、坚硬、精致的外在特征,赋予了贝壳(物)坚韧、坚强勇敢、认真对待生命的精神品质,从而含蓄地表达了一个人应该尽自己的能力做自己该做的事和能做的事,要认认真真、坚持不懈地去做,并能为后人留下一些令人珍惜、令人惊叹的东西。

设计意图 通过小组合作探究,突破难点,实现由"物"到"志"的转换。

任务三:学以致用

闯过了前两关,相信同学们已经汲取到了写作的养料。接下来,就让我们鼓足精神进入最后一关,写出鼓励该同学的话。根据导学单上的提示,选择合适的事物,写一段话鼓励何同学。提示:

向日葵:花朵永远朝着太阳的方向。

蜗牛:爬得很慢,但一直在向上爬。

野草:被风吹被雨打,依然挺立着。

蚂蚁:小小的身躯可以撑起庞然大物。

溪流:永不停息,奔入大海。

经过同学们的不懈努力,终于闯过了老师设置的关卡,相信何同学看到大家的文字,一定能够振奋精神,努力学习,取得好的成绩。

1. 学生选择合适的物进行写作。
2. 对学生作品进行展示及点评。

设计意图 通过片段写作,学以致用,巩固所学,课堂首尾呼应,回到情境。

三、课堂小结

同学们,自然之母总是无时无刻不在启迪着我们的智慧,山川溪泉中回荡着我们的心声,花草树木间穿梭着我们人生的影子,希望同学们能够从世间万物中获得启迪,学会用文字来闪烁我们理性的光彩。

设计意图 与本单元的写作联系起来,培养学生写作的习惯。

四、作业布置

1. 必做题:课外阅读《清塘荷韵》(季羡林)、《丁香结》(宗璞)、《秃的梧桐》(苏雪林),选取一篇你感兴趣的托物言志类文章,阅读并写一段推荐语,推荐给其他同学。

2. 选做题:查阅某则新闻,选取合适的事物,寄托自己的志向。

设计意图 根据学生的能力分层设计,拓宽学生的阅读面,拓宽学生的视野,将阅读中所学的方法运用到写作中。

【课例评析】

激趣有道,联读寻法

《紫藤萝瀑布》《贝壳》《三角梅》以其独特的艺术魅力和深刻的情感内涵,为我们提供了一个很好的群文阅读(联读)课例。

一、兴趣引领,激发学习热情

兴趣是最好的老师。在联读《紫藤萝瀑布》《贝壳》《三角梅》时,教师可以通过引导学生发现三篇作品中共同的"美点",如生动的描写、细腻的情感等,来激发学生的学习兴趣。同时,教师还可以利用多媒体手段,展示紫藤萝、贝壳和三角梅的图片、视频等,让学生直观地感受"物"的美,进而产生深入了解作品的欲望。

二、理趣驱动,深化阅读理解

理趣是理解作品深层含义的关键。在联读过程中,教师引导学生分析三篇作品的主题、意象、修辞手法等,从而理解作者通过植物所表达的情感和思想。例如,《紫藤萝瀑布》中作者借助紫藤萝的繁茂景象,表达了对生命的热爱和对自然的敬畏;《贝壳》通过对贝壳的描写,托物言志,说明了一个人应该尽自己的能力做自己该做的事和能做的事,要认认真真、坚持不懈地去做,并为后人留下一些令人珍惜、令人惊叹的东西;而《三角梅》则通过描绘三角梅的坚韧与美丽,赞美了生命的顽强与不屈。教师可以让学生比较作品意象的不同之处,进而理解作者不同的情感倾向和写作风格。

三、情趣陶冶,培养审美情感

情趣是审美过程中的一种情感体验。在联读《紫藤萝瀑布》《贝壳》《三角梅》时,教师引导学生通过朗读、品味、感悟等方式,深入体验作品中所蕴含的美感和情感。例如,教师可以指导学生有感情地朗读作品中的精彩段落,让学生感受语言的韵律美和意境美;同时,教师引导学生关注作品中的细节描写,如紫藤萝的缠绕、贝壳的认真、三角梅的绽放等,让学生从中体验到生命的美丽和神奇。

此外,教师组织学生开展相关的写作活动,让学生选取一篇感兴趣的托物言志类的文章,阅读并写一段推荐语,或就某则新闻,选取合适的事物寄托志向,表达自己的情感和思考。这样的写作活动不仅可以加深学生对作品及新闻事件的理解和感悟,还可以培养学生的写作能力和审美情感。

总之,《紫藤萝瀑布》《贝壳》《三角梅》的联读课例为我们提供了一个展示兴趣、理趣、情趣相融合的典范。在联读过程中,教师注重激发学生的学习兴趣和主动性,引导学生深入理解作品的深层含义和审美价值,从而提升学生的审美能力和综合素质。

第8讲 情、景、理的有机结合
——《故都的秋》《荷塘月色》《我与地坛(节选)》联读

【课例分析】该课例三篇文章《故都的秋》《荷塘月色》《我与地坛(节选)》归属于"文学读与写作"学习任务群中的第三单元。其以自然情怀当作人文主题,并围绕文学类文章的阅读与鉴赏来进行设计。郁达夫的《故都的秋》是一篇独具特色的散文。在对故都北平秋景的细腻描绘中,郁达夫表露出内心的眷恋和落寞之情,该散文彰显出他的艺术个性及审美追求。全文紧密围绕故都的秋"清、静、悲凉"的特征,描绘了"小院秋晨""秋槐落蕊""秋蝉嘶鸣""闲话秋凉""秋果胜景"等若干画面,借由以情驭景、以景显情的手段,将客观景物(故都的秋)和作家的主观色彩(个人心情)自然且完美地融合在一起,秋里有情的眷念,情中有秋的落寞。朱自清的《荷塘月色》是现代抒情散文中的名篇。此文创作于1927年7月,当时正值大革命失败,白色恐怖弥漫于中国大地。文章通过对"荷塘月色"的细致刻画,含蓄且委婉地抒发了作者对现实的不满、对自由的渴望,以及想超脱现实却又无法脱身的思想情感,为我们留存下了旧中国政治知识分子在苦难中徘徊、前行的痕迹。《我与地坛》作为史铁生的代表作,全文篇幅较长,课文仅选取了一、二两个部分。作者在黄金般的21岁时骤然失去双腿,我们能深切体会到他那种极度痛苦:"我找不到工作,找不到去路,忽然间几乎什么都找不到了……我便一天到晚滞留在这园子里。"选文陈述了他多年来于地坛公园所观察到的人生种种和对命运的领悟,讲述的核心是人们该如何对待生命中的苦难。文中除了对命运的思考,还有一条线索是对母亲的缅怀。

该课例以情、景、理的有机结合作为主题,展示《故都的秋》《荷塘月色》《我与地坛(节选)》群文阅读(联读)的激趣之法。

【选文来源】《故都的秋》《荷塘月色》《我与地坛(节选)》选自高中语文必修上册第七单元。

【教学目标】

1. 通过有感情地朗读景物描写片段,关注作品中的自然景物描写,体验作者在景物描写中所融合的内心世界。

2. 通过品读景物描写片段,进一步理解作者情思,体会散文情景交融、情理结合的特点。

3. 通过绘制明信片,逐步养成观察自然、感受自然,反思自我、表达自我的习惯。

【教学重难点】

1. 重点:品读景物描写,感受作者内心世界。

2. 难点:感悟自然,理解景、情、理三者关系,完成明信片绘制。
【学习方法】
朗读法、小组合作法、自主探究法、教师讲授引导法。
【教学过程】

一、导入

在文学的世界中,有一片极为自由、舒展的天地,一方荷塘、一叶秋色、一片森林、一抹日出的光彩、一个古战场、一个古家园……任何一个场景都能拨动你的心弦,引发你这样那样的联想和感悟,唤起你对宇宙、人生或多或少的情趣和沉思,当你以自由潇洒、美丽动人的文笔写下这一切时,就有了散文。今天这节课我们一起来阅读这三篇课文《故都的秋》《荷塘月色》《我与地坛(节选)》,去品味景中的情味,进而把握文人心中的喜悲。

二、明确学习目标

PPT展示学习目标。

三、情境任务

2024年春季学期,省"书香校园"经典阅读活动正式展开,学校"明日"文学社准备在10月面向全校征集"经典阅读"读后感明信片,作为本次阅读活动的一项内容。要求:本堂课我们将阅读《故都的秋》《荷塘月色》《我与地坛(节选)》三篇经典散文,通过阅读,请大家以三篇文章或景或情或理的文字为基础,制作精美的明信片,参加本次学校的阅读活动;图文并茂,设计精美;电子版与纸质版均可。

通过导学案将原6个小组分成《故都的秋》《荷塘月色》《我与地坛(节选)》三个项目小组。

四、小组合作

请各小组以"×××图"为小标题来命名本组所要朗读赏析的文章片段,并且从原文中提炼一个关键词,写在本组小黑板上。

五、朗读探究

设问:明信片构成要素有哪些?
正面——图文(相关主题的图片和文字);
反面——文字(表达情感的文字);反面是个人情感表达。

学习活动一:读景中情致,品文人喜悲

从三篇文章中选择让你心动的一处美景或一幅画面,有感情地进行朗读,品读文人字里行间的喜悲。

设问:为何喜欢你所选择的景物描写?

1.《故都的秋》。

对三篇文章中的每篇关于景物描写的片段进行预设。

故都的秋之特点:清、静、悲凉。

预设可选图画:

(1)小院秋景图(原文第3自然段"不逢北国之秋……陪衬")。

设问:为何喜欢这段文字的景物描写?

品读点拨:作者在南方每到秋天就想起了北方的秋天,这里有清白的芦花、斑驳的柳影、寂寥虫声、残缺月夜、陈旧的破屋和蓝白相间的牵牛花,这些景色常给人以冷清之感。

(2)秋槐落蕊图(原文第4自然段"北国的槐树……地方")。

品读点拨:北国的槐树常能使人联想到秋的到来,早晨起来,秋槐落蕊铺得满地,脚踏上去,什么声音也没有,令人有一种柔软的触觉,它使人感受到了秋的清静。

(3)秋蝉残鸣图(原文第5自然段"秋蝉的衰弱……家虫")。

品读点拨:秋蝉象征着忧愁与哀怨,在北平到处可以听到秋蝉的嘶叫,秋蝉声嘶力竭发出最后的哀鸣,那是一种生命到极限的悲凉表现,给人以凄凉的感觉。

(4)闲话秋凉图(原文第6~10自然段"还有……正好")。

品读点拨:秋天的衰景,秋天凄凄沥沥的小雨最能触发人们内心的隐痛。人们发自内心地喊出:"唉,天可凉了……一层秋雨一层凉啦!"这种声音恰恰触动着作者的内心深处:秋天来了,天气转凉,人到中年,光阴几何,字里行间透出一种凄凉与无奈。

(5)秋果盛景图(原文第12自然段"北方的果树……Golden Days")。

品读点拨:北方的枣树生长在屋角、墙角、茅房边上、灶房门口,枣子、柿子和葡萄的成熟,正是北国清秋佳日。面对瑟瑟秋风,面对长在角落里的果树,怎能使人不感到凄凉呢?

2.《荷塘月色》。

预设可选图画:

(1)月下荷塘图(第4自然段"曲曲折折……风致了")。

品读点拨:在本段中,作者对荷叶、荷花、荷香、荷波、荷水进行了描写,运用了诸多比喻手法。例如形容荷叶"田田",将其比作"亭亭的舞女的裙",鉴于荷叶与裙子在形状上具备高度相似性;作者用"袅娜""羞涩"来描绘花,这属于拟人的修辞手法,"袅娜"展现女子的柔美,"羞涩"体现娇羞的姿态。把花形容成"明珠""星星",则采用了比喻的修辞,凸显出花的洁白、明净和光亮。

同时,作者描写荷香时运用通感语法,将嗅觉范畴的"清香"与听觉范畴的"歌声"相联系。两者(花香、歌声)的共同点在于给人的感受皆是时断时续、似有似无,只因歌声处于"远处""高楼"之上。这种新鲜的比喻能给人带来丰富的联想,将不同感觉相互沟通和转移,此乃通感。

在写荷波时,以"凝碧的波痕"作比,展现月光下微风吹过密密叶子的颜色和姿态,宛如凝聚起来的碧绿波纹,静中有动,极为传神;"脉脉"一词采用拟人的手法,表明荷水饱含深情。

第4自然段通过比喻、通感、拟人等修辞手法,让眼前的景物活灵活现、柔美动人,给人留下具体、生动、鲜明的印象。景物从静态写到动态,此段尽管未提一个"月"字,实则处处写月,处处体现了月下荷塘的景致。

(2)荷塘月色图(第5自然段"月光……名曲")。

品读点拨:"泻"描摹月光充沛,从高处落下;"浮"描述了雾十分轻,扩散慢;"洗"展示了花的颜色十分洁白、鲜润;"笼"写月光下的景物朦胧,不可捉摸;"画"则具有创造性的美感。"月光如流水一般":刻画了月光流动、明净的样子。"叶子和花仿佛在牛奶中洗过一样":写出了月色中叶、花呈现出洁白、鲜润的特点。"又像笼着轻纱的梦":写出月光照射下的叶和花的朦胧之美。月光在灌木丛中和杨柳上的投影,用"黑影"表现灌木丛浓密,在月光下显得黑乎乎一片,杨柳条稀疏,在月光下显得很美,这两个词准确写出了不同形象的特点。"月光"与"小提琴":运用通感把视觉和听觉沟通起来,它们的共同点是月色有明有暗,光与影相互配合,琴色有高有低,有急有缓,两者都给人以和谐的感觉。第5段着力描写月色,先是正面写,后是反衬,光与影相互衬托,月色美与荷塘美巧妙结合,明与暗十分协调,通过比喻、博喻、通感等修辞手法,描绘了荷塘月色的诗情画意,而作者苦闷的心绪,也在这迷人的景色中暂时得到了解脱。

(3)荷塘四周图(第7自然段"荷塘的四面……没有")。

品读点拨:写荷塘四周的月色,以树为中心对象,还写了远山、灯光、蝉声、蛙声等。

本段景物描写说明苦闷与寂寞的心情又涌上作者的心头,所以热闹一点也没有感染他,作者由欣赏静静的美,又回到了淡淡的哀愁。

3.《我与地坛(节选)》。

预设可选图画:

(1)地坛衰败图(第3自然段"四百多年里……坦荡")。

品读点拨:本段的景物描写,"剥蚀""淡褪""坍圮""散落"让我们感受了初见地坛之时作者的失魂落魄,曾经庄严神圣的地坛被人们遗忘了,双腿残废的"我"似乎也被世间遗弃了。史铁生看着这同样命运的地坛,似乎找到了一个可以排遣郁闷的地方。很快地,他消极颓丧的精神状态和荒园融为一体。

(2)石门落日图(第7自然段"譬如……味道")。

品读点拨:夕阳的灿烂、雨燕的高歌、苍黑的古柏,还有不期而至的暴雨、静美的落叶,都让我们感受到他对生命的热爱和对人生应该有所作为的信念。此时,地坛已不再是一般的人文景观,它已经进入了史铁生的生活。或者反过来说,史铁生在他的精神家园里,完成了他对人生的第一次思索:直面现实,珍爱生命。

学习活动二:体个中情感,绘文中人生

请大家在品读三篇文章后,结合文本,将课前搜集到的符合我们品读画面的图片素材(网图或者亲手绘制的)放在明信片正面,并附上一两句意蕴深厚的原文语句,完成明信片正面设计。下面请同学展示为课堂绘制编辑而成的图片。

学习活动三:感悟自然,品味人生

请用《_____我想对你说》为题,选择校园景物,写一段情景交融的文字,100字左右,表达你对三位作家的情感,放在明信片的背面。

教学点拨:以《_____我想对你说》为题,从选取校园景物着手,能很好地贴近生活,能让学生从自己熟悉的环境中选取景物描写。校园作为见证青春成长的地方,学生应该能从中选取常见景物进行描写。当然,任务要求是要对三位作家说,所以还要结合文本作者表达的情感来进行写作。如《故都的秋》可以结合作者所说的清、静、悲凉,让作者积极乐观看待秋;《荷塘月色》虽然写出荷塘美景,但不乏哀伤,写作时可以抓住作者的心绪,给出正向的抒情;《我与地坛(节选)》给出了对生命的探究、对亲情的感悟,所以学生在对史铁生说时,可以结合自己对生命、对亲情的感悟来阐述。在写作中将"景""情""理"三者进行有机融合,形成自己的情感表达。

六、课堂小结

通过品味三篇文章中的景物描写片段,我们更加深入三位文人的内心,品味了他们心中的喜悲,所以说一切景语皆情语。品景,更是在品人。我们发现大自然是静默不语的,但是也发现大自然是宽广深邃的,希望大家在今后的岁月中,能够体悟自然,观照自我。

七、板书设计

一切景语皆情语
品景就是品人

【课例评析】

情景导入激兴趣,赏景品情生共鸣

该课例基于语文核心素养展开课堂教学和课堂学习,在关注学生创新与创造时,设计了一个绘制明信片的情境任务,这个任务能够激发学生的学习兴趣,因此围绕这个以制作明信片为情境的任务,构建了三个活动。

活动一:学生在朗读中进行三篇文章关于景物描写的品读。在品读《故都的秋》一文时,学生从"秋槐落蕊图"和"秋蝉残鸣图"两幅图入手进行品读。品读"秋槐落蕊图"时学生抓住了槐树落蕊的轻柔,提炼出轻柔的感觉,从而得出"清净"之感;而"秋蝉残鸣图"更多地关注到了"秋蝉"带来的"衰弱"的特点。另外,学生在分析"衰败"之美时,结合郁达夫生平经历,进行深入探究。品读《荷塘月色》时,首先学生品读的是"月下荷塘图",关注荷花、荷香、荷波,在欣赏中主动关注修辞手法运用,鉴赏荷塘风致。在品读"荷塘四周图"时,重点剖析了朱自清此时情感的微妙变化,作为教师,需引导学生关注造成情感变化的深刻原因。在品读《我与地坛(节选)》时,学生重点抓住了史铁生刚到地坛时与心灵治愈后的地坛景物描写,关注生命哲理。

活动二:在品读课文后,绘制明信片正面图画。此环节设置有效地契合了"核心素养"中的"审美鉴赏与创造",让学生在理解作者情感后,从网上找到符合内心世界的图画,并配上一段文字,从另一个侧面提升了学生对三篇文章景、情、理的有机融合。

活动三：以课堂微写作形式出现，有效地解决了核心素养的"四层四翼"所关注的问题，实现了既学既练、巩固赏景、加深品情。

通过上述三项活动，本堂课达成了所有教学目标，完成了学习任务，形成一堂符合新课程改革要求、体现教学突破与变革的优质课。

在课堂表现上，参与该课例的学生积极完成了课堂学习任务，有效地实践了以学生为本的课堂教学。

同时，该课例也有不足之处，如在品景中，学生选择品读的景物较少，有一定局限性。

总之，一堂课既是一次实战演练的地方，又是教师、学生不断提升能力的地方，学生提升学习能力，教师提升教学能力，在不断地赏析中，学生开始对人生甚至宇宙产生深刻的思考，得出"一切景语皆情语，品景就是品人"的深刻见解。

第9讲　人间风物寓哲思，流年岁月承美学

——《一个消逝了的山村》《秦腔》联读

【课例分析】本课例选自高中选择性必修下册第二单元，此单元隶属"中国现当代作家作品研习"任务群。课程标准针对该任务群规定，需"研习中国现当代代表性作家作品""总体上了解现当代作家作品的大致情况，培养阅读现当代文学作品的习惯，凭借正确的价值观来鉴赏文学作品，进一步提升文学阅读与写作的能力，把握中国现当代文学作品思想性、艺术性、观赏性有机统一的价值取向"。

冯至的《一个消逝了的山村》着重于平凡的原生态描绘，追寻消逝山村的余韵，极具诗意。阅读时应依据作品的描写展开联想，领略景物描写中蕴含的哲思之美，领悟文中对于人生、自然和历史的思考，学习怎样在描写中融入想象与思考，使文章更具内涵。贾平凹的《秦腔》以秦腔作为描写对象，笔触宽广且深远，展现出了三秦大地的山川风貌与风俗人情，描绘出那片土地上人民的性格，体现了秦腔和人民的紧密联系，蕴含深厚的文化意蕴。欣赏时要留意作品丰富的细节描写，体会作者如何将由秦腔引发的喜怒哀乐场景呈现出来，并与秦腔艺术的韵味相融合。

新课标更清晰地明确了语言文字的重要地位，表明语言文字不但是人类文化的关键构成部分，而且存在于人类社会的各个方面；新版课标增添了对于语文性质、特点和育人功能的具体阐释；新版课标不但保留了旧版课标中有关语文素养、思想道德素质、科学文化素质、终身学习、个性发展等要求，还提出了传承与发展中华文化、增强民族凝聚力和创造力的全新要求。

在教学建议方面，为与核心素养理念及学习任务群相互配合，新版课标作出了相应改变，给出了一些新的提议，像是创设综合性学习情境，开展自主、合作、探究式学习；强调探究信息化背景下教与学方式的转变；要求教师通过提升课程开发与设计的能力，从而实现与课程同步发展的目标；增添了学业水平考试与高考命题的建议。

【选文来源】《一个消逝了的山村》《秦腔》选自高中语文选择性必修下册第二单元。

【教学年级】高二

【学情分析】学生经过高一及高二上学期的学习,已经拥有阅读散文的基本能力以及良好的阅读习惯。该课例文章的篇幅较大,理解上又有一定的难度,所以在教学的时候需要采取"长文短教,难文浅教"的教学策略。对于冯至的《一个消逝了的山村》,应通过对自然风物特点的理解,运用想象和联想发现文本的哲思之美,这对学生来说是一个难点;如何理解贾平凹的《秦腔》中对人文风物特点和风物品质的概括也有一定的难度,需要学生熟读文本,并结合自己的感受仔细揣摩才能很好地进行概括。

【素养目标】

1. 寻找风物之美。
2. 体悟哲思之美。
3. 创造生活之美。

【教学重难点】

1. 品读语言。
2. 琢磨意蕴。
3. 躬亲实践。

【教学方法】情境导入法、讨论点拨法、小组合作探究法。

【教学过程】

一、情境导入

情境创设:市电视台想邀请咱们班的同学去录制一期品读散文的节目,品读的篇目是冯至的《一个消逝了的山村》和贾平凹的《秦腔》,希望同学们在品读之后,可以向电视机前的观众介绍家乡的风物,为家乡旅游贡献一份力量。

导入:"登山则情满于山,观海则意溢于海。"欢迎收看由市教育局独家冠名播出的《风物美学》!大家好,我是主持人百灵,欢迎大家!

天地玄黄,宇宙洪荒,寒来暑往,秋收冬藏。世间万象,于寒暑间,交织成风物;于冷暖间,汇聚成情思。冯至和贾平凹的笔下,点燃的是寓满哲思的人间风物,照亮的是流年岁月里的美学。

今天,就让我们在《风物美学》的舞台上去细品《一个消逝了的山村》和《秦腔》中关于生命的美学。在品读之前,请各位同学明确今天的品读目标:

1. 品读语言,寻找风物之美。
2. 琢磨意蕴,体悟哲思之美。
3. 躬亲实践,创造生活之美。

设计意图 把学习任务群和活动群分布到大情境统领下的若干小情境当中去。在核心素养导向下,根据大概念设置大情境,有利于实现教学的整体化、体系化、结构化;学生在情境中开展学习,才会觉得有兴趣,有真切感,有学习欲望和需求。

二、研读整合

学生活动：平凡风物，浓浓情思

品读要求：请各小组随机抽取一道关于文中风物的赏析题，结合相关文段句子来分析风物的特点，深入研读，思索里面关于生命的启示（表达的哲思），如表2.8所示。

表2.8 风物的特点与哲思

风物	特点	哲思（生命感悟）
有加利树	高大、速长、崇高、威严	从有加利树身上，我看到了生命的蓬勃，感奋不已

抛砖引玉（赏析示范）：（第8段）在此期间，高高耸立着植物界中最高的树木——有加利树。偶尔在月夜之中，微风拂动，月光将那摇曳的叶子镀成银色，我们看着它每一刻都在生长，仿佛连我们的身体、周边乃至整座山都随之生长。久久凝望，自己的灵魂竟有些难以承受，心生悚然之感，仿佛面对着一位崇高而严峻的圣者，倘若你不随其前行，就只得与之分离，其间毫无妥协余地。不过，这种树原是外来的，被移植至此时间不长，那个山村大概未曾想到它，就如同一个人不会去设想自己死后坟墓旁要栽种何种树木。

升华引导：

1. 文章标题为"一个消逝了的山村"，山村真的消逝了吗？

小结：消逝的是个体生命，没消逝的是自然，消逝的个体生命依托自然进入永恒。

2. 秦地、秦人、秦腔之间有什么关系？

小结：一方水土养一方人，一方水土一方人创造一种文化。地域、文化、生活的互相影响、滋养成就了生命。自然虽然永恒，生命也是一个轮回，个体生命的逝去，在自然的永恒之中建立起跨越时空的联系。我们从冯至的消逝了的山村看到了贾平凹的西北大地，灵魂里的风物包容世间万象，承载众生生命，千百年来穿越时空滋养着一代又一代人，给予生命蓬勃向上的力量。

设计意图 在语文核心素养"审美鉴赏和创造"的目标指引下，引导学生通过对景、情、理的梯度阅读，获得审美体验，形成一定的审美意识，从而把握文本独特的审美情趣。赏析风物，并探索其中的哲思对学生来说是一个难点，示范分析能帮助学生找到方向，缓解困难、焦虑。

三、读写感悟

学生活动：执笔细写，致敬风物

致同学们的一封信

亲爱的同学们：

你们好！

我是市文旅局代表。为了让六盘水市的旅游业更上一层楼，请同学们打开桌面的信封,选择一种或几种风物,用3~5句优美的语言来介绍家乡的风物,写在卡片上并进行粘贴,完成美学之树的创造。语言要有一定的文采和生命感悟,这样能更好地传递家乡风物对我们的滋养,还能与电视机前的观众建立起跨越时空的联系。

市文旅局

2024年7月16日

设计意图 这个活动旨在总结反思学习收获,落实情境任务;让学生学以致用,鼓励学生关注并积极参与家乡文化建设,提高社会责任感;让学生在品味多样化的现当代散文的基础之上,自然地表现个性,自由地抒发情感和思想。

四、教学总结

冯至为什么会说:"哪条路、哪道水,没有关联。哪阵风、哪片云,没有呼应。我们走过的城市、山川,都化成了我们的生命。"正是这山水、风云、城市让我们看到了生命的相通,看到了自然、生命、文化的和谐统一。正是这风物,这哲思,这美学在滋养着我们的生命,才能让叶长成叶,让花开成花,让我们成为我们。

设计意图 让课堂中的人文情怀滋养生活中的审美能力,涵养珍爱自然的生命情怀。

五、作业布置

学生实践:凉都发展,责任在肩

1."如果让你写凉都,就不能只写凉都,要写水城古镇里的人间烟火,写三池三湖中的水光潋滟,写水城河畔的一缕清风,写梅花山上的皑皑白雪……"创作完成后,请同学们在班里组织开展一次以"如果让你写凉都,就不能只写凉都,要写……"为主题的家乡摄影诗画展。(独立创作)

2.请同学们选取一些具有代表性的家乡风物,为家乡拍摄一个宣传片,并给宣传片配上宣传词。(小组活动)

3.策划一期主题为"又见凉都风物"的访谈活动,了解风物现状,深挖风物里蕴含的哲思,从闪耀凉都风物魅力的角度为凉都旅游业的发展建言献策。(小组活动)

注:小组活动二选一。

设计意图 本课堂作业设计除了能够提高学生思维和写作能力,学生的组织活动能力也得到锻炼,活动的形式更能激发学生的积极性,在参与活动的过程中,增强对家乡的热爱之情,让学生对于家乡的风物从感性的认知,跨向情感的认同、理性的体悟。

【课例评析】

任务设计妙趣生,理趣情趣伴君行

该课例通过创设丰富多样的任务情境,引导学生深入研读文本,此举不仅增强了学生的阅读兴趣,还激发了他们的理性思考和情感体验,有效提升了语文教学的实效性。

一是在课堂开头,教师通过模拟市电视台录制散文品读节目的情境,将学生迅速带入一个具体且生动的学习场景中。这种别具一格的情境设计极大吸引了学生的注意力,并激发了他们的好奇心和参与欲望。学生仿佛摇身一变成为节目的参与者,而非单纯的学习者,这种角色上的巧妙转换无疑大幅度提升了他们的学习兴趣。

二是进入"研读整合"的教学环节,教师通过一系列精心设计的赏析活动,引领学生深入研读文本,细致地分析风物的特点,并思索其中蕴含的生命启示。在这一任务驱动下的学习活动中,学生不仅得以领略风物之美,更能够深入挖掘文本背后的深层哲思,从而有效培养了他们的理性思考能力和文学鉴赏能力。此外,小组合作探究的学习方式也为学生提供了一个互动交流的平台,在思维的碰撞中相互启发,共同感受知识的力量和探索的乐趣。

三是"读写感悟"和"总结"环节则是整堂课的点睛之笔。教师鼓励学生通过创作诗歌、拍摄宣传片、策划访谈活动等多种形式来展示他们的学习成果。这种多样化的任务成果展示方式不仅为学生提供了展示才华的舞台,更让他们在实践中进一步加深对文本的理解,提升了审美情趣和创新能力。特别是为家乡旅游业发展建言献策的活动设计,更是巧妙地将学习从课堂延伸到了社会实践中,实现了从知识到能力的完美转化,同时也进一步增强了学生的社会责任感。

四是在作业选择部分,教师充分考虑学生的个体差异和多元化需求,通过设计具有层次性的作业任务群,既满足了不同能力等级学生的需求,又为他们提供了个性化的发展空间。无论是独立完成作业还是小组合作,学生都能够在这一过程中充分发挥自己的特长和个性,实现知识的个性化建构和能力的多元化发展。这种层次性和差异性的设计理念充分体现了新课标所倡导的"以生为本"的教学原则。

五是整个教学过程中的任务评价也极具综合性。教师不仅关注学生对任务的完成情况,更加重视学生在学习过程中的情感体验和价值观念的形成。通过综合评价学生的作品质量、创新思维以及合作精神和责任担当等多个方面,教师能够更全面地了解学生的学习状况和发展潜能,从而为他们提供更加精准有效的指导和帮助。这种综合性的评价方式在促进学生的全面发展方面起到了至关重要的作用,也是实现素质教育目标的重要途径。

该课例通过一系列精心创设的任务情境、层次化的任务设计以及综合性的任务评价,成功地激发了学生的学习兴趣、理趣和情趣。学生在这一过程中不仅能够深入理解文本内容、挖掘其中的哲思之美,更能够在多样化的实践活动中提升自己的文学鉴赏能力、审美情趣和创新能力。这种以任务驱动为核心的教学模式不仅符合新课标的要求,更是实现语文教学育人目标的重要途径。

第10讲 赏风物,品哲思

——《一个消逝了的山村》《秦腔》联读

【课例分析】部编版高中语文选择性必修下册第二单元第7课的课文为《一个消逝了的山村》与《秦腔》,该单元的人文主题为"时代镜像",归属于《普通高中语文课程标准》(2017年版,2020年修订)中的"中国现当代作家作品研习"任务群。课程标准针对此任务群提出:"大体了解现当代作家作品概貌,培养阅读现当代文学作品的兴趣,以正确的价值观品鉴文学作品,进一步提高文学阅读和写作能力,把握中国现当代文学作品思想性、艺术性、观赏性有机统一的价值取向。"单元说明里要求学生依据各类文学体裁各异的艺术表现形式,从多个角度、多个层面去探究作品的意蕴;重视对作品的个性化阐释,获取新鲜且生动的审美体验。

《一个消逝了的山村》属于哲理散文,侧重于对平凡的原生态进行描绘,追寻着已消逝山村的余韵,满含诗意。阅读时应跟随作品的描写展开联想,品读出景物描写中蕴含的哲思之美,领会文中有关人生、自然、历史的思考。《秦腔》是一篇抒情散文,展现了三秦大地的山川景致和风俗人情,刻画了秦人的性格,体现了秦腔与秦民之间的紧密联系。

对物与人之间关联的追索与思考,是这两篇散文的灵魂之笔,所以这两篇文章的联读可以从探寻两篇文章中物与人的关联入手,来体会散文的深情与哲思。

【选文来源】《一个消逝了的山村》《秦腔》选自部编版高中语文选择性必修下册第二单元。

【教学年级】高二

【学情分析】本课教学对象是高二学生,他们从初中到现在已经在部编版语文教材里学了13篇散文,在散文阅读学习方面应该积累了一定阅读的知识、阅读方法和阅读经验,但是因为散文本身属于相对难懂的文学体裁,且学过的大多是写景和写人叙事的散文,所以本堂课,教师计划让学生找出这两篇散文中所描绘的"风物"及它们的特点,来探寻文章中物与人的关联,以此体会散文的深情与哲思。

【教学目标】
1. 探寻两篇散文中物与人之间的关联,体会文中的深情与哲思。
2. 培养敬爱自然、热爱家乡的情感。

【教学重难点】
探寻两篇散文中物与人之间的关联,体会其中的深情与哲思。

【教学方法】提问法、自主学习法、讲授法、小组合作探究法。

【教学过程】

一、情境导入

播放纪录片《风物·贵州糟辣椒》片段。《风物》是一部通过介绍中国境内独具特色的风物特产,来展示丰富多彩的地域文化和悠久的中华美食文化的纪录片,现在《风物》栏目组想选取六盘水的一种风物进行第二期的视频录制,作为凉都市民的一员,你会向栏目组推介什么风物来展现家乡的文化风貌呢?

二、教学环节

任务一:品名家笔下风物,思考物与人的关联

1. 请同学们细读《一个消逝了的山村》的5~10自然段,从中选择一种你最喜欢的风物来分析其特点,并思考其与人之间的关联(表2.9)。

表2.9 风物与人的关联

自然风物	特　　点	联　　想	作者的感悟
小溪	清冽、养人	养育往日人们	人类声息相通
鼠麴草	纯洁、坚强	少女、村庄	生命宁静之美
彩菌	点缀、滋养	滋养山村的人	生命的美好
有加利树	速长、最高	严峻的圣者	生命的渺小
野狗	威胁、吓人	海上的飓风,寒带的雪潮	生命恐惧疾苦
麂子	温良、机警	幻境	珍爱自然

由此我们可以知道:冯至先生笔下的自然风物滋养了人类,引发人们去思考生命的意义,生命是可以跨越时空、声息相通的。现在存在的风物与曾经存在的山村的关联,与人的关联,说明时空变化并没有左右大自然生命的生生不息,即使有不和谐的因素存在,但山野草木都会以另一种方式存在着,即使面对动荡不安的社会环境,即使时空变幻,也要学会珍爱生命,珍爱自然,珍爱和平。

2.阅读《秦腔》,概括出秦地、秦人、秦腔各自的特点,并说说他们之间的关系。(提示:小组合作探究,请以思维导图的形式来呈现,如图2.1所示)

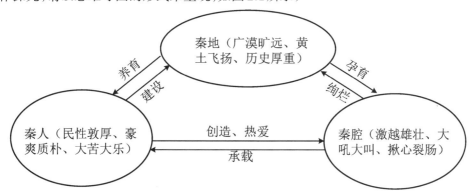

图2.1　秦地、秦人、秦腔关系图

秦腔、秦人、秦地之间的关系:

一方水土养育一方人。辽阔厚重、广漠旷远的秦川大地养育了秦人,给了他们旺盛的生命力,也给了他们敦厚、直率的性情和勤劳质朴、敢爱敢恨的品格。

一方水土一方人形成一种文化。秦地的辽阔厚重与秦人的直率豪放、秦腔的激越奔放形成一种高度的内在统一。这样的秦地,这样的秦人,才创造出高亢激越、雄浑奔放的秦腔。秦腔只能诞生在秦地,也只有秦腔才能承载秦人的喜怒哀乐,表达他们对真善美的追求。正如贾平凹先生在这篇散文里说的"这里的地理构造竟与秦腔的旋律惟妙惟肖的一统!"

小结:我们发现这两篇文章都是在对物与人之间的关联做追索与思考,宁静的山水不仅给冯至提供了一份灵魂憩息之地,也给予他无限的精神食粮和生存的力量;"大喊大叫"的秦腔与"大苦大乐"的秦川百姓血肉相连,彼此成就,文化意蕴厚重。

任务二：推选风物，弘扬家乡文化

请同学们结合上面的知识进行总结：我们该选取什么样的风物来展现凉都的文化？

要点：体现地域特色，能关联人类，承载人的情感，给人以启迪。

请结合以上总结出的要点，为《风物》栏目组推介一种风物来展现凉都的文化风貌，并为它写一段80字左右的介绍性文字。

如，《荷叶糯米鸡》："日出东南之时，大珠小珠洒落之间，清风缓缓之际，载满岁月痕迹的双手，摘下那接天绿叶。在丝丝缕缕的白月光下，千淘万滤了的糯米，蒸出了一片柔软、香甜，裹上新鲜鸡肉做馅，新香扑鼻，三月不忘。浅浅绿荷青裳里包裹的是离家的我对母亲深深的想念。"

三、课堂小结

冯至先生说："人不能为了无谓的喧嚣，而忘却生命的根蒂，要在寂寞中，在对草木鸟兽的观察中体验人生的意义。"众生一体，天地皆入心。无论顺境逆境怎样循环，天地都馈赠生命以收获。万物同源，风物总关情。无论历史与现实时空如何交错，风物最能牵动乡民的情思。

四、课后作业（二选一）

1. 请同学们为家乡风物设计明信片，要求：明信片要有相关风物的配图，要有风物解说语。

2. 请你结合家乡的地域特色、风土人情，以小组合作的方式，参照《风物》栏目的拍摄手法为选出来的家乡风物制作推介微视频。

作业评价量表如表2.1所示。

表2.1 作业评价量表

评价要点	分值（分）	自己评价	组员评价	教师评价	修改建议
选取风物典型	20				
配图或视频有特色	20				
抒发真挚情感	20				
体现生命哲思	20				
解说语流畅优美	20				

五、板书设计

情

人　物

【课例评析】

任务驱动引兴趣,理趣情趣共提升

该课例用任务驱动来激发学生的兴趣、理趣和情趣,展现了一种创新而富有深度的教学方法,不仅满足了课程标准的要求,而且有效地利用了任务驱动的策略,极大地提升了学生的参与度和学习体验,培养了学生的学习兴趣。

一、任务驱动的引入与激发兴趣

在课例的开头,通过播放纪录片《风物·贵州糟辣椒》片段作为情境导入,该任务较为迅速地吸引了学生的注意力。这种真实的视听体验不仅激发了学生对风物文化的兴趣,还为他们提供了一个直观的感受环境,引导他们思考如何推介家乡的风物。这种引导式任务为学生提供了一个从生活实际出发的学习起点,让他们在轻松愉快的氛围中进入学习状态。

二、任务设计的层次性与理趣提升

该课例的主体部分通过两个主要任务来推进学习。第一个任务是"品名家笔下风物,思考物与人的关联"。在这一任务中,学生被要求细读文本,分析风物的特点,并思考它们与人的关联。这一任务的设计从具体到抽象,从感性到理性,逐步加大了学生的思考深度。通过小组讨论和思维导图的形式,学生不仅加深了对文本的理解,还培养了合作学习和归纳总结的能力。这一任务的设计,让学生在完成任务的过程中感受到文学作品的深度和魅力,从而提升了他们的理趣。

第二个任务是"推选风物,弘扬家乡文化",要求学生结合所学知识,为《风物》栏目组推介一种风物来展现凉都的文化风貌。这一任务的设计将学生的学习与现实生活紧密联系起来,让他们在实践中运用所学知识,增强了他们的实践能力和创新意识。同时,通过为家乡风物设计明信片或制作推介微视频,学生更加深入地理解了家乡文化的内涵和价值,从而激发了他们对家乡的热爱之情。

三、任务完成的互动性与情趣培养

在这堂课的实施过程中,教师注重学生的参与和互动。通过小组讨论、合作探究、个人展示等多种形式,学生被充分调动起来,积极参与到学习活动中来。这种互动性不仅增强了学生的学习动力,还让他们在完成任务的过程中感受到成功的喜悦和乐趣。同时,教师还通过及时的评价和反馈,对学生的表现给予肯定和鼓励,进一步激发了他们的学习热情。

在情趣培养方面,教师注重引导学生发现文学作品中的美,感受风物文化的魅力。通过品味名家笔下的风物、探究物与人的关联、推介家乡风物等活动,学生不仅提升了自己的审美能力和文化素养,还培养了对生活的热爱和对自然的敬畏之情。这种情趣的培养不仅让学生在学习中得到了精神上的满足和愉悦,还为他们今后的成长和发展奠定了坚实的基础。

四、反思与提升

在课后作业部分,教师设计了两种形式的作业供学生选择:设计明信片或制作推介微视频。这两种作业形式都紧扣课堂的主题和目标,既检验了学生的学习效果,又为他们提供了展示自己才华的平台。通过作业评价量表的使用,教师可以及时了解学生的作业完成情况,并给予有针对性的指导和建议。这种反思性的评价机制有助于教师不断改进教学方法和手段,提升教学质量和效果。

"天地人心,风物关情"联读课通过任务驱动的方式有效地激发了学生的学习兴趣、理趣和情趣。它以学生为中心,注重学生的参与和互动,让学生在完成任务的过程中不断提升自己的能力和素养。这种设计不仅符合课程标准的要求,而且具有很强的实践性和创新性。

第11讲　行走在山水人文里的"原生态"
——《一个消逝了的山村》《秦腔》联读

【课例分析】新课标中明确提出审美鉴赏与创造是学生语文素养的重要构成部分。通过设计"聚焦文本""聚焦作者""聚焦时代"这一完整的教学环节,该课例立足原生态的定义,使学生了解到人的成长离不开那片让他怀念的原生态土地,人也可以从原生态中汲取生命能量,获得生命中诗意的栖居。该课例属于选择性必修课程中的"中国现当代作家作品研习"学习任务群。按照课程标准的规定,这一任务群主要"研习中国现当代代表性作家作品,包括反映改革开放以来的社会主义先进文化的作品,旨在大体了解现当代作家作品概貌,培养阅读现当代文学作品的兴趣,以正确的价值观鉴赏文学作品,进一步提高文学阅读和写作能力,把握中国现当代文学作品思想性、艺术性、观赏性有机统一的价值取向"。

该课例选取了冯至的《一个消逝了的山村》和贾平凹的《秦腔》。前者通过平实细致的描写,表现了一个山村的风貌,在朴素而流畅的文字中蕴含着作者对人生、自然和历史的深刻思考。后者则通过描写秦腔这一古老的民间艺术形式,展现了三秦大地的山川风貌和风俗人情,充满了乡土气息和厚重的文化意蕴。自然地表现个性,自由地抒发情感与思想,是多样化的现当代散文共同的艺术追求。

【选文来源】《一个消逝了的山村》《秦腔》选自部编版高中语文选择性必修下册第二单元。

【教学年级】高二

【学情分析】高二学生虽然已经有了一定的现代文阅读经验,但无法灵活运用多种鉴赏方法进行有效阅读赏析。从教学实践情况看,学生对现代文的阅读大多浮于表面,只是了解内容大意,对文本而言,仍然存在不会挖掘或是挖掘深度不够等问题。

【教学目标】

1. 通过阅读课外资料,学生能够了解作者及文章写作背景。

2. 通过反复诵读文本,学生能以小组合作的方式梳理文本内容结构,能以思维导图的形式展现小组的阅读成果。

3. 通过阅读,学生能够找出两篇散文的风物风俗,完成相关表格。

【教学重难点】

1. 重点:反复诵读文本,以小组合作的方式梳理文本内容结构,以思维导图的形式展现小组的阅读成果。

2. 难点:结合文本,共同探究风物所蕴含的丰富意蕴,完成相关表格。

【教学方法】合作探究法、比较阅读法。

【教学过程】

一、导入新课

4月23日是世界读书日,学校文学社将举办"读书分享会",你们小组决定研习以冯至的《一个消逝了的山村》和贾平凹的《秦腔》为代表的现当代散文作品并进行分享。为了顺利完成最后在读书报告会上的展示,你和你的组员要完成下面的研讨任务。

设计意图 借助与日常学习生活密切相关的情境进行导入,吸引学生的注意力,并将此情境贯穿课堂,解决学生阅读困难。

二、教学活动

活动一:初步感知,知人论世

小组成员搜集作者简介、创作背景、作品风格及相关评论等资料进行归纳整理,并在课堂上展示交流,补充完善(表2.11)。

学生活动:学生分小组进行课堂展示,分享交流。

教师活动:补充及评价。

表2.11 本讲课文资料

篇 目	作者简介	创作背景	作家风格	评论文章
《一个消逝了的山村》	冯至(1905—1993),现代著名诗人。1921年考入北京大学,1923年后受到新文化运动的影响开始发表新诗。1930年赴德国留学,其间受到德语诗人里尔克的影响。后返昆明任教于西南联大,任外语系教授	本文选自冯至散文集《山水》。1942年秋,冯至将10篇散文集在一起,题名《山水》。《山水》出版后,学界对它的评价很高。《山水》中的《一棵老树》和《一个消逝了的山村》最为精纯。本文是作者20世纪40年代初在昆明近郊森林中一所孤独的小茅屋里创作的	诗化散文 哲理散文	1. 冯至《〈山水〉后记》。2. 季羡林《诗人兼学者的冯至先生》。3. 解志熙《"灵魂里的山川"之写照——论冯至对中国散文的贡献》
《秦腔》	贾平凹1952年2月21日出生于陕西省商洛市丹凤县棣花镇,中国当代作家、中国作家协会副主席、中国作家协会散文委员会主任、陕西省作家协会主席	本文创作于1983年。在我国西北,秦腔已经和"西凤"白酒、长线辣子、大叶卷烟、牛肉泡馍一样,成为陕北人民生活的五大要素,作者对秦腔和秦川的人民生活都饱含热爱,创作了不少具有浓郁陕西地方特色的散文,此文即其一	地域特质 写实手法 深思哲理	1. 贾平凹《对当前散文的看法》。2. 费秉勋《贾平凹散文的生命意识》。3. 廉文激《贾平凹的散文观及其艺术风格》

设计意图 小组以合作探究的形式展示在课前搜集到的相关学习内容,培养了学生的合作意识、团队意识。在课堂上进行展示的过程中也锻炼了其语言表达能力。

活动二:精读文本,寻找风物

柳宗元曾说过"美不自美,因人而彰",《一个消逝了的山村》《秦腔》中都蕴藏了丰富的韵味和无穷的美感。请大胆发现美,并且对你的发现进行赏析。

教师活动:检查前置作业完成情况。

教师活动:提问学生,"有哪位同学愿意分享一下你在《一个消逝了的山村》中发现的美?"

学生活动:回答问题。

教师活动:提问学生,"有哪位同学愿意分享一下你在《秦腔》中发现的美?"

学生活动:回答问题。

教师活动:评价两位同学的回答。

明确:风物既有自然风光,也有民俗风情。

设计意图 在回答的过程中唤起对文章的审美记忆,继续深挖文本,把握文章重要风物。

活动三:聚焦语言,品悟原生态的情感

文以载道固然重要,但我们更应该关心文何以载道。请以小组合作探究的方式,聚焦语言,探究作者是如何刻画原生态的风物的。

学生活动:小组活动,探究作者是如何刻画原生态的风物的。

教师活动:

1. 根据学生回答适时点拨或总结。
2. 追问:《秦腔》中的语言除了质朴之外,有没有独特之处?
3. 引导学生关注两篇散文的末段。

(1)"在风雨如晦的时刻,我踏着那村里的人们也踏过的土地,觉得彼此相隔虽然将近一世纪,但在生命的深处,却和他们有着意味不尽的关联。"

——冯至《一个消逝了的山村》

(2)"广漠旷远的八百里秦川,只有这秦腔,也只能有这秦腔,八百里秦川的劳作农民只有也只能有这秦腔使他们喜怒哀乐。"

——贾平凹《秦腔》

明确:《一个消逝了的山村》末段所选语句,是对生命相通的再次超越性理解。

"踏着"是指现在"我"真真切切地行走在这片土地上。"踏过"是指过去前人也行走在这片土地上。"踏着""也踏过"将山村、前人与"我"跨越了时空的阻碍联系在一起,消逝的是山村的形态,没有消逝的是生命形态,"我"与前人都从这片土地上获得了生命的滋养,都热爱着脚下这片土地。

而《秦腔》中的"有"表达了客观存在;"只"强调仅此一家;"只有"那就是少得可怜的唯一宝贝。广漠旷远的秦川,在民间戏曲上,很难说不是贫瘠的。"能"说明可能性;"只能"表明唯一可能性;"只能有"又阐明了一种必然的规律性,强调了秦腔是八百里秦川的必然文化产物,是秦人唯一的精神寄托,表达了贾平凹对秦川的热爱。

小结:冯至在《一个消逝了的山村》中的语言是干净的、未经雕琢的,是清新隽永的;贾平凹在《秦腔》中的语言是质朴的、有生活气息的,是极富地域特色的。这就是"原生态"的语言。而他们无一不从脚下这片土地获得生命的滋养、向上的力量,无一不表达了对脚下这片土地的热爱,这就是"原生态"的情感。

设计意图 一是引导学生发现原生态的写作源自作者对生命的体悟,这是一种生命本能;二是引导学生发现一个人的生长、成长都离不开土地,土地不仅给予了我们乡土情怀、民族魂的力量,还在我们陷入困境时给予我们强大的精神力量。

活动四:聚焦时代,尝试原生态的写作

在风速运转的时代巨轮中,我们多久没有好好地观察这个时代了?我们多久没有和自己谈话了?我们要行走在冯至和贾平凹的山水人文中,我们更要行走在原汁原味的时代生活中。请同学们用纯真的眼睛,发现生活中的原生态风物,并使用原生态的语言写一段文字,述说原生态的情感,并把它发布到你的朋友圈,与你的好友亲人分享。

教师活动:评价或点拨。

学生活动:整理思绪,编辑文案,分享到朋友圈。

设计意图 本环节旨在引导学生学以致用的同时,聚焦时代,对话自己的内心,通过原生态的写作,感受返璞归真的情感。

三、课堂小结

通过研习《一个消逝了的山村》与《秦腔》,我们在原生态的世界里清新呼吸。"原生态"的"原"是原始本味的纯真,"生"是跨越时空依然生生不息的向上力量,"态"是我们行走在山水人生、大千社会的自然的生命态度。

四、作业布置

1.《一个消逝了的山村》与《秦腔》分别是两人的代表作,诗情画意交织,画面感或场面感特别强,特别适合作画。请同学们在两篇文章中选择一个喜欢的片段,为文本配插图,并写题跋。(写在书籍、碑帖、字画等前面的文字叫作题,写在后面的叫作跋,总称题跋。)

2.生活中也有很多原生态的场景,在不经意的瞬间惊艳了时光。请同学们拍摄生活中原生态的场景,并记录下你当时的心情,制作成一条短视频。

【课例评析】

生活处处是语文,语文字字皆生活

本课例以"激趣"为基本策略,设计了"聚焦文本""聚焦作者""聚焦时代"三个结构化的教学环节,引导学生认识人与自然的密切关系,体悟生命的诗意。

在创设任务情境方面,执教者巧借自己三天打卡18个景点的真实经历,引出了当今时代标签——"快",进而引出了与"快"截然不同的生活现状:静谧的村庄、缱绻的白云、清脆的鸟啼、慈祥的奶奶……在以"快"为标签的时代,这足以吸引学生的兴趣和思考。

在评价方面，分为教学活动中评价和教学活动后评价两类。在教学活动中，教师适时对学生的表现进行随堂评价，既补充了教学内容，也增强了学生的信心，进一步引导学生的兴趣朝"理趣"的方向发展。课后评价方面，教师布置了两个任务：

1.《一个消逝了的山村》与《秦腔》分别是两人的代表作，诗情画意交织，画面感或场面感特别强，特别适合作画。请学生在两篇文章中选择一个喜欢的片段，为文本配插图，并写题跋。

2.生活中也有很多个原生态的场景，在不经意的瞬间惊艳了时光。请学生拍摄生活中原生态的场景，并记录下当时的心情，制作成一条短视频。

这两个任务引导学生在解决真实问题的过程中建构自己的学习经验和知识体系，体现了建构主义学习观的实践精神。

首先，评价是符合学科核心素养精神的。"语言建构与运用""思维发展与提升""审美鉴赏与创造""文化传承与理解"这些必备品格和关键能力不能直接传递，学生只有在尽力解决真实情境问题的过程中才能获得。

其次，评价是基于单元学习任务的。部编版高中语文选择性必修下册第二单元的人文主题是"时代的镜像"，不同文体呈现了现当代文学创作的多方面成就，彰显了中华民族文化自信。该课例归属于第三组散文，可以在美育视角下进行散文教学，去感悟自然风物与三秦大地风俗人情的原生态。

最后，评价是符合学生学习现状与需求的。课后评价内容安排由简到丰，由浅到深，由单一到综合，形式生动活泼，有助于提升语文综合素养。

总之，本堂课的学习评价科学、具体并以结构化的方式呈现，将自主学习与合作学习相结合、分层作业与弹性作业相结合，使学生在巩固课堂知识的同时，提升思维品质，焕发想象力，增强对生活的观察与热爱。

第12讲　淡浓静闹各有味，诗意粗犷皆本真
——《一个消逝了的山村》《秦腔》联读

【课例分析】《一个消逝了的山村》《秦腔》选自部编版高中语文选择性必修下册第二单元。本单元属于"中国现当代作家作品研习"学习任务群，单元人文主题是"时代的镜像"。本单元所选都是现当代文学中的优秀作品，有小说、诗歌、散文、话剧。冯至的《一个消逝了的山村》专注于平凡的原生态描写，追寻了一个消逝山村的余韵，颇有诗意。贾平凹的《秦腔》以秦腔为描写对象，笔触广阔深远，写出了三秦大地的山川风貌和风俗人情，写出了那片土地上人民的性格，写出了秦腔与人民的血肉联系，具有厚重的文化意蕴。研习这两篇散文，要引导学生注重对作品的个性化解读，获得鲜活的审美体验，注意在情境中感受两种不同的语言风格，培养学生的审美鉴赏能力及语言建构与运用的能力。

【选文来源】《一个消逝了的山村》《秦腔》选自部编版高中语文选择性必修下册第二单元。

【教学年级】高二

【学情分析】学生在部编版语文选择性必修上册第七单元中重点学习过散文的阅读鉴赏方法,并对作品的表现角度和艺术价值有独到的感悟和思考。高二年级的学生,已经掌握了一定的鉴赏散文的知识,应根据本单元的单元研习目标"综合运用多种欣赏方法,多角度、多层面探究作品的艺术成就和思想意蕴,提高文学鉴赏能力和审美品位"与"尝试分析和评价不同作家的创作风格,选择一位作家或一部作品,学写文学评论,从语言锤炼的角度,探究作品的语言表达技巧,撰写语言鉴赏札记"的要求,来确定本节课的研习目标,并使其符合学生的认知水平和学情。

【教学目标】

1. 朗读、品味文本,感受两篇散文不同的语言特色。
2. 圈点勾画,掌握鉴赏散文语言的方法。
3. 理解散文"贵在自然,贵在本真"的审美追求。

【教学重难点】

1. 重点:圈点勾画,掌握鉴赏散文语言的方法。
2. 难点:理解散文"贵在自然,贵在本真"的审美追求。

【教学方法】朗读法、合作法、探究法。

【教学过程】

一、导入

同学们最喜欢的一档综艺节目是什么?

教师推荐综艺节目《朗读者》。(PPT展示)

《朗读者》节目,本期《朗读者》主题词为:"真"。

二、情景

作为《朗读者》的朗读嘉宾,请从两篇文章中选取最能体现该文语言特色的片段推荐给观众。要求点明篇名、段落后再朗读,并阐明推荐理由。

1. 小组合作分享交流。
2. 学生朗诵并分享推荐理由。

设计意图 通过《朗读者》活动设计,学生在朗读句段、赏析语言过程中感受诗意与粗犷的语言特色,并通过交流分享增强对两位作者"贵在自然,贵在本真"的审美取向的理解。

三、课堂小结

通过本节课的分享,我们学到了可以从用词、句式、修辞、情趣、理趣、风格等角度赏析语言的方法,感受到了冯至先生的诗意,领略了贾平凹先生的粗犷,一淡一浓,一静一闹,可谓花开两朵,各自芬芳。

四、布置作业

1. 结合教材之"单元研习任务三",从本单元文章中收集整理值得品味的精彩语句,探究语言的表达技巧,选择一个角度,完成不少于800字的语言鉴赏札记(表2.12)。

表2.12 语言鉴赏札记撰写要求

项 目	标 准
角度选择	角度典型、言之有物、中心突出
结论归纳	结论清晰、逻辑清晰
语言范例	范例充实、论证充分
语言鉴赏	语言准确流畅、灵活生动

2. 运用本节课所学方法,选择校园中你喜欢的一处景物或你熟悉的某个场面写散文小片段(200字左右)。评价标准如表2.13所示。

表2.13 评价标准

评价要点	分值(分)	自 评	互 评	师 评	修改建议
用词精练	20				
运用修辞	20				
抒发真情	20				
体现哲思	20				
句式灵活	20				

设计意图 设计了两个具有梯度性的作业——作业1:撰写语言鉴赏札记,可以检测课堂教学中学生对必备知识的掌握情况,考查学生关键能力;作业2:写散文片段,可以检测学生语言文字的运用能力,难度适中,鼓励学生创作,运用赏析语言的方法去锤炼自己的语言。教师制作"评价量表",对学生创作的散文片段进行多维评价,有利于培养学生客观、公正的品质。

五、板书设计

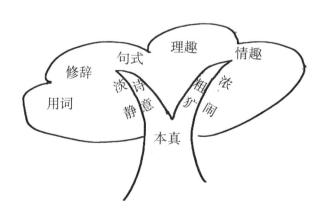

【课例评析】

环节各有味，激趣皆出色

该课例中的《一个消逝了的山村》与《秦腔》皆出自部编版高中语文选择性必修下册第二单元。此单元归属于"中国现当代作家作品研习"学习任务群，其人文主题是"时代的镜像"，所选取的皆为现当代文学的佳作，涵盖小说、诗歌、散文、话剧等体裁。其中第7课的文体为散文。冯至的《一个消逝了的山村》侧重于平凡的原生态刻画，追思一个消逝的村庄的遗韵，富有诗意。贾平凹的《秦腔》将秦腔视作描写对象，笔触宽广且深远，展现了三秦大地的山水景致和风土人情，呈现了那片土地上人民的性格，也彰显了秦腔与人民的紧密联系，蕴含着深厚的文化内涵。研习这两篇散文，要引导学生注重对作品的个性化解读，获得鲜活的审美体验，注意在情境中感受两种不同的语言风格，培养学生的审美鉴赏能力及语言建构与运用的能力，颇有难度。

针对《一个消逝了的山村》《秦腔》的大部分教学以通过"风物"理解"哲思之美""文化意蕴"为切入点。"学习提示"中称"冯至的《一个消逝了的山村》专注于平凡的原生态描写，追寻了一个消逝山村的余韵，颇有诗意。贾平凹的《秦腔》以秦腔为描写对象，笔触广阔深远"。虽然两者语言风格不同，但都追求"贵在自然，贵在本真"的审美取向。结合《选择性必修下册教师用书》单元研习目标"综合运用多种欣赏方法，多角度、多层面探究作品的艺术成就和思想意蕴，提高文学鉴赏能力和审美品位"与"尝试分析和评价不同作家的创作风格，选择一位作家或一部作品，学写文学评论，从语言锤炼的角度，探究作品的语言表达技巧，撰写语言鉴赏札记"这一要求，该课例将"语言风格"确定为大概念，将"圈点勾画，掌握鉴赏散文语言的方法"确定为教学重点，将"理解散文贵在自然，贵在本真"的审美追求作为教学难点，较以"风物""哲思"等为教学切入点具有一定的创新性。

一、导入创新，情境激趣

在导入环节，该课例从推荐综艺节目《朗读者》入手，并询问学生最喜欢的一档综艺节目是什么。设置情境，让研习在真实的情境中发生。创新了导入环节，激发了学生研习的兴趣。

二、教学环节，角色激趣

该课例巧妙设置教学环节，以"作为《朗读者》的朗读嘉宾，请从两篇文章中选取最能体现该文语言特色的片段推荐给观众"为切入点，要求点明篇名、段落后再朗读，并阐明推荐理由，角色的置换激起学生兴趣。课例通过《朗读者》活动设计，学生在朗读句段、赏析语言过程中，感受到了诗意与粗犷的语言特色；并通过师生交流分享后理解两位作者"贵在自然，贵在本真"的审美取向。该环节，学生学到了可以从用词、句式、修辞、情趣、理趣、风格等角度赏析语言的方法，感受到了冯至先生的诗意，领略了贾平凹先生的粗犷，一淡一浓，一静一闹，可谓花开两朵，各自芬芳。

三、学以致用，量表激趣

该课例设计了两个具有梯度性的作业：作业1撰写语言鉴赏札记，可以检测课堂教学中学生对必备知识的掌握情况,通过写作任务的设计考查学生关键能力;作业2写散文片段,可以检测学生语言文字的运用能力,难度适中,鼓励学生创作,运用赏析语言的方法去锤炼自己的语言。课例还制作了评价表,对学生创作散文片段进行了多维评价,激发了学生的好胜心和兴趣,学生能力得以进一步提升。

四、抓住语言,创新激趣

教师将"语言风格"确定为大概念,将"圈点勾画,掌握鉴赏散文语言的方法"确定为教学重点,将"理解散文贵在自然,贵在本真"的审美追求作为教学难点,较以"风物""哲思"等为教学切入点具有一定的创新性。整个设计围绕推荐《朗读者》篇目进行,在朗读者感受、品味语言中,学生兴趣盎然,乐在其中,实为巧妙。

总的来说,该课例通过创设情境、引导阅读、类文比较、尝试创作和推荐阅读等多种手段,有效地激发了学生的阅读兴趣,培养了他们的批判性思维和表达能力,为高二年级语文教学提供了一个良好的"激趣"范例。

第3章　激趣语文之文言文篇

文言文作为中华民族古代文化的瑰宝，承载着丰富的历史底蕴和深邃的哲学思想。自秦汉以来，文言文历经数千年的演变，逐渐形成了独特而复杂的语言体系。在现代社会，尽管白话文已占据主导地位，但文言文依然在教育、文学、历史、中医、考古等领域占有一席之地，对于培养青少年的传统文化素养、提升民族自豪感等方面仍具有重要意义。因此，如何进行文言文激趣教学，使学生在理解、欣赏和传承传统文化方面取得长足进步，成为教育领域亟待解决的问题。

文言文因其语言具有难度常常让学生有畏难情绪，所以教师在激发学生学习文言文兴趣方面扮演着关键角色。教师应具备扎实的文言文功底和丰富的教学经验，方能够准确把握学生的学习需求和兴趣点，有针对性地开展教学。同时，教师还应营造轻松愉快的课堂氛围，鼓励学生积极发言、提问和讨论等，让他们在互动中感受到学习的乐趣。当然也有一些具体的方法可循：

1. 挖掘作品内涵：通过讲解文言文作品背后的故事、历史背景和人物情感，让学生更好地理解作品内涵，从而产生共鸣和兴趣。

2. 改变教学方式：采用多样化的教学方法，如情景教学、角色扮演、小组讨论等，让学生在轻松愉快的氛围中学习文言文，增强学习效果。

3. 引入拓展阅读：引导学生阅读一些与文言文相关的现代文学作品或历史传记，通过对比学习，让学生更好地理解文言文的魅力和价值。

激发学生学习文言文的兴趣是一项长期而艰巨的任务，需要教师不断努力探索。通过挖掘作品内涵、改变教学方式、引入拓展阅读等措施，我们可以让学生在轻松愉快的氛围中感受文言文的魅力，从而提升他们的学习兴趣和传统文化素养。让我们携手努力，为传承和发扬中华民族优秀的传统文化贡献自己的力量！

第1讲　古今家训的情与理
——《诫子书》《朱子家训》《傅雷家书》联读

【课例分析】《诫子书》是一篇富含道德劝喻意味的家书。这是诸葛亮写给8岁儿子诸葛瞻的一封信，因其文短意长，言辞恳切，成为后世学子修身立志的名篇。作为一名品格高洁、学识渊博的父亲，殷殷叮咛之语令人喟叹，教子诚挚之心使人起敬。当下社会，物欲横流,尘世喧嚣,名利飘荡;各种诱惑、各种干扰层出不穷。对中学生来说,一则如何做到笃志静心,衷于学业;二则如何体谅父辈苦心,秉承优良家训是个大课题。该课例特意选取了家训家书中的典范《朱子家训》和《傅雷家书》。从细读《诫子书》出发,贯连古今,带领学生领略不同时代的不同家书家训。通过"品读"的方式赏析比较,让学生理解家书所承载之厚重情怀。无论是《诫子书》中的至理名言,还是《朱子家训》的恬淡质朴,抑或《傅雷家书》的谆谆教诲,都能使学生感受到父亲的浓浓爱子之意和款款教子之心。本组文本都是家训家书中的典范,融古通今:

1. 诸葛亮,27岁前,隐居隆中,淡泊名利,志在修身;27岁后,出世为宦,志在兼济天下,为蜀汉事业鞠躬尽瘁,死而后已,尽显拳拳爱国之心,是儒家文化中君子的典范。然而,作为父亲,他和普天之下所有的父亲一样,有一颗深沉的爱子之心。他将自己多年来的生活感悟和人生经验凝聚到86个字中,创作了《诫子书》。

2. 《朱子家训》又名《治家格言》(《朱柏庐治家格言》),全文524字,通俗易懂,内容简明赅备,对仗工整,朗朗上口;问世以来,不胫而走,成为清代家喻户晓、脍炙人口的教子治家的经典家训;以"修身""齐家"为宗旨,集儒家做人处世方法之大成,植根深厚,博大精深。《治家格言》通篇意在劝人要勤俭持家安分守己,将中国几千年形成的道德教育思想,以名言警句的形式表达出来,可以口头传训,也可以写成对联条幅挂在大门、厅堂和居室,作为治理家庭和教育子女的座右铭。因此,《治家格言》颇为官宦、士绅和书香门第乐道,自问世以来流传甚广,被历代士大夫尊为"治家之经",清至民国年间一度成为童蒙必读课本之一。

3. 对如何教育孩子,傅雷在《傅雷家书》中提出了独特见解。他认为,无论从事什么职业,做人是第一位的。因此,这些家书中首先强调的是,一个年轻人如何做人的问题。对居住海外的长子傅聪,傅雷只能通过书信对其生活和艺术追求进行悉心指导。在信中,傅雷常以自己的经历为例教导儿子:待人要谦虚,做事要严谨,礼仪要得体;遇困境不气馁,获大奖不骄傲;要有国家和民族的荣辱感,要有艺术、人格的尊严,做一个"德艺具备、人格卓越的艺术家"。

【选文来源】《诫子书》选自部编版语文七年级上册;《朱子家训》选自《朱柏庐治家格言》;《傅雷家书》选自部编版语文八年级下册。

【教学年级】七年级

【教学目标及重难点】

1. 抓关键词句,感受语言文字的丰富内涵,赏析古典作品,分析比较古今家训中的情与理,感受传统文化。(重点)

2. 理解父亲的严与爱,弘扬优秀文化,传承优良家风。(难点)

【教学过程】

一、创设情境,激情导入

同学们,老师在生活学习中有一个烦恼。我说出来,请同学们看看你们是否也有同样的烦恼。在上学前,我的父亲总是要求我应该如何;在上学中,我的父亲也总是要求我应该如何;好不容易工作了,本以为父亲不会再对我提出各种要求,谁知他总是告诉我,你现在身为一名教师,应该如何。不知同学们是否也有过类似的经历呢?

生答：……

曾经的我也像同学们一样觉得这些要求让人心烦，但现在初为人父的我也终于明白了父亲的要求是刻在每一个中国人的骨子里的"望子成龙，望女成凤"的期盼。今天，我们一起来学习古今父亲对子女的训诫。

设计意图　结合自身不同时段父亲的"要求"，引起学生共鸣，创设情境，引发学生回忆起父亲对自己的教育方式，导入新课，师生互动，使学生集中精力到课堂中来。

二、读出文中的"情"

1. 学习《诫子书》。

（1）自由诵读《诫子书》。

（2）诸葛亮想劝诫他的儿子成为一个怎样的人呢？

提示：用"我从_____句中读到了诸葛亮期望自己孩子成为_____的人，读出了父亲_____的情感。"的句式来回答。

小结过渡：古往今来，情真意切的家书家训，灿若繁星，不胜枚举。《诫子书》是经典名篇。今天老师还给大家带来了节选后的《朱子家训》和《傅雷家书》。

2. 学习《朱子家训》和《傅雷家书》。

分小组学习，思考：两位父亲想劝诫他的儿子成为一个怎样的人呢？

提示：用"我从_____句中读到了×××期望自己孩子成为_____的人，体现出父亲对孩子_____的情感。"的句式来回答。

3. 三篇典型的家训，三位不同的父亲。同学们，你能从三种不同的训诫中，感受到同一种情感吗？

设计意图　根据新课标（2022年版）要求："设计富有挑战性的学习，让学生勤于思考、乐于实践，养成良好的学习习惯""学生要能与他人合作，共同探讨、分析、解决问题"。自由诵读《诫子书》，思考诸葛亮究竟想劝诫他的儿子成为一个怎样的人，完成学案。拓展到课外名著《朱子家训》和《傅雷家书》，把课堂真正归还学生，使学生明白如何分析文段，培养学生挑选、筛选、整合信息的能力；初步感知家训作品中的"为父情"；对背后的原因进行分析讲解，总结家训文化的主要内核，进行点题，"为父情"就是严与爱。

三、比较不同的"理"

1. 比较古今家训的"理"。

《诫子书》重在"诫"。"诫"有警告、劝人警惕之意；体现诸葛亮这位才学渊博的父亲，和普天之下所有的父亲一样，有一颗深沉的爱子之心。殷殷叮咛之语令人喟叹，教子诚挚之心使人起敬。贤相诫子：修身、明志、静学、惜时。

《朱子家训》重在"训"。"训"是教导或训诫的话。朱柏庐集儒家做人处世方法之大成，循循善诱、步步深入，意在训诫儿女要勤俭持家、安分守己。士人诫子：修身、齐家。

《傅雷家书》重在"家书"二字。家书是家中所保存的书籍或家人交流来往的书信。在家书中，我们可以看到平时教育子女极其严厉的傅雷直抒胸臆，爱子情深，和蔼可亲。今人诫子:做一个"德艺双馨(修身)、人格卓越(美德)的艺术家"。

2. 探寻其中的"因"。

（1）相同的文化基石：

"古之欲明明德于天下者,先治其国;欲治其国者,先齐其家;欲齐其家者,先修其身……身修而后家齐,家齐而后国治,国治而后天下平。自天子以至于庶人,壹是皆以修身为本。"

——《大学》

（2）三位父亲训诫侧重点有所不同的原因何在？

预设：不同的原因——社会阶层、人物身份不同,个人甚至家族经历不同。

设计意图　再一次引导学生研读三个标题,说关键字词是哪一个,学生会发现各有侧重,教师顺势解读补充说明;目的是培养学生归纳总结能力。教师通过提问,调动学生的积极性,培养学生积极的学习态度。

四、课堂小结

1. 出示关于家风家训的名人名言。

2. 教师小结：万丈高楼始于基,一个人价值观形成的起点是家风,家风就是一个人和一家人成长的"地基"。

3. 播放海内外名家关于家风的视频。良好家风的形成有赖于良好的家训,我们要铭记父辈对我们的谆谆教诲,或严厉或慈爱,其中包含的都是他们的"爱子之情"。

设计意图　学生通过聆听对名人名言的介绍,观看海内外名家关于家风的视频,在学习中华传统优秀文化的基础上,融入社会主义核心价值观的理解,弘扬优秀文化,传承优良家风。

五、作业布置

1. 基础作业：课后阅读颜之推《颜氏家训》（中国古代家训集大成者）,分享感悟,并找出自己喜欢的一句话,作为座右铭。

2. 拓展作业：回家与父母沟通,在父母指导下制定属于自己的家训。

六、板书设计

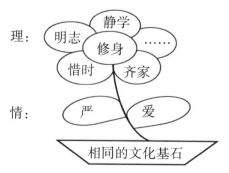

古今家训的情与理

【课例评析】

情理交织,激趣润之

《诫子书》是一篇极具道德劝诫色彩的家书。该课例特意选取了家训家书中的典型范本《朱子家训》《傅雷家书》,以细读《诫子书》为起点,贯通古今,引领学生领略不同时代的各式家书家训。

借由"品读"的形式加以赏鉴对比,领会家书所蕴含的深沉情愫。不管是《诫子书》里的深刻真理,还是《朱子家训》的朴实无华,又或者《傅雷家书》中的耐心教导,都让我们体会到父亲对子女浓厚的关爱之情和悉心的教子之意。

三篇典型的家训,三位不同的父亲,三种不同的训诫,一种深沉的情感,殊途同归,妙趣横生。

一、激情导入,引发共鸣

教师从家里的父亲形象说起,引出刻在每一个中国人骨子里的"望子成龙,望女成凤"的期盼,用父辈的期望带给孩子们的压力开头,设身处地,结合自身不同时段父亲的"要求",引起学生共鸣,创设情境,引发学生回忆起父亲对自己的教育方式,导入新课,师生互动,使学生集中精力到课堂中来。

二、师生互动,情理相生

《大学》有云:"古之欲明明德于天下者,先治其国;欲治其国者,先齐其家;欲齐其家者,先修其身……身修而后家齐,家齐而后国治,国治而后天下平。自天子以至于庶人,壹是皆以修身为本。"家长所处的社会阶层、人物身份不同,个人甚至家族经历不同,对孩子的教育也不同。

该课例在师生互动中,结合重点——《诫子书》重在"诫",《朱子家训》重在"训",《傅雷家书》重在"家书"——使得学生在情理中接受名家熏陶,在情境中提升家国情怀。

三、教师由果推因,对背后的原因进行分析讲解

教师总结家训文化的主要内核,进行点题,"为父情"就是严与爱。再一次引导学生研读三个标题,说关键字词是哪一个,学生会发现各有侧重,教师顺势解读补充说明,培养学生归纳总结能力。

通过提问,调动学生的积极性,培养学生积极的学习态度。贯彻新课标(2022年版)要求:"设计富有挑战性的学习,让学生勤于思考、乐于实践,养成良好的学习习惯""学生要能与他人合作,共同探讨、分析、解决问题"。该课例既总结了中国家教文化的内涵,又让学生明白父亲的良苦用心,冷静客观,情理相生。

第2讲 瑶林琼树,向阳而生
——《陈太丘与友期行》《周处传》《王羲之》联读

【课例分析】本课例以部编版语文七年级上册《教师教学用书》第8课《〈世说新语〉二则》的教学重点"感受古人的生活情趣和文化修养,欣赏古代少年的聪慧与方正,拉近与古人的心理距离"为依托,结合教师用书中的要求,在结合注释、疏通文义的基础上,通过朗读加深对文意及人物形象的感知。该课例重在通过联读文本,学习古代少年追求才学、注重修身做人、勇于改过自新、实现自我价值等诸多优良品质,进一步分析优秀少年养成的多方面原因,感受古人的文化修养与自我不断追求的精神,拉近与古人的心理距离,从古代经典文学中汲取养分,陶冶自我。教学中可围绕议题引导学生理解文本内容,体味和推敲重要语句在语言环境中的意义和作用,从而对课文内容的理解有自己的心得,能提出自己的看法,并能与他人合作,共同探讨、分析、解决疑难问题,提升学生语文综合素养。

课内文本《陈太丘与友期行》所在单元的人文主题是亲情。从单元主题出发学习本课,亲情自然是一大话题,但若仅仅关注家庭的温情,其作为经典文学的价值就被大大削减了。因此教师从课外寻找文本《王羲之》(节选)及《周处传》(节选)来进行组文。由该课例展开文本组合,可培养学生学习从不同的阅读材料中搜集和处理信息的能力,引导学生在生活中进行常态化阅读。在辨识与提取、比较与整合、评价与反思中体现学习的整体性,给学生多重体验的可能,也使学生能在多种文本中进行理性思考。

《陈太丘与友期行》出自刘义庆组织编写的《世说新语》,这篇文言文主要讲述了陈元方与来客对话时的场景,告诫人们办事要讲诚信,为人要方正。同时赞扬了陈元方维护父亲尊严的责任感和无畏的精神。《陈太丘与友期行》全文仅有103个字,却刻画了一个个性鲜明的少年陈元方,说明了为人处世应该讲礼守信的道理。如此有限的文字,却包含了这样丰富的内容,真可谓言简意赅。

《王羲之》(节选)是一则文言文励志小故事,出自《书断》。东晋时期,我国出了一位大书法家,就是被历代书法家、鉴赏家称为楷模的"书圣"王羲之。本篇文章讲述王羲之想从父亲处拿书法书籍来学习,遭到父亲拒绝后恳切拜请,得书后王羲之勤奋学习,促使书法精进的故事。文本言简意赅地描绘了王羲之恳切拜请父亲,求书学习的情景,展现了古代家庭注重教育、支持孩子学习的画面。文本通过神态描写、动作描写、语言描写,生动刻画出一个求知若渴、勤奋好学的少年王羲之。

《周处传》(节选)讲述周处在少年时代不求上进,为害乡里,乡亲们把他和山中猛虎、桥下白蛟合称为"三害",后来他改过自新,斩蛟射虎,痛改前非,发愤读书,终有所成的故事。文本语言精练,生动刻画出一个改过自新、奋发向上、造福百姓的少年形象。

三篇文本讲述了三个魏晋时期优秀少年的故事,通过品读文本分析人物形象,学习古代少年追求才学、注重修身做人、勇于改过自新、实现自我价值等诸多优良品质,分析优秀少年养成的多方面原因,感受古人的文化修养和不断自我追求的精神品质,拉近与古人的心理距离,从古代经典文学中汲取养分,陶冶自我。这样的文本组合,可培养学生学习从不同的阅读材料中搜集和处理信息的能力,引导学生在生活中进行常态化阅读。在辨识与提取、比较与整合、评价与反思中体现学习的整体性,给学生多重体验的可能,也使学生能在多种文本中进行理性思考。

【选文来源】《陈太丘与友期行》选自部编版语文七年级上册第二单元第8课《〈世说新语〉二则》;《周处传》节选自《晋书》(中华书局1974年版);《王羲之》节选自《书断》(中国书店出版社2020年版)。

【教学年级】七年级

【教学目标】

1. 自由阅读,结合注释,通读文本,读懂文本大意。
2. 分角色朗读,揣摩人物对话时的语气与情感,感知人物形象。
3. 联系文本,分析优秀少年养成的原因。

【教学重难点】

1. 重点:分角色朗读,揣摩人物对话时的语气与情感,感知人物形象。
2. 难点:联系文本,分析优秀少年养成的原因。

【教学过程】

一、故事——导新课

以"瑶林琼树"的故事导入本课。

瑶林琼树:比喻风姿脱俗、才能出众的人。

设计意图 本环节由讲《世说新语》中有关"瑶林琼树"的故事导入新课,由"你们是否想成为瑶林琼树般的少年?""怎样才能成为优秀少年?"两个问题引发学生思考,激起学生的学习兴趣,自然引出"瑶林琼树,向阳而生"这一议题,顺势导入本课。

二、自读——知文义

请结合注释通读文本,感知文意。

自读完成后,用简练的语言,概括王羲之、陈元方、周处的故事。

预设:《王羲之》(节选)讲述了王羲之向父求书学习的故事;《陈太丘与友期行》讲述了陈元方反驳无礼友人的故事;《周处传》(节选)讲述了周处为民除害的故事。

设计意图 《义务教育语文课程标准》(2022年版)第四学段(7~9年级)阅读与鉴赏部分提出:"诵读古代诗词,阅读浅易文言文,能借助注释和工具书理解基本内容,注重积累、感悟和运用。"本环节引导学生结合注释,读懂文章内容,用精练的语言概述故事重在以简述故事的形式反馈学生整体感知情况,有助于学生了解文本大意。

三、分析——析人物

1. 分角色朗读文本。

请勾画出三篇文本中王羲之、陈元方、周处的语句,体会他们说话时的语气、情感,分角色朗读三篇文本,感知人物形象。

2.点评分角色朗读,共同揣摩人物对话时的语气、情感后,再次分角色朗读。

请大家针对同学们的分角色朗读情况,进行点评,并对文本中王羲之、陈元方、周处三人所说的话进行进一步分析,读出更为合适的语气与情感。

预设:王羲之的对话可读出恳切、急切之感;陈元方的对话可读出坚定、义正词严的语气;周处的对话可读出为民除害的坚定、改过自新的决心。

3.分析王羲之、陈元方、周处的人物形象特点(表3.1)。

表3.1 形象特点

文 本	人 物	形 象 特 点
《王羲之》(节选)	王羲之	勤奋好学
《陈太丘与友期行》	陈元方	讲信讲礼,有理有据有原则
《周处传》(节选)	周处	改过自新、造福社会

设计意图 《义务教育语文课程标准》(2022年版)第四学段(7~9年级)阅读与鉴赏部分提出:"能用普通话正确、流利、有感情地朗读;在通读课文的基础上,理清思路,理解、分析主要内容。"部编版语文七年级上册《教师教学用书》中提出:"从阅读技能的角度看,本单元继续训练朗读技能,内部心理技能是本单元的训练重点,内部心理技能包括'情景再现'和'把握情感基调'。"本环节通过分角色朗读、点评角色朗读等环节,以读促思,以评促教,更好地引导学生分析人物形象特点,感知人物身上的可贵品质。

四、讨论——找成因

1.优秀少年是如何养成的?请小组讨论,分析三位少年如此优秀的原因。

预设:家庭、社会等原因,为优秀少年的养成营造一定的成长环境。最重要的是自身原因,只有自我不懈追求,方能变得优秀。

2.整合分析三位优秀少年自身原因的共同点与不同点(表3.2)。

表3.2 自身原因的共同点与不同点

人 物	自 身 原 因	共 同 点	不 同 点
王羲之	追求才学	自我追求	促进自我的发展
陈元方	追求品质修养		与他人的相处
周处	追求改过自新 奉献社会实现价值		对社会的奉献

点拨:优秀少年的成长之路,必定是不断前进、不断追寻的,少年们从自我发展、修身做人、实现自我价值等方面不断追求,让自身得到更大的发展,成长为瑶林琼树般的优秀人才。

设计意图 本环节引导学生基于文本,开展小组讨论,多角度分析三位优秀少年养成的原因,并引导学生辨析优秀少年养成内因的异同,在辨识与提取、整合与比较中体现学习的整体性,培养学生细致剖析文本、多方面综合思辨的能力。

五、拓展与延伸

价值引领:心怀追求,向阳而生,终能成就更好的自我。

设计意图 《义务教育语文课程标准》(2022年版)"课程性质"部分提出:"语文课程致力于全体学生核心素养的形成与发展,为学生学好其他课程打下基础;为学生形成正确的世界观、人生观、价值观,形成良好个性和健全人格打下基础。"本环节通过价值引领,启发学生学习文本中人物追求才学、追求道德品质修养、追求自我不断进步的可贵品质,引导学生回归现实,审视自我,不懈追求,充分发挥语文的育人功能。

六、布置作业

1. 基础性作业。

"翻译补白我能行"(必做题)

(1) 根据解释写出对应词语。

_____:约定。

_____:牵拉。

_____:埋没。

_____:只,仅仅。

(2) 翻译下列语句。

"日中不至,则是无信;对子骂父,则是无礼。"

2. 提升性作业。

"参展人物我来选"(选做题)

学校将举行"传统文化进校园,古代少年展风采"系列活动,现需征集古代优秀少年人物参展,本课所学三篇文本中你会推选哪位少年?请结合文本内容简要说明理由。

3. 拓展性作业。

"课外阅读我推荐"(选做题)

请任选《世说新语》中的一篇文章(课外)进行阅读,拟写阅读推荐卡。

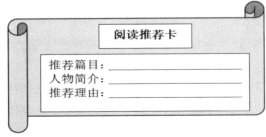

推荐理由可从人物品质、写人技法、深刻感悟等方面陈述。

设计意图 《义务教育语文课程标准》(2022版)提出:"作业设计是作业评价的关键……增强作业的可选择性……紧密结合课堂所学……在识记、理解和应用的基础上加强综合性、探究性和开放性……要严格管控作业数量,用少量、优质的作业帮助学生获得典型而深刻的学习体验。"由于学生语文基础及理解表达能力存在差异,因此需有针对性地加强对不同层次学生的作业设计,在作业布置中尽量避免"差生吃不了,优生吃不饱"的状况发生。该环节将作业设置为基础性、提升性、拓展性三个任务,既有助于检测本堂课的教学成效,又尊重学生的个体差异性,切实做到减负增效,促进学生语文综合素养的提高。

七、板书设计

【课例评析】

兴致盎然趣无穷　瑶林琼树向阳生

该课例以"立德树人"为根本任务,以"激趣"为主要策略,引导学生在学习语言文字运用的过程中建构自己的语言体系,对中华优秀传统文化的体认和传承中树立正确的世界观、人生观、价值观。

一、故事导入,激发兴趣

课堂以学生并不熟悉的"瑶林琼树"的故事导入,中学生天然的好奇心开始萌动,思考"瑶林琼树"到底是一个什么故事,进而开始探索,便知道了"瑶林琼树"是说树木像美玉做的一样,常用来形容人容貌智力出众。教师趁机发问:"你们是否想成为瑶林琼树般的少年?""怎样才能成为优秀少年?"引出"瑶林琼树,向阳而生"这一议题,趣味十足而又自然流畅,水到渠成。

二、精读文本,品味理趣

在"自读知文意"环节,让学生自读文本,意在引导学生读懂文本,以精练的语言概括内容,符合课程标准的要求。

在"分读析人物"环节,引导学生分角色朗读文本,体会语气、情感,感知人物形象。初中学生感性思维强于理性思维,这个活动符合学生身心发展特点,容易激发学生兴趣。同时,让学生之间相互点评,进一步改进朗读效果,并因声求气,感悟人物形象,有助于生成新的学习资源,且能将学生感性的学习兴趣引向理性并深入。

在"讨论找成因"环节,引导学生思考"这么优秀的少年是怎么养成的?"经过前期的学习和准备,这一环节学生容易归纳得出结论——家庭、社会和自我,学习的成就感较强,学习兴趣得到了巩固。

三、表达应用,涵养情趣

在课后作业设计时,教师设计了"基础性作业""提升性作业"和"拓展性作业"三个不同能力层级的作业,其中"基础性作业"是必做题,而"拓展性作业"和"提高性作业"是选做题,作业呈现结构化特点,并具有层次性、开放性与科学性。其中,提升性作业设计如下:

"参展人物我来选"(选做题):学校将举行"传统文化进校园,古代少年展风采"系列活动,现需征集古代优秀少年人物参展,本课所学三篇文本中的少年你会推选哪位少年?请结合文本内容简要说明理由。

这个作业以学校将举行的校园文化活动为真实情境,引导学生积极参与活动。因情境真实具体,活动可操作性强,学生有一定兴趣。让学生在所学三篇文本中推选一位少年,学生将对被推荐者的事迹、品行和影响进行梳理、归纳和探究,此为理性。学生的推荐最终将形成文字,且推荐过程中也彰显了推荐者的思想品质和道德情感,是为情趣。

这堂课还有一个具有趣味的点是板书设计,板书以太阳的造型为基础图案,图中"家庭""社会"围绕"自我追求"排列,代表一个人成长为"瑶林琼树"之人的原因有家庭、社会、个人三个方面,并且个人原因是主要原因,这三个因素共同构成"太阳"的主体文字,揭示了"瑶林琼树,向阳而生"的主题,生动有趣而又简洁凝练。

总之,这堂课以兴趣开始,归于情趣,符合中学生身心发展特点和规律,有助于提升学生学科核心素养。

第3讲 近水远山皆有情
——《饮酒》《答谢中书书》《岳阳楼记》联读

【课例分析】部编版初中语文九年级上册第三单元是古诗文单元,所选的诗文皆是传统的名家名篇,包括《岳阳楼记》《醉翁亭记》等在内的名篇经典。学习本单元,要引导学生感知古代诗文的意蕴,感受作者的情怀,体会古人的情感世界,从而得到思想的启迪。《教师教学用书》九年级上册在这个单元给出了"比较阅读,深化理解"的教学指导,要联系从前学过的课文进行比较阅读。本课例就来源于古人寄寓在山水中的情,由这些名篇中的景中情生发,选取了初中阶段已经学过的三篇文本进行比较阅读,《答谢中书书》所选的单元目标要求学生体会作者寄寓在景中的情怀,课时目标要求学生感受作者热爱自然山水的情感。《饮酒(其五)》所选的单元目标要求从不同角度感受古人的智慧和胸襟,提升自己的精神品格,还要能结合诗人的生平和诗歌创作背景,理解诗歌中寄寓的情怀。因此,课例的设计意在引导学生通过群文阅读(联读),理解不同社会历史文化背景下文人寄托在山水中的情怀。中国古人很早就善于欣赏山水之美,在对山水的独到审美中,产生了一些以描写景物为主,融入作者情思的诗文。但文人生活的时代不同,人生的遭遇不同,加之个人的追求不同,寄寓在风景中的情怀自然也不同。义务教育语文课程培养的核心素养是学生在正式的语言运用情境中表现出来的,是文化自信和语言运用、思维能力、审美创造的综合体现。培养学生阅读中华优秀古诗文的兴趣,从而让经典走进学生的生活,让学生在阅读中发现和感悟切合语文核心素养的要求。

《饮酒(其五)》是陶渊明弃官归隐后写成的诗。诗人从居住的草庐写起,反思归田后自己的生活状态。他没有隐居山林,而是身处"人境"。可诗人却说"而无车马喧",这是因为归隐后在山林中体悟到人生的"真意"。

《答谢中书书》以清峻的笔触具体描绘了秀美的山川景色,传达自己与自然相融合的生命愉悦,体现了作者酷爱自然、乐在林泉的情趣,这是一种对山水的审美与喜爱。通过与其他文本组合阅读,意在引导学生归纳古诗文阅读的方法,同时品析出作者隐逸在山林中所寻求的精神寄托。

《岳阳楼记》超越了仅写山水楼观的狭境,侧重抒发"先天下之忧而忧,后天下之乐而乐"的忧乐观与政治抱负,历来为人们所称道。范仲淹"先忧后乐"的政治抱负和"不以物喜,不以己悲"的阔大胸襟,是该课例的生发点;与其他文本的比较阅读,能使学生深刻体会范仲淹在数度被贬、政治失意的情况下,仍能保持"先忧后乐"情怀的可贵。景虽是想象之景,但蕴含在山水中的情怀最是难能可贵。与前两篇文本进行整合与辨析,可发现作者不同的人生经历有着不同的山水情,悟出人生的不同境界。

【选文来源】《饮酒》《答谢中书书》《岳阳楼记》选自部编版语文九年级上册第三单元。

【教学年级】九年级

【学情分析】九年级学生对古诗文阅读已掌握了一定的方法,能结合相关语句,体会作者的思想感情。同时,通过以往对写景类古文的学习,学生大致掌握了这类古诗文写景抒情的特点,但对于不同时代、不同文人很难勾连在一起,整合信息的能力有待提升,教师可以适当增加一些资料来帮助他们阅读,促使他们表达自己的阅读感受。另一方面,初中阶段是学生人生观、世界观形成的重要时期,该课例能帮助学生树立正确的人生观和世界观。教学中,课例需要嫁接好学生的"已知""再学"与"新知"之间的关系,让学生学有所获。

【教学目标】

1. 阅读文本,感知作者在山水中所寄寓的情。
2. 通过统整阅读,辨析文人不同境遇中的山水情,并作出自己的评价。

【教学重难点】

1. 重点:感知作者在景中所寄寓的情怀。
2. 难点:辨析文人不同境遇中的山水情,并作出自己的评价。

【教学准备】多媒体课件、阅读材料。

【教学过程】

一、引入古语,直切议题

1. 引入古语:"善读书者,无之而非书,山水亦书也。"
2. 板书议题"近水远山"。

设计意图 用古语引出"山水是书",简洁明快,激发学生进一步探究山水的兴趣,自然引出议题"近水远山"。《义务教育语文课程标准》(2022年版)在课程总目标中提出"乐于探索、勤于思考,初步掌握比较、分析、概括、推理等思维方法"的要求,本导语以问引入切合这一要求。

二、寻觅山水,探因

阅读资料探究原因:

1. 出示阅读材料一,学生阅读。
2. 学生提取有关山水的关键信息。
3. 教师根据学生回答,总结山水文产生的原因和山水中寄情的特点,引出古语"清风明月本无价,近水远山皆有情"。
4. 顺势补全课题,板书"近水远山皆有情"。

设计意图 本环节,学生通过非连续性文本阅读,提取到有关山水文的关键信息,大致了解了山水文产生的原因和山水中寄情的特点,教学贯彻《义务教育语文课程标准》(2022年版)的文学阅读与创意表达学习任务群精神,旨在引导学生在语文实践活动中,通过整体感知,欣赏和评价语言文字作品。

三、读山品水,寻情

1. 阅读文本一、文本二,寻情。

(1) 学生阅读文本一《饮酒(其五)》和文本二《答谢中书书》,结合写作背景联系文中语句品评文中情,体悟作者在山水间寻觅到的情。

(2) 师生归纳陶渊明和陶弘景寄寓在山水中的情,并归纳学习古诗文的方法。

陶渊明寄情于景,在自然中寻得一份离开官场的宁静与悠闲之情,在"人境"中觅得对人生的思考。

陶弘景沉醉山水中,欣赏山水的愉悦和与古今知音共赏美景的闲适自得之情溢于言表。

(3) 小结:通过聚焦这些关键句,品读体现作者思想感情态度的语句,我们发现可以较快把握作者的情思。

2. 比较归纳,比情。

(1) 学生从经历和情感上比较陶渊明与陶弘景的共同之处。

(2) 师生小结:在归隐中寻得精神寄托,这是精神山水。

(3) 如果你是陶渊明或陶弘景,你是否会做出这样的选择?

设计意图 本环节先通读文本,归纳出阅读方法。学生通过比较阅读,对两篇文本进行整合思考,提炼出了作者相同经历下在山水中寄寓的感情。部编版语文八年级上册对古诗文的学习要求:学生感悟作者寄寓在山水风景中的情怀。故课例通过整体阅读,引导学生将两个单元的文本关联起来,培养学生的整合意识;通过情境的设置,引导学生树立正确的人生观与价值观,落实《义务教育语文课程标准》(2022年版)的要求:文学阅读与创意表达学习任务群旨在引导学生在语文实践活动中,通过整体感知、联想想象……欣赏和评价语言文字作品。

3. 阅读文本,寻情。

(1) 学生阅读文本三《岳阳楼记》,思考迁客骚人看山水而生的情与范仲淹的情有何不同。

(2) 小组讨论:材料补充阅读,结合材料二与写作背景,范仲淹没有到山水间,而写山水的目的是什么?

(3) 引入古语:"山水有地上之山水,胸中之山水。"(张潮)

(4) 小结:范仲淹想象的山水不仅是自然界的山水,更是胸中之山水。

(5) 小组合作,谈谈对范仲淹"胸中之山水"的理解。

设计意图 运用比较阅读的策略进行阅读,旨在改变学生被动阅读或无目的性阅读的状态,培养一边阅读一边思考问题的意识,提高学生阅读的能力。通过比较,学生能很快寻找作家作品的背景资料,通过书本中阅读提示等内容来关联作家的生平和遭遇,丰富对作者的认识。《教师教学用书》九年级上册在这个单元给出了"比较阅读,深化理解"的教学指导,要联系从前学过的课文进行比较阅读。

四、品山悟水,悟境

出示山水三境界:"看山是山,看水是水;看山不是山,看水不是水;看山还是山,看水还是水。"让学生辨析以上古人属于哪种境界。

设计意图 学生在"合作探究"中,通过集体建构,讨论归纳,达成最终共识。此环节中,教师放手让学生思考,发表自己的不同观点。通过了解人物经历、选择、心境的不同,感知不同作品中的不同山水观。培养学生统整、筛选信息及总结概括的能力,也让学生在这个环节中更加清晰地认识古人的山水情怀。《义务教育语文课程标准》(2022年版)指出:思辨性阅读与表达任务群旨在引导学生在语文实践活动中,通过阅读、比较、推断、质疑、讨论等方式,梳理观点、事实与材料及其关系……阅读诗话、文论、书画艺术论的经典片段,尝试运用其中的观点欣赏、评析作品。

五、板书设计

近水远山皆有情
精神山水——寄托
胸中山水——坚守

【课例评析】

山水境界高,相形得真知

山水是中国诗歌的一个重要主题,古往今来无数文人墨客借助山水诗表达了自己对自然的热爱。如今的我们,生活在高楼林立的城市中,似乎已经"去自然远矣",但每当读起这些诗歌,仍然为大自然的瑰丽多奇心潮澎湃。这是山水诗的魅力,也是自然的魅力。课例《近水远山皆有情》选取了八年级上册和九年级上册的三篇文章,群文阅读(联读)教学旨在让学生理解不同社会历史文化背景下文人寄托在山水中的情怀,引导学生树立正确的人生观与价值观。

一、巧引名言多趣味

该课例最引人注目的是贯穿于课堂中的名言。所谓"名言",就是向人们揭示一定道理,指导人们学习、工作和生活的具有启发意义的"片言只语"。"名言"一般短小精悍、含义隽永,引用名言可以达成创生"主题"、升华"情感"、引发"矛盾"、总结"写法"、指导"学法"等多种功用,提高课堂教学的效率。本堂课一共引用了如下名言:

(1) 善读书者,无之而非书,山水亦书也。(张潮《幽梦影》)
(2) 清风明月本无价,近水远山皆有情。(梁章钜)
(3) 以大自然为镜可调身心。(梁衡)
(4) 山水有地上之山水,有胸中之山水。(张潮)
(5) 看山是山,看水是水;看山不是山,看水不是水;看山还是山,看水还是水。(宋朝禅语)

从教师视角分析,这些名言的使用充分说明教师具有较高的人文素养,而且彰显了教师灵活驾驭课堂教学的能力;从学生角度分析,名言的使用丰富了学生的语言积累,培养了语感,还提升了学生的思维水平,促进了品德修养和审美情趣的提高。

二、已学再学促新知

孔子曰:"温故而知新,可以为师矣。"温故知新落实到教学中倒也不失为一种策略。该课例敏锐地察觉到《饮酒(其五)》《答谢中书书》《岳阳楼记》之间的联系,三篇课文中文人生活的时代不同,人生的遭遇不同,加之个人的追求不同,寄寓在风景中的情怀自然也不同。选文跨越年级,联读具有一定的难度,但教师巧妙地找到其共通的山水情怀,通过整体阅读,帮助学生将两个单元的文本关联起来,培养学生对学过的知识关联整合的意识。

《饮酒(其五)》侧重于归隐山林后体悟到的人生真意,《答谢中书书》传达自己与自然相融合的生命愉悦,《岳阳楼记》侧重抒发"先天下之忧而忧,后天下之乐而乐"的忧乐观与政治抱负。三篇文章于山水中寄寓的情感有同有异,在异与同的比对中,培养了学生边读边思的意识,进而促进学生通过书本中阅读提示等内容来关联作家的生平和遭遇,丰富对作者的认识。

三、近水远山明情怀

在"品山悟水,悟境"的教学环节中,教师出示山水三境界,即"看山是山,看水是水""看山不是山,看水不是水""看山还是山,看水还是水",旨在通过展示人物不同的经历、选择、心境,感知不同作品中的不同山水观,进而更加清晰地认识古人的山水情怀。山水之于中国文人,如水之于鱼、草之于马,"登山则情满于山,观海则意溢于海",山水间寄托了中国文人的灵感与情思,他们或表达对隐居生活的赞美之情,或抒发对官场纷扰恶浊的厌恶,或借山水表达对远方的怀念,或抒发远离世俗纷繁的渴望,或追求一种忘我的、天人合一的境界。

陶渊明寄情于景,在自然中寻得一份离开官场的宁静与悠闲之情,在"人境"中觅得对人生的思考;陶弘景沉醉山水中,欣赏山水的愉悦和与古今知音共赏美景的闲适自得之情溢于言表;范仲淹借山水楼观,在数度被贬、政治失意的情况下,仍能保持"先忧后乐"的可贵情怀。

"醉翁之意不在酒,在乎山水之间也",我们不是古人,却和古人一样有着深挚的山水情怀,而该课例的意义正在于给处于人生观、世界观形成的重要时期的初中学生一些积极向上的、有益的启示。

第4讲　良药苦口利于病,忠言逆耳利于行
——《邹忌讽齐王纳谏》《史记·越王勾践世家(节选)》《景公戒酒》联读

【课例分析】部编版语文九年级下册第六单元为古诗文单元。其中,单元目标之一是"梳理文章思路""学习古人高超的劝说、讽谏艺术"。为达成这一目标,课例分别选了课内的《邹忌讽齐王纳谏》和课外的《史记·越王勾践世家(节选)》《景公戒酒》三篇文章,了解"直谏"和"讽谏"的劝谏方式,感受不同的效果,从而体会"讽谏"的艺术。为贴近学生生活的实际,选择类比的方式进行教学,用"医生"与"患者"类比大臣和君主,所以提炼出本议题。

《邹忌讽齐王纳谏》选自历史著作《战国策》,写的是齐威王接纳邹忌劝谏,采纳群言,明修政治的故事。邹忌的论说技巧,在这一事件中起到了关键性作用,设喻说理在先秦策士的论说文中十分常见,这种以日常小事、形象故事而层层推进到治国道理的论述方式,能够以小见大,由浅入深,具有很强的说服力。

《越王勾践世家》源于《史记》,选取了越王勾践听说吴王操练士兵,将报一箭之仇,便打算先发制人,范蠡向他进谏,但他执意伐吴,最后失败的片段。范蠡没能说服越王,与他直言不讳、站在道德的制高点指责越王、说教、讲大道理的劝谏方式不无关系。

《景公戒酒》选自《晏子春秋》,选文先写了弦章以死相谏,劝景公戒酒,使景公感到为难。然后写晏子巧妙地劝谏化解了景公的为难,还使景公戒了酒。同一事件中,直谏与讽谏的不同效果对比鲜明。

【选文来源】《邹忌讽齐王纳谏》选自部编版语文九年级下册;《史记·越王勾践世家(节选)》选自《史记》(岳麓书社1988年版);《景公戒酒》选自《晏子春秋》(中华书局2015年版)。

【教学年级】九年级

【学情分析】本次授课对象是九年级学生,他们虽有一定的知识积累,但在人际交往方面,口语交际能力不足,所以可通过本次群文阅读(联读)学习,掌握说话技巧,提高人际交往能力。同时,九年级学生已经有较为丰富的古文阅读经验,所以,在前置学习的基础上,本节课的重点不在文言重点字词的学习上,而重在理解文章大意后的分析鉴赏上。

【教学目标】梳理选文思路,分析、品味不同劝谏语言的表达效果,体会并学习古人讽谏的艺术。

【教学重难点】
1. 梳理选文思路,分析、品味不同劝谏语言的表达效果。
2. 体会并学习古人讽谏的艺术。

【教学过程】

一、导入

人们常说"良药苦口利于病,忠言逆耳利于行",但老师却在思考:"良药"为什么非要"苦口"?"忠言"为什么一定要逆耳呢？爽口不是更易下咽,顺耳不是更利于被接受被采纳吗？今天我们将学习三篇文章,去探寻爽口的良方,顺耳的技巧!

设计意图 紧扣议题,从俗语出发,接连发问,引发学生思考,激发兴趣。

二、群文共读,找"问题"

任务:默读选文,结合注释,理解选文的大概意思。梳理思路,找出文中的"医生""患者"及"问题",完成表3.3。

表 3.3 寻找问题

篇　　目	"医生"	"患者"	"问题"
《邹忌讽齐王纳谏》			
《越王勾践世家》			
《景公戒酒》			

设计意图 既检查学生对文本大意的理解,又在梳理思路的过程中比较选文内容的异同。

三、群文比读,寻药方

任务:跳读选文,勾画出"医生"与"患者"对话时开出的"药方",对比着读一读,说一说它们的"疗效"如何。

1. 指名朗读"药方"。
2. 屏显选文,教师引导分析"疗效",完成表3.4。

表 3.4 寻找药方

篇　　目	"医生"	"患者"	"问题"	"疗效"
《邹忌讽齐王纳谏》				
《越王勾践世家》				
《景公戒酒》				

设计意图 聚焦文本中的劝谏语言,在比较中感受不同劝谏方式的效果。

四、群文议读,鉴"良方"

任务:精读"医生"与"患者"对话时开出的"药方",结合具体语句,仔细分析。

小组合作讨论：为什么有的"药方""疗效"好，而有的"药方"不仅无效，还有"副作用"呢？

学习提示：

1. 独立思考，仔细分析，简要批注。
2. 小组讨论交流。
3. 小组代表（3~4人）发言。
4. 教师引导分析原因，分角色朗读体会。

设计意图　进一步分析、品味不同的劝谏语言，深挖不同劝谏方式效果不同的原因，体会古人讽谏的艺术。

五、小试牛刀，用"良方"

引入：讽谏作为一种说话的艺术，它体现了古人的智慧，在现代人际交往中，仍然发挥着重大的作用，往小的方面说，它能使人与人的关系和谐、友善；往大的方面说，它能使这个社会、国家变得文明、富强。

情境任务：假如你在小区排队做核酸检测，一位阿姨没戴口罩，工作人员再三劝说，她都拒绝。你将如何讽谏她，让她欣然接受？

提示：

1. 尝试使用讽谏中的一两种方法。
2. 先独立思考，再小组交流。

六、课堂小结

师生共同总结本节课的所得。

七、课后任务

利用网络媒体，查阅相关人物资料，从范蠡和弦章中任选一个人物，用讽谏中的一种或几种方法，劝谏君主，把劝谏的语言写下来，50字左右。

设计意图　一是课堂情境任务符合《义务教育语文课程标准》（2022年版）课程实施建议中的"建立语文学习、社会生活和学生经验之间的关联，符合学生认知水平"。通过情境创设，加强实践性，学习古人讽谏的艺术，同时适时进行社会主义核心价值观的教育。二是课后任务（作业）为的是巩固学生课堂学习所得，学生将利用网络媒体查阅相关人物资料和背景史料，可以此拓宽学生视野。三是"双减"政策对作业的质和量提出了要求，本作业量适中，难度适宜。从当堂作业延伸到课后作业，由课堂的"说"扩展到课后的"写"，培养了学生的综合语文素养。

六、板书设计

略。

【课例评析】

激趣课堂解古文,类比方法齐运用

文言文向来是一部分学生不喜欢学习的内容之一,是教师教学中的难点所在,群文阅读(联读)也是教学难点,而文言文联读更是难点中的难点。该课例涉及部编版语文九年级下册第六单元的《邹忌讽齐王纳谏》和课外的《越王勾践世家(节选)》《景公戒酒》三篇文章的教学设计,实现如此精彩的联读,实属不易。其精彩之处便在于有效的"激趣"策略。

一、从易到难,"类比"激趣

部编版语文九年级下册第六单元为古诗文单元。其中,单元目标之一是"梳理文章思路""学习古人高超的劝说、讽谏艺术"。为达成这一目标,本设计分别选了课内的《邹忌讽齐王纳谏》和课外的《越王勾践世家(节选)》《景公戒酒》三篇文章,了解"直谏"和"讽谏"的劝谏方式,感受不同的效果,从而体会"讽谏"的艺术。为贴近学生生活实际,选择"类比"激趣的方式进行教学,用"医生"与"患者"类比大臣和君主,创设情境,拉近了学生与文言文的距离,找到了一个学生容易接受的学习抓手。

二、群文阅读(联读),"方法"激趣

该课例从导入环节开始,紧紧扣住"类比"设置问题,从"医生""患者"的角度找"问题",寻"药方",鉴"良方",环环相扣,层层深入,实现群文共读、比读、议读。这三个环节的设计既检查学生对文本大意的理解,又在梳理思路的过程中比较选文内容的异同;聚焦文本中的劝谏语言,在比较中感受不同劝谏方式的效果;同时,进一步分析、品味不同的劝谏语言,深挖不同劝谏方式效果不同的原因,体会古人讽谏的艺术。课例中,教师让学生当一回"医生",治病救人,用一个个具体可行的"方法"使得枯燥的文言文学习变得生动有趣,既完成了文言文的教学,又激发了学生的学习兴趣,设计巧妙。

三、小试牛刀,"运用"激趣

课例设置了情境任务:假如你在小区排队做核酸检测,一位阿姨没戴口罩,工作人员再三劝说,她都拒绝,你将如何讽谏她,让她欣然接受?要求学生尝试使用讽谏中的一两种方法并先独立思考,再小组交流。

通过完成所设置的情境任务,学习古人讽谏的艺术,学生能够学会在人际交往中准确地使用讽谏艺术,促使形成和谐、友善的人际关系,为建设文明、富强的国家贡献自己的一份力量。通过情境创设,加强实践性,同时适时进行社会主义核心价值观的教育。

课后作业的布置也充满"激趣"思维,是为巩固课堂学习所得而设计的,且利用网络媒体,查阅相关人物资料和背景史料,拓宽学生视野,能激发学生完成作业的兴趣,为完成作业搭建了桥梁。

总之,该课例"激趣"策略的实效便在于:在学生感到困难的文言文学习中,以"类比"激趣,创设情境,从"找问题"入手,再"寻药方"并"鉴良方",最后"用良方",步步引导,逐层深入,直至问题得到解决,这就是理想的"激趣"课堂。

第5讲 袖手"闲"处看,"闲"味何以言?
——《记承天寺夜游》《归园田居·其一》《长相思·面苍然》联读

【课例分析】"闲"是该课例三篇作品中呈现出来的作者的共同生命状态,然而三位作者在"闲"的状态中展现出的个人感受和表现却各有不同,引导学生抓关键信息从多角度解读作者的不同"闲"味,可以更好地促进学生对三位作者的把握,在此基础上,就可以建构起个人与时代息息相关这一认知,认识到时代不同,很大程度上决定了他们会活成不同的"闲人",但相同的是他们都选择了"向阳",铸就了一座属于自己的精神丰碑。课例据此引导学生思考新时代的我们应不负时代,不做"闲人",激发他们立足现实思考自我,从而实现"立德树人"的目标。该课例设置的目标是让学生深入文本体会个中"闲"味,提升学生对文学作品的品鉴能力。

苏轼《记承天寺夜游》是一篇小品文,写作者夜游承天寺,得赏澄澈透明的美妙夜色一事,表现了作者的豁达胸襟。

陶渊明《归园田居·其一》是五言古体诗,平淡舒缓,寥寥数笔就勾勒出一幅乡村日常生活的图景,抒发诗人对官场生活的厌倦,以及辞官归隐、躬耕田园的自由、喜悦之情。

陆游《长相思·面苍然》是一首词,创作时间不详,但结合作者所处时代背景及生平经历,此时应为南宋朝廷苟且偷安之际,陆游自知北击狂胡、一统中原梦将破灭,于是他只得赋诗言志,抒发自己的感慨。

【选文来源】《记承天寺夜游》选自部编版语文八年级上册;《归园田居·其一》选自《陶渊明全集》(上海古籍出版社2019年版);《长相思·面苍然》选自《陆游词集》(上海古籍出版社2019年版)。

【教学年级】八年级

【学情分析】本次授课对象是八年级学生,他们已经有较为丰富的古诗文阅读经验,能够诵读古代诗词、阅读浅易文言文,并能借助注释和工具书理解作品基本内容,但在揣摩和品味语言,把握作品形象、情感方面还不具备全面的多角度鉴赏能力。此外,八年级学生正处于叛逆期,在生活与学习方面往往会产生一些负面情绪。通过知人论世引导学生深入作品,可以让学生更好地体会到三位"闲人"有非"等闲"之处,进而获得启示,在大好时代奋发向上。

【教学目标】

1. 通过诵读,整体感知作者的"闲"状。
2. 学会多角度品析作者的"闲"味,提升文学鉴赏能力。
3. 知人论世,探究作者内心世界,感受人物形象。

【教学重难点】
1. 重点:学会多角度品析作者的"闲"味,提升文学鉴赏能力。
2. 难点:知人论世,探究作者内心世界,感受人物形象。

【教学过程】

一、情景导入

同学们,中国人对滋味的追寻从美味开始,但又不止于美味,比如我们常说要把生活过得有滋有味,而面对生活,人们又常常是尝尽生活的千滋百味。可见,生活是有味道的,"闲"就是一种生活。那么,它会有些什么滋味呢?就让我们带着这个问题走进今天的课题《袖手"闲"处看,"闲"味何以言?》,去学习一篇文言文、一首古体诗和一首南宋词。(板书)

设计意图 由"滋味"这一话题谈起,自然引出议题:袖手"闲"处看,"闲"味何以言?同时又明确了教学的主要内容。

二、知"闲"状

1. 结合注释,自由诵读三篇作品,边读边思考:你从哪些地方可以感受到作者的"闲"?

预设:《记承天寺夜游》:"月色入户,欣然起行。""相与步于中庭""庭下如积水空明……"

《归园田居·其一》:"榆柳荫后檐,桃李罗堂前。暧暧远人村,依依墟里烟。狗吠深巷中,鸡鸣桑树颠。户庭无尘杂,虚室有余闲。"

《长相思·面苍然》:"面苍然,鬓皤然。满腹诗书不直钱,官闲常昼眠。画凌烟,上甘泉。自古功名属少年,知心惟杜鹃。"

2. 齐声诵读,感受三位作者之"闲"。

设计意图 自由朗读,学生可以根据自己需要浏览注释从而读懂文义,在此基础上借助问题提取信息,可以让学生更具体地感知作者的"闲"状,最后再以诵读的方式,让学生强化认识作者之"闲"。

三、品"闲"味,明"闲"情

1. 请你和组内同学共同研读三篇作品,注意圈画具体词句,体会作者的"闲"中味,并做好批注,完成表3.5。

表3.5 体会"闲中味"

篇　　目	具　体　词　句	"闲"中味
《记承天寺夜游》		
《归园田居·其一》		
《长相思·面苍然》		

我从_____中,读出作者在"闲"中有种_____的味道。因为_____。

预设:《记承天寺夜游》:愁苦、孤独、欣喜……

《归园田居·其一》：愉悦、喜爱、自由、向往……

《长相思·面苍然》：愁苦、酸涩、愤怒、空虚……

2. 在品"闲"味的基础上，结合人物所处时代、生平经历及思想，知人论世，探究人物内心，把握人物情感。

3. PPT展示助读资料，并加以引导。预设如下：

苏轼：豁达的胸襟……

陶渊明：不与世俗同流合污……

陆游：壮志难酬，报国无门……

4. 引导学生选取好的角度鉴赏诗文，并在最后对鉴赏方法进行系统概括和总结。

设计意图 有效调动学生以往的阅读体验，深入文本，可以提升他们阅读鉴赏古诗文的能力，在此基础上教师对学生所得加以归纳、总结，可以为学生今后学习此类文学作品提供更明确更具体的角度和指引。

四、仰"闲"人

1. 你喜欢哪个"闲人"？为什么？

2. 时代让他们做了"闲人"，他们却依然要活出自己该有的姿态。

生在可以大展宏图的新时代，时代不会让我们做"闲人"，那我们又该如何做才能无愧于时代呢？请你结合自身生活、学习经历与大家交流一下自己的看法。

生：谈看法。

师：总结提升。

设计意图 延伸到新时代，立足现实，让学生思考并选择有价值的人生，能够更好地落实语文的育人功能。

五、布置作业

1. 阅读王安石的诗《定林所居》："屋绕湾溪竹绕山，溪山却在白云间。临溪放艇依山坐，溪鸟山花共我闲。"根据本节课所学，品析其间"闲"味，体会作者的内心世界。（必做）

2. 根据本堂课自己对"闲"味的理解和体会，从今天所学的三篇作品中自选一篇尝试配乐朗诵。（选做）

3. 以"新时代的精神丰碑"为主题，选取你最敬佩的三位时代楷模，用A4纸制作一张图文并茂的手抄报。（选做）

设计意图 "双减"政策对作业的质和量提出了要求。该作业量适中，难度适宜，形式灵活，既紧密结合课堂所学，巩固本课堂学习的内容，又考虑学生水平差异，进行选择性作业，符合作业分层的要求。此外，学生可借助课堂所学独立完成，也可以参照互联网资料等辅助完成，学生完成作业的路径较多。

六、板书设计

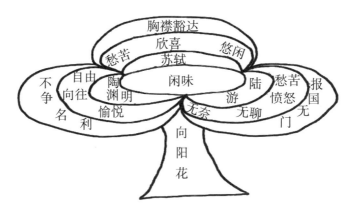

【课例评析】

巧借作业"激趣",提升核心素养

该课例以"闲"字贯穿,设计了"知闲状""品闲情""仰闲人"三个活动,课堂活动环环相扣,层层递进,一步步引导学生解读文本、归纳梳理、浸染情感,最终落实"立德树人"根本任务。该课例最大的激趣点在作业设计,教师设计了如下三题作业:

1. 阅读王安石的诗《定林所居》,根据本节课所学,品析其间"闲"味,体会诗人的内心世界。

2. 根据本堂课自己对"闲"味的理解和体会,从今天所学的三篇作品中自选一篇进行配乐朗诵。

3. 以"新时代的精神丰碑"为主题,选取你最敬佩的三位时代楷模,用A4纸制作一张图文并茂的手抄报。

首先,这三题作业均以课标为基准,即依标而为。课程标准要求:作业设计要秉持以生为本的原则,采用分层设计的方式,进行拓展延伸,追求开放创新。作业的难易程度应充分结合学情,将书面与非书面、传统与创新予以融合,做到课堂与课后相互结合,作业形式实现共性与个性的统一,作业理念达成学科与综合的协同。最终,作业以落实"立德树人"为根本目标,展现学科核心素养的要求。

其次,立足切实减轻中小学生过重课业负担,服务于"双减"政策。为全面推行素质教育,全方位提升学生的综合素质与创新能力,作业设计需以少而精的高质量作业取代那些简单、机械且重复性的大量作业,从而实现"减负增效"的目的。

再次,作业设计契合学生的学情需求,突出以人为本。八年级学生处在中学阶段的特殊成长时期,心智日渐成熟,学习习惯有所改观,在文言文、古诗词学习方面也具备一定基础。作业设计应当引导学生留意作品背景、手法、意象、关键词等信息,形成个人的理解,增强其对作品的鉴赏能力。其中第1题为必做题,第2题、第3题为选做题。这种分层作业满足了不同水平层次学生的发展需要,践行了因材施教的理念。

最后,提供多样化的任务形式,体现创新。第1题是诗歌鉴赏,第2题是配乐朗诵,第3题是制作手抄报,作业设计有趣且富有挑战性和多样性,能满足学生的个性需求。课例设置探究性任务、实践性任务和创造性任务,让学生根据自己的兴趣和特长选择完成。课例将作业完成与个人的个性、特长、兴趣等个性因素结合起来,尊重了学生的发展规律,也容易激发学生的学习兴趣。

总之,设计更具趣味性的作业需要教师具备创新思维和跨学科整合能力。该课例通过引入游戏、实践、项目、创意等元素,让学生在轻松愉快的氛围中学习并巩固知识。

第6讲　悟学习之道,学议论之法
——《劝学》《师说》联读

【课例分析】该课例选文属于"思辨性阅读与表达"学习任务群,课程标准对其学习目标与内容是这样阐述的:一是阅读古今中外论说名篇,把握作者的观点、态度和语言特点,理解作者阐述观点的方法和逻辑;阅读近期重要的时事评论,学习作者评说国内外大事或社会热点问题的立场、观点、方法;在阅读各类文本时,分析质疑,多元解读,培养思辨能力;二是学习表达和阐发自己的观点,力求立论正确,语言准确,论据恰当,讲究逻辑;学习多角度思考问题;学习反驳,能够做到有理有据,以理服人;三是围绕感兴趣的话题开展讨论和辩论,能理性、有条理地表达自己的观点,平等商讨,有针对性、有风度、有礼貌地进行辩驳。

该课例主要突出了"在情境中学"的教学思路,在具体的教学情境中,学生自主预习,小组合作交流,班内多方展示,教师精评多个环节相互连接、相互渗透。在学法上,课例主要采用了研读法和讨论法:让学生在不同时间,用不同的方式去读,在疏通文义的基础上,渐进理解学习观,落实讨论法,让每一个学生都参与到学习当中,并在讨论交流中碰撞思维的火花。

【选文来源】《劝学》《师说》选自部编版高中语文必修上册。

【教学年级】高一

【学情分析】高一学生基础知识参差不齐,部分学生基础比较薄弱,在文言文学习上存在很多困难,教师需及时给予学生学习方法上的引导,辅助学生理解文章。而在议论文写作中,大部分学生较为单一地采用事例型例证法,少部分学生对对比论证有认识,但认识模糊,且对比喻论证很陌生。高一正是建构学习方法、养成学习习惯的最佳时期,教师在这时期对学生进行方法引导,对于其后期的学习会有极大的帮助。

【教学目标】

1. 学习富有思辨色彩的古今中外文本,通过对"学习之道"的梳理、探究和反思,把握学习的价值、意义、原则和方法,形成正确的学习观,提高学习能力。

2. 阅读课文,注意把握思辨类文本中作者的观点和态度,理解作者思考问题的角度,学习有针对性地表达观点的方法。

3. 研读课文,把握说理的逻辑思路,感受思辨中蕴含的逻辑思维,感受思辨的力量,提高理性思维水平。

4. 在深入阅读文本、学习文本论述方法的基础上,学会选择合适的角度、以恰当的方式、有针对性地阐述自己的观点。

【教学重难点】

1. 重点:研读课文,学习本文的论证方法,积累重点文言字词,提高理性思维水平。

2. 难点:阅读课文,注意把握思辨类文本中作者的观点和态度,理解作者思考问题的角度,学习有针对性地表达观点的方法。

【教学过程】

一、新课导入

师:同学们,人要想从蒙昧走向智慧,从自然的人成为社会的人、有教养的人,只能通过什么来实现?

(生:学习。)

我们要充分利用前人的知识积累,不断学习。

展示图片报道1:2020年2月,21岁的藏族姑娘索巴桑姆走两个小时的山路到海拔4500多米、气温极低的雪山上,一边放牧牛羊一边"追网"听课。不断地学习是指在任何时间、空间,任何艰难的境遇之下,都不能停下学习,这个观点与我们《劝学》中的哪句话意思一致?

(生:"君子曰:学不可以已。")

展示图片报道2:2020年4月17日,江西省德兴市李宅中心小学老师背着黑板,跋山涉水行走好几里山路,义务到留守儿童家中上课。我们现在所受的学校教育多是向老师学习,那老师只能是学校里有教师资格的老师吗?

(生:在某方面,知识比我渊博的人都可以成为我的老师。)

这和《师说》的观点一致,我们一起来读一下这句话。

(生齐读:"是故无贵无贱,无长无少,道之所存,师之所存也。")

今天我们一起来学习《劝学》《师说》的重点知识,感受圣贤智慧的光辉。

设计意图 以图片导入,能充分调动学生的学习积极性。

二、教学活动

1. 活动一:初读课文,梳理知识清单。

(1) 梳理《劝学》《师说》文言知识清单。

(2) 制作重要虚词学习卡片。

教师引导学生制作有关"而""以""其"的学习卡片。卡片的参考样式:"而"意义和用法归类。

设计意图 检查学生预习情况、对课文重点字词的掌握程度,为接下来的教学打下基础。

2. 活动二:研读课文,填写表格,探讨文章差异。

完成表3.6。

表 3.6 研读课文

课文	观点	主要论证方法	论证结构	论证语言
《劝学》	学不可以已	比喻论证	并列结构，逐项阐述自己的观点	文章运用大量短句、排比和对举句式，呈现出错综与齐整之美，增强了全文气势和雄辩色彩，感染力极强
《师说》	重视师道	对比论证、举例论证	递进结构，逐层深入论证自己的观点	整句与散句结合，又兼以多种不同句式，使得语言错落有致，错综变化，又富有气势

设计意图 总结两篇文章的观点、论证方法、文章结构、论证语言,可以让学生更深入地理解两篇文章的论证思路。

3. 活动三:概括两篇文章各自论述了哪些"学习之道"。将之分条列出,并说出你选择的理由或依据(表3.7)。

表 3.7 学习道

《劝学》中的学习启示	《师说》中的学习启示
要长期坚持学习、广泛学习	要善于求教,不耻下问
要弄懂事物的原理,并学会运用到生活中	不能只学基础知识,还要向纵深探究
要长期积累,不能半途而废	学习做人的道理
要专心学习,不可浮躁	要形成学习的风气和氛围

设计意图 概括课本中的学习之道,提升学生的概括能力。

4. 活动四:查阅资料,知人论世,情境还原,向先贤学习言语的智慧。
在班内展示,教师点评、指导,小组间互相补充,完成表3.8。

表 3.8 情境还原

课文	作者身份	写作背景	阅读对象	写作目的	中心论点
《劝学》					
《师说》					

小结:观点的针对性。
(1) 谈论的具体对象:针对某问题、某现象、某观点……
(2) 预想的读者、受众:针对某身份、某种思想观念的对象……
(3) 写作者:自身的身份、职业、立场、观念、写作目的……

设计意图 结合资料,小组合作、讨论得出写作的针对性。

三、课堂总结

这节课在先贤的引领下,同学们学到了学习的方法和论证的针对性,收获颇丰。眺望星空,回望历史,热爱学习的中国人将崇德向善、尊师重学的精神风尚代代传承。纸浸墨香,文传哲思,文明之士,尚学之邦需要你我共同努力!

四、作业布置

任务作文,巩固提升,深领学习之道。

"立勤学之志,树尊师之风"主题论坛征稿启事

1. 征稿主题:立勤学之志,树尊师之风。
2. 征稿对象:全校学生。
3. 征稿要求:为让本次论坛更有针对性、实用性,发言稿可参考部编版高中语文必修上册《劝学》《师说》两篇课文,探索先贤的学习之道,介绍自己的学习方法,给学习遇到困难的同学以鼓励和建议。
4. 发言稿要求原创,800字左右。
5. 截稿时间为9月20日。投稿邮箱:×××@qq.com

设计意图 对本节课所学的学习指导、论证方法、写作的针对性加以训练,形成一篇完整的议论文。

五、板书设计

悟学习之道,学议论之法
《师说》 观点 择师 不耻下问 广泛学习
现实←针对性→反省 读者
《劝学》 借助外物 道 终身学习
专一←坚持→积累 议论对象

【课例评析】

情景激趣,学议结合

根据高一学生的学情,该课例设定了适合的教学目标,紧紧把握教学目标,采用合适的教学方法教学,达到了预期的教学成效。课例利用情境式的教学模式,提高教学效率,增强了学生的学习兴趣。

一、情境促趣

该课例教学重点在于对文章内容的理解、重点文言字词的掌握、文章论证方法的学习、感受古代议论文文体特征。在教学活动的设置上,该课例为了很好地吸引学生的兴趣,采用了图片导入的方式,引导学生快速进入课堂氛围。课例随后设计了三个教学活动,环环相扣,逐步研讨出本文学习的重点内容,循序渐进,有利于学生的理解与掌握。在论证方法的研讨环节,学生表现较好,教师及时引导,突破了本节课的教学重难点。

二、交流引趣

两篇文章难度不大,但作为经典议论性散文,其论述思路和论证的逻辑是非常值得学生好好梳理和学习的。课例设计了针对论证思路和论述逻辑的探讨活动。在具体的教学操作下,该课例的环节还是很适合学生的。在探讨写作的针对性时,让学生自己总结,放手让学生去探索,教师适当点拨,增强了学生信心。

但该课例因课堂时间有限(40分钟),所以教学活动的安排过于紧凑,没有给学生过多的讨论时间,没有对学生的回答作出充分的点评,在教学内容上也比较直截了当;除了在时间的把控上,还有在文本的解读上也可以再给学生一些范例,让学生整理文言重点词汇。

第7讲 尺水兴波,余味悠长
——《谏逐客书》《与妻书》联读

【课例分析】该课例属于高中语文必修单元,在"抱负与使命"的人文主题统摄下,选取两篇实用性文章,所选篇目涉及较复杂的历史、社会背景,其中既有文言文,又有翻译作品,阅读难度较大。《谏逐客书》是以下对上的一篇奏疏,兼具理性与感情,设身处地,以史观今,眼光通透;《与妻书》则在儿女情长、缠绵悱恻的柔情中观出一份铮铮爱国的铁骨情怀,可谓刚柔相济。这两篇文言文,启发学生深入思索:当代青年应该具有怎样的抱负,承担怎样的使命?从单元整体设计的角度来看不可或缺。而这个宏大的人文目标,需要由贯通性、整合性较强的教学任务来实现。同时,两篇文章皆为应用性文体,实用性非常强,在同一文体下,因为对象、场合、身份以及目的不同,需要选用不同的言说策略。

在高中必修教材中,以阅读与写作为主的单元共13个。其中,3个"单元学习任务"均围绕"实用性阅读与交流"任务群强调的"实用性文本的独立阅读与理解,日常社会生活需要的口头与书面的表达交流"展开设计,由于单元课文经典性强,内容主题颇有深度,因此单元学习任务的设计更偏重对课文的解析与鉴赏,以帮助学生更好地理解文本。本单元的人文主题是"抱负与使命",意在通过对这一单元的学习,让学生感受时代精神,关注时代发展,树立远大的理想,培养担当精神,从而达成"提高社会责任感,增强为中华民族伟大复兴而奋斗的使命感"的课程目标。

【选文来源】《谏逐客书》《与妻书》选自部编版高中语文必修下册第五单元。

【教学年级】高一

【学情分析】高一学生已经了解了文言文的相关知识,初步掌握了学习文言文的基本技巧与方法,并能准确把握文中反映出的"抱负与使命"这一人文主题,学生在理解实用性文体时,容易忽视任务的深层认知,往往只是完成了一个"空壳"任务,对文章的语言、言说方式和技巧缺乏深层认知,所以针对这两篇文章,课例主要引导学生从语言角度进行切入,深入品味文章语言,通过对语气的揣摩,体悟他们在生命困境中做出了何种选择,又是如何"发声"的,以期寻语言之路径,探语气之奥妙,体悟情味之悠长。

【教学目标】

1. 揣摩重要语句,品味语气的深层含义,提高对语言的感悟和表达能力。

2. 通过品味两篇文章的语言艺术魅力,揣摩字里行间蕴含的真挚感情,感受气势奔放的说理或抒情,学习古今文人斐然的文采。

3. 培养学生形成正确认识历史的价值观,学习革命先驱抛私情、循大义、勇于牺牲的大无畏精神。

【教学重难点】

1. 重点:揣摩重要语句,品味语气的深层含义,提高对语言的感悟和表达能力。培养学生形成正确认识历史的价值观,学习革命先驱抛私情、循大义、勇于牺牲的大无畏精神。

2. 难点:通过品味两篇文章的语言艺术魅力,揣摩字里行间蕴含的真挚感情,感受气势奔放的说理或抒情,学习古今文人斐然的文采。

【教学方法】情境创设法、讲授法、合作探究法、比较分析法等。

【教学过程】

一、导入

1. 诗歌导入:教师PPT展示诗歌

秘 密

万亦舍

我有一个秘密,
妈妈常说我是捡来的,
我却不那么认为,
爷爷姓万,爸爸姓万,我也姓万,
只有妈妈姓张,
谁是捡来的?
不说你也明白。
嘘!我怕妈妈伤心,
我将把这个秘密深埋心中,
永远也不告诉她。

引导学生体悟诗歌作者的语气和虚词的妙用,分析其心理。

2. 情境导入:18岁男青年小李即将参军入伍,临行前想给父母写一封离别信。他通过文字穿越时空来到历史现场,去探望两位相隔两千年的男子,体悟他们在生命困境中做出的选择,倾听他们如何"发声"。

设计意图 借用诗歌和情境导入课堂,具有趣味性,激发学生积极思考。

二、学习活动

研习《谏逐客书》和《与妻书》这两篇课文,寻语言之路径,探语气之奥妙,体悟情味之悠长。

任务一：直面矛盾，勇于选择

1. 面对"逐客"与"用客"之矛盾，在文中找出李斯的看法和理由。
2. 面对"国"与"家"之矛盾，在文中找出林觉民的选择及理由。

完成表3.9。

表3.9 矛盾的选择

矛 盾	判断/选择	理 由
"逐客"与"用客"	臣闻吏议逐客，窃以为过矣	客卿有大功于秦，客不可逐
		逐客重"物"轻"人"，非"跨海内、制诸侯"之术
		逐客是"资敌国""业诸侯"之举，对诸侯国有利
"国"与"家"	当亦乐牺牲吾身与汝身之福利，为天下人谋永福也	吾至爱汝，即此爱汝一念，使吾勇于就死也
		"遍地腥云……几家能彀？"
		"第以今日事势观之……将奈之何？"

设计意图 回顾旧知，引出新知，培养学生分析概括能力。

任务二：探语气，品余味

1. 李斯和林觉民在做出判断和选择时，使用了"矣"和"也"这两个虚词，试着体悟其中妙处。

"臣闻吏议逐客，窃以为过矣。"

——《谏逐客书》

"当亦乐牺牲吾身与汝身之福利，为天下人谋永福也。"

——《与妻书》

比较与分析：

① "吾尝终日而思矣，不如须臾之所学也；吾尝跂而望矣，不如登高之博见也。"

——《劝学》

② [甲]三岁为妇，靡室劳矣。
　　夙兴夜寐，靡有朝矣。
　　言既遂矣，至于暴矣。
　　兄弟不知，咥其笑矣。
　　静言思之，躬自悼矣。

——《诗经·卫风·氓》

[乙]三岁为妇，靡室劳也。
　　夙兴夜寐，靡有朝也。
　　言既遂也，至于暴也。
　　兄弟不知，咥其笑也。
　　静言思之，躬自悼也。

"虚词不虚,传情达意:'矣'和'也'分别表示'感叹'和'肯定'的语气。"

——《古汉语常用字字典》

矣:语气词,表示感叹。

也:句末语气词,表示肯定或判断。

2.结合以下四组内容,说明使用了何种语气?有怎样的表达效果?

"向使四君却客而不内,疏士而不用……"

——《谏逐客书》

"必秦国之所生然后可,则是夜光之璧,不饰朝廷……"

——《谏逐客书》

"吾今以此书与汝永别矣!吾作此书时,尚是世中一人……"

"吾居九泉之下遥闻汝哭声,当哭相和也。"

——《与妻书》

假设语气,让"未然"对话"已然":李斯运用假言思维,建立一个"外部的"评价标准,以此做参照物,来评判秦四君"皆以客之功"的史实,揭露对"物"和"人"采用了双重标准,更具说服力,让人更深刻地认识"已然"。

林觉民用假想的方式写下这封绝笔信,正因为挚爱妻子,他忍心舍掉妻子英勇赴义的"理"才有巨大的说服力和感人力量。

3.结合以下内容,判断使用了何种语气?有什么效果?完成表3.10。

表3.10 句子的语气与效果

句　　子	语气	效　　果
此数宝者,秦不生一焉,而陛下说之,何也?	疑问	引发思考、承上启下(使得论证深入,脉络清晰)
天下人不死当死而死与不愿离而离者,不可数计,钟情如我辈者,能忍之乎?	反问	加强语气、激发情感、发人深思(增强气势和说服力)

设计意图　教师创设品读、比较分析的环节,促使学生主动探究,寻求解决问题的方法。

任务三:知行合一,辩晓其情

小组讨论交流,学生主动参与,积极思考,辩驳不同的声音。

假如你就是李斯或者林觉民,面对社会上、网络上不同的言论,你会如何回复?请结合作者生平和文章内容予以辩驳。

设计意图　培养学生勤思考、懂合作、善交流、敢表达的能力,提高学生综合素质,促进学生全面成长。

三、课堂小结

一篇《谏逐客书》,李斯凭借其敏锐的政治眼光和巧妙的说理艺术演绎了一段"刀刃上的舞蹈",实现了自我理想、平定乱世成就霸业的抱负;一篇《与妻书》,林觉民写尽了缠绵相思,道尽了脉脉深情,更有着革命豪情的激昂慷慨!尺水兴波,余味悠长,这是作者写给世人和国家的最美"情书"！也是写给他们璀璨生命的赞歌！

四、布置作业

1. 请你以小李的口吻给父母写一封离别信，并展示出当代青年的使命与抱负。（必做）
2. 学校里麻雀四处飞行，骚扰教学，也有同学一直定点给麻雀投食。对此，你持什么态度？写一篇文章阐述自己的观点和理由，粘贴到权益部公告栏进行讨论。（选做）

设计意图 切实落实"双减"政策，必做题是对本堂课所学知识的巩固，选做题是对课堂的延伸。

【课例评析】

矛盾虚词出彩，情趣理趣交融

《谏逐客书》《与妻书》所在的单元属于高中语文必修下册课程中的"实用性阅读与交流"学习任务群，人教版《教师参考用书》指出：要从实用性阅读和经典篇章解读两个维度来把握课文，要仔细欣赏、反复品味文章丰富的内容、深刻的思想、饱满的感情、多元的表达方式和富有特点的语言。该课例围绕着虚词与语气知识点组织学生展开探究分析，品味语气的深层含义，感受气势奔放的说理或抒情，揣摩字里行间蕴含的真挚感情，提高了学生对语言的感悟和表达能力。

一、激发兴趣：诗歌导入，情境创设

在语文教学中，优秀的教学导入能够起到提纲挈领、画龙点睛的功效，以及提升整个教学环节的实效。它能迅速创造出高效舒适的学习情境，促使学生在人工情境中更好地、更积极主动地去吸收知识、探索真理。该课例采用了诗歌导入和情境导入两种导入方式。

在课前呈现了万亦舍的一首小诗《秘密》，在充满童趣的思考中让孩子们关注到了"谁是捡来的？""嘘！我怕妈妈伤心，我将把这个秘密深埋心中，永远也不告诉她"两个句子，从语气和虚词的角度分析孩子的天真心理，进而也为后续介绍文本分析的方法做了铺垫。

紧接着，创设了一个情境："18岁男青年小李即将参军入伍，临行前想给父母写一封离别信。他通过文字穿越时空来到历史现场，去探望两位相隔两千年的男子，体悟他们在生命困境中做出的选择，倾听他们如何'发声'。"此情景中的小李和学生的年龄相当，可以设身处地地体悟小李心中的所思所想，情境创设具有真实性和合理性。

二、阐明理趣：品味虚词，揣摩语气

《谏逐客书》《与妻书》是该单元第二组文章散文。前者是李斯写给秦王的奏疏，从"跨海内、制诸侯"，完成统一天下大业的角度来分析阐明逐客之害，劝谏秦王撤销逐客令。后者是烈士林觉民参加起义前写给妻子的遗书。信中对革命的忠诚与热忱、对妻子的深爱与不舍交织辉映，催人泪下；说明"吾至爱汝"又"忍舍汝而死"的原因，是作者写这封遗书的主要目的，书信在恣肆流淌的情感中续写往昔共同生活的回忆，论述个人幸福与国家前途命运的关系以及革命需要高于亲人之爱的道理。

课例巧妙设置了学习任务"探余韵，品余味"。在第一个分任务中，教师精选了两个句子

"臣闻吏议逐客,窃以为过矣""当亦乐牺牲吾身与汝身之福利,为天下人谋永福也",引导学生关注"矣"和"也"两个虚词在表达情感方面的不同;在第二个分任务中,课例展示了文本中的四个句子:"向使四君却客而不内,疏士而不用……""必秦国之所生然后可,则是夜光之璧,不饰朝廷……""吾今以此书与汝永别矣!吾作此书时,尚是世中一人……""吾居九泉之下遥闻汝哭声,当哭相和也。"让学生以小组为单位,辨析"已然"和"未然"两种语气的不同。学生在对词、句、篇的具体理解和整体把握中,感受到了李斯的理足词胜和林觉民的爱与不舍,进而把握文本的语气之奥妙,情味之悠长。

三、培养情趣:设身处地,辩晓其情

在课堂的第三环节"知行合一,辩晓其情"中,课例展示了社会上、网络中有关于李斯和林觉民的不同评论,让学生设想如果自己是两者之一会如何回复,针对问题的难度,教师提示学生可以参考作者的生平和文章内容。

在学生的主动参与、积极思考,进而辩驳不同声音的活动中,他们对李斯和林觉民的精神有了进一步的了解:李斯有远大抱负和雄才大略,为了实现自己的理想,不惜投身于秦国,为秦国的强盛和统一而奋斗,但他为了保全自己的地位和利益,不惜背叛自己的良知和道义;林觉民对妻子的爱绵绵无绝期,却还是选择了舍小家为大家,这正是民族脊梁,他慷慨赴义的决然令人震撼和肃然起敬。在这样的体验中必将促进学生思考身处百年未有之大变局应当承担的使命与抱负,进而关注时代英雄和时代楷模,敦促自己努力向他们靠拢,借鉴他们身上的优秀精神品质,完善自我。

第8讲 为天下谋而谏,为众生苦而书

——《谏逐客书》《与妻书》联读

【课例分析】 部编版高中语文必修下册第五单元的第二课,首篇课文为《谏逐客书》,紧接其后的是林觉民的《与妻书》。本单元阅读课文涵盖演说词、公文、一般书信等实用性阅读与交流的文本,人文主题是"抱负与使命"。

《谏逐客书》乃是李斯呈给秦王嬴政的一篇奏疏,目的在于劝秦王撤销逐客令。"客"指的是客卿,即当时在秦国为官的其他诸侯国之人。"书"是古代臣子献给帝王的一种公文类型。此文立意高远,始终紧扣"跨海内、制诸侯"的宏伟蓝图,开篇确立论点,其后多次运用举例论证、对比论证、比喻论证等方法,借助大肆铺陈的手段,利弊兼顾,雄辩滔滔,事理分明。学生需要通过解读文言字词,深切体会李斯为秦国统一大业,不顾生死进谏的决心,感受其所背负的时代抱负与使命。

林觉民创作《与妻书》,与妻子诀别,吐露心声,一方面抒发对妻子的挚爱,或直抒胸臆,或回忆过往,另一方面又突破儿女私情,讲明国家大义,不时进行解释与安抚。"吾至爱汝"的深情和"即此爱汝一念,使吾勇于就死"的勇毅,仿佛两种旋律交织并行,令文章既柔情款款,又充满浩然正气。这篇有关爱情与理想的书信类文言文,相较其他文言文,字词疏通较为容

易,所以教学重点在于课文剖析,把握感情线索,领会作者写作时的复杂心理和高尚的思想境界,体悟家国情怀。

【选文来源】《谏逐客书》《与妻书》选自部编版高中语文必修下册第五单元。

【教学年级】 高一

【学情分析】 针对"实用性阅读与交流"的三类教学内容,高一学生在上学期第二单元已学习过新闻传媒类文章,本学期第三单元学习了知识性读物类文章。如此一来,对高一学生而言,本单元社会交往类文章的学习,既能增进他们对实用类文本的整体认知,又对其言语表达与逻辑思维的训练具有关键作用。故而,在教学过程中,课例既要关注实用类文本的共同特点,也要重视此篇文本的独特之处。

【教学目标】
1. 比较《谏逐客书》和《与妻书》,探究蕴藏在文章中的"情"与"理"。
2. 理解作者表现出的时代使命和个人抱负,培养新时代青年的使命意识。

【教学重难点】
1. 重点:比较《谏逐客书》和《与妻书》,探究蕴藏在文章中的"情"与"理"。
2. 难点:理解作者表现出的时代使命和个人抱负,培养新时代青年的使命意识。

【教学方法】 最好的教学方法应该使教学内容合理呈现,引导学生进行高效学习。该课例主要采用"7+2+3"教学模式设计,即运用"导、疑、点、探、思、练、评"7个课堂教学环节的有机组合,通过"师生互动,生生互动"两种教学形式,达到"设立目标,自主学习,有效参与"的三个教学目的,从而提高课堂教学的实效性。因此,这一堂课,教师将用以下方法进行教学:一是任务驱动法,即学生在教师的帮助下,围绕任务活动,进行自主探索和互动协作,使学生带着真实的任务在探索中学习;二是讨论法,即通过小组之间的讨论弥补个体的不足,引导学生到学习小组中去寻求帮助,解决问题,可以培养学生的合作精神;三是诵读法,即书不可以不成诵,在诵读的过程中,加深学生对文本内容的理解,领会作者的情感。

【课前准备】 课前安排学生进行相关预习工作:发放《谏逐客书》《与妻书》群文阅读(联读)的课前预习案,了解作者生平、写作背景及文体知识。熟读课文,疏通文言字词,把握文章内容。

【教学过程】

一、导入

"独抒性灵,不拘格套。非从自己胸臆流出,不肯下笔。"

——袁宏道《叙小修诗》

"理气一体,理在气先。"

——朱熹

"故情者,文之经,辞者,理之纬;经正而后纬成,理定而后辞畅,此立文之本源也。"

——刘勰《文心雕龙》

二、展示学习目标

1. 比较《谏逐客书》和《与妻书》,探究蕴藏在文章中的"情"与"理"。
2. 理解作者表现出的时代使命和个人抱负,培养新时代青年的使命意识。

三、新课讲授

任务一:梳文本内容

梳理文本内容完成表3.10。

表 3.10　疏文本内容

类　　型	《谏逐客书》	《与妻书》
书之文体		
书之对象		
书之目的		
书之结果		

任务二:寻文之情理

寻文之情理完成表3.11。

表 3.11　寻文之情理

《谏逐客书》		《与妻书》	
情	理	情	理

注:从文章的内容,结构:逻辑思路,论证:论点、论据、方法分析。

任务三:品句之情理

有人认为《谏逐客书》"气势纵横,雄辩滔滔",《与妻书》"文如黄钟大吕,情如杜鹃啼血"。两篇文章中哪一句话最能打动你?请各找一处,读一读,从语言艺术、情感表达的角度品一品。

任务四:明抱负使命

1. 明抱负与使命,填写表3.12。

表 3.12　明抱负使命

类　　型	《谏逐客书》	《与妻书》
时代		
使命		
选择		
结论		

2. 课堂小练笔。

我想成为一个_____的人；

我们只有_____，才能_____；

我们只有_____，才能抒写_____。

四、课后作业

1. 基础作业。请同学们将《谏逐客书》第一段中四位君王的事例改写成一组排比句，要求句式基本整齐。写作模板如下：秦王＋人物＋成效。

2. 提升作业。请以小组合作的方式，寻找身边先锋人物，完成一份访谈记录表和推荐语，与班级同学交流分享。

五、板书设计

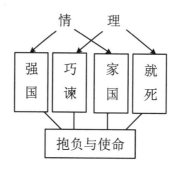

【课例评析】

任务驱动激兴趣，情理交融展情怀

在当今高中语文教学中，如何有效地激发学生的学习兴趣、理趣和情趣，一直是教师不断探索和实践的课题。该课例通过任务驱动的方式，不仅将两篇风格迥异的文言文《谏逐客书》与《与妻书》巧妙联结，更在引导学生深入理解文本的同时，充分激发了学生的兴趣、理趣和情趣，展现了任务驱动教学法在高中语文课堂中的强大魅力。

一、兴趣激发：任务设计的巧妙性

兴趣是学生学习的原动力。该课例巧妙地设计了多个任务，将学生的兴趣点与教学内容紧密结合。首先，通过预习任务的布置，学生需要自行了解两篇文章的作者生平、写作背景及文体知识，这一任务的设计不仅让学生对文本有了初步的了解，更在自主探究的过程中培养了学生的自主学习能力和对文言文学习的兴趣。其次，教学过程中的各个环节，如"疏文本内容""寻文之情理""品句之情理"等任务，旨在引导学生深入探究文本，体会作者的情感与抱负，从而激发学生对文言文深入学习的兴趣。

通过这些巧妙设计的任务，学生被引导着一步步深入探索文本的内涵，在完成任务的过程中，不仅获得了知识，更在探索中感受到了文言文的魅力，从而激发了他们对文言文学习的兴趣。

二、理趣引导：任务实施的深度性

理趣即理性思考的乐趣。该课例设计的任务不仅要求学生对文本有深入的理解，更要求学生在理解的基础上进行理性的思考和分析。例如，在"寻文之情理""明抱负使命"的任务中，学生需要从文章的内容、结构、逻辑思路、论证等方面，分析《谏逐客书》与《与妻书》中的"情"与"理"，这一任务不仅要求学生对文本有深入的理解，更要求学生在理解的基础上进行理性的思考和判断。

这样的任务设计，使学生在深入探究文本的同时，也锻炼了他们的理性思考能力。学生在完成任务的过程中，不仅理解了文本，更学会了如何运用理性思维去分析、解决问题，从而体会到了理性思考的乐趣。

三、情趣培养：任务体验的情感性

情趣即情感上的愉悦和满足。在这堂课中，教师设计的任务不仅注重知识的传授和能力的培养，更注重学生情感的培养和体验。在"品句之情理"的任务中，学生需要从语言艺术、情感表达的角度品味文本中的精彩语句，这一任务的设计让学生在品味语言魅力的同时，更深入地体验了作者的情感世界。同时，"明抱负使命"的任务不仅深化了学生对文本的理解，更在情感上使其产生共鸣和认同，从而培养了他们的家国情怀和使命感。

这些任务的设计，使学生在学习过程中不仅获得了知识，更在情感上得到了满足和愉悦。他们在完成任务的过程中，深入体验了作者的情感世界，感受到了文本的魅力，从而培养了他们的审美情趣和情感共鸣能力。

四、任务驱动的综合性与实效性

通过任务驱动的方式，该课例将兴趣、理趣和情趣的培养有机结合，实现了语文教学的综合性与实效性。在教学过程中，学生围绕任务进行自主学习和合作探究，不仅提升了他们的语文能力和素养，更在完成任务的过程中体验到了学习的乐趣和成就感。同时，教师通过对任务的精心设计和引导，有效激发了学生的学习兴趣和动力，让他们在轻松愉悦的氛围中完成了学习任务，达到了教学目标。

该课例充分体现了任务驱动激趣在语文教学中的优势。通过巧妙设计的任务，成功激发了学生的兴趣、理趣和情趣，使他们在完成任务的过程中不仅获得了知识，更培养了他们的自主学习能力、理性思考能力和审美情趣。这一教学模式的成功应用为我们提供了宝贵的教学经验，也为高中语文教学的创新和发展提供了新的思路和方向。

第9讲　探两"书"之异，明言说之术
——《谏逐客书》《与妻书》联读

【课例分析】《谏逐客书》和《与妻书》选自部编版高中语文教材必修下册第五单元，属于

"实用性阅读与交流"任务群,人文主题是"使命与抱负"。《谏逐客书》是李斯写给秦王嬴政的一篇奏章,意在劝阻秦王收回逐客成命。《与妻书》是烈士林觉民写给妻子的诀别书。两篇文章都有明确的写作对象和写作目的。本单元的教学要求要结合实用性文本的写作目的把握其文体特点,感受作者在态度、语气、叙述策略、表达方式等方面的差异,充分体现文本的实用价值。

【选文来源】《谏逐客书》《与妻书》选自部编版高中语文必修下册第五单元。

【教学年级】高一

【学情分析】"实用性阅读与交流"的三大类教学内容,高一学生已在高一上学期第二单元学习了新闻传媒类的文章,同时在本学期也阅读过第三单元知识性读物类的文章,所以对实用类文本的阅读并不陌生。但学生在学习中往往重文学文本而轻实用类文本,语言的表达交流能力相对较弱,本课旨在通过对《谏逐客书》《与妻书》中"言说之术"的学习,强化学生表达交流的相关意识,借助语文实践提升能力。

【教学目标】

1. 通过分析文本,感受作者在态度、语气、表达方式、叙述策略等方面的差异。
2. 通过比较差异,学习作者的言说之术,提升自己表达与交流能力。

【教学重难点】

1. 重点:分析作者态度、语气、表达方式、叙述策略等方面的差异。
2. 难点:提升自己的表达交流能力。

【教学过程】

一、导入

交际是一门艺术,更是一门学问。掌握高超的会话技巧,能在山重水复中,柳暗花明;因此,"怎么说"显得尤为重要。今天一起走进《谏逐客书》《与妻书》中"探两'书'之异,明言说之术"。

设计意图 开门见山,表明交际的重要性,直接引出本节课的课题。

二、展示学习目标

具体展示本次课程的学习目标。

三、设置任务情境

最近我们身边出现了一些不良现象:很多同学厌学、"摆烂",直接"躺平"、浑浑噩噩,似乎一切都无所谓,课堂"划水"、课后"自嗨"。

(动图展示)

针对身边此类现象,学校微信公众号面向学生发起以"立远大抱负,承时代使命"为主题的书信征集活动,旨在通过这些书信来劝勉同学们努力学习。

设计意图 语文学习要求为学生设置真实的情境,使得学习真实发生。本节课的核心是学习言说之术,强化表达与交流能力,此处以人文主题"使命与抱负"设置大情境,以教材内容为小情境,以不良现象这个情境对接学生正在经历的日常生活,从而为教材学习注入生命活力。在这样的真实情境中,潜藏着学生的学习动机,能够激励学生乐此不疲地参与其中;同时,学生始终处于语文学习的中心,拥有强烈的"在场感",能够更具体、更清晰地觉察到单元主题之于自身的意义,从而产生真实的学习期待与兴趣。

活动一:析两"书"之异,明言说之术

设问1:从两篇文章的标题中你读出了哪些信息?

明确:言说对象、言说者身份。

设计意图 从标题入手分析言说要素的内容,直入主题,为后面文本分析张本。初步让学生感知对象不同、身份不同,所以作者采取的言说方式等内容也不相同,从而引发学生思考,体现教学是一个循序渐进的过程。这也告诉我们:在书信等交际中,必须有明确的对象意识和身份意识。

设问2:从言说的角度谈谈李斯为何能够劝谏成功?林觉民的信为何能够打动人心?请结合文本进行分析。

要求:小组合作讨论,对自主预习的内容进行补充、订正和汇总。每组确定两位发言人(一位针对《谏逐客书》,一位针对《与妻书》)分享。

表3.13 选文分享

选文	方式	语气	态度
《谏逐客书》	1.曲言己意,避其锋芒; 2.据史立论,用事实说话; 3.层层深入,循序渐进; 4.站在秦王想要一统天下的立场极陈利弊	从谦卑到据理雄辩	不卑不亢
《与妻书》	1.直接抒情; 2.描写、记叙、议论相结合; 3.情中见理	柔和又充满正气	温柔又坚定

设计意图 本环节主要通过基于"言说之术"设计的一个主问题来引领教学。这样提问让学生深入课文,解读文本,促进深度学习,以此得出书信等交际中需要关注言说方式、言说语气、言说对象等内容。这样设计更能凸显学生的主体性地位,让学生在学习的过程中注重阅读体验,提高阅读能力,丰富知识积累,促进课堂生成。

活动二:习得言说之术,抒己抱负之见

请同学们结合本节课所学,以"立远大抱负,承时代使命"为主题,给那些"划水""躺平"、学习不认真的同学写一封信(小片段)进行劝勉。

生:写并展示—生评—师评。

设计意图 实用类文本阅读必须以实用表达与交流作为落脚点。此活动紧扣本节课的任务情境,前后呼应,紧紧围绕学习任务进行,以书信小片段完成表达与交流的任务。以此检测学生本节课是否已经初步掌握"言说之术",这是对学生本节课的学习效果的评价,促进学习的真实发生,同时也将检测学生是否理解"使命与抱负"的内涵。整个活动还穿插了"展示"与"评价"。整节课符合基于"情境、问题、活动、评价"的教学理念,通过对教材的学习,学生由不会到会,树立言说意识,真正体现出教学的实效性。

四、总结升华

"无穷的远方,无数的人们都与我有关。"

——鲁迅

"唯愿诸君将振兴中华之责任,置于自身肩上。"

——孙中山

齐读:当代中国青年是与新时代同向同行、共同前进的一代,生逢盛世,肩负重任。广大青年要肩负历史使命,坚定前进信心,立大志、明大德、担大任、成大才,努力成为堪当民族复兴重任的时代新人,让青春在为祖国、为民族、为人民、为人类的不懈奋斗中绽放绚丽之花!

五、作业布置

1.请同学们结合本节课所学,以"立远大抱负,承时代使命"为主题,给那些"划水""躺平"、学习不认真的同学写一封完整的信进行劝勉。

2.阅读《在〈人民报〉创刊纪念会上的演说》《在马克思墓前的讲话》《谏逐客书》《与妻书》文本,结合具体语句分析演讲、书信在写作特点上的异同,并以你喜欢的方式展示阅读成果。

设计意图 一是"精"——作业设计之根本,即要求作业布置的量要少,内容要实而不华。本节课紧紧围绕本单元学习任务,带领学生探讨实用类文本的言说技巧,提升表达与交流能力,让学生在日常的交际中一定要具备读者意识、情境意识、问题意识,采取不同的言说方式,使"实用性阅读与交流"的任务落地。作业1针对学习目标2,作业2是本节课的延伸,针对本单元的四篇文章,探讨演讲稿与书信在写作特点上的异同。通过作业1对本节课进行检测与评价,让学生积极参与学习评价的过程,积极进行自我反思,促进学生的深度学习,帮助学生整合言语材料,锻炼思维逻辑能力。作业2把本单元前两篇文章与本课两篇文章进行群文阅读(联读),以写作特点为议题,分析演讲与书信在写作特点上的异同,符合群文阅读(联读)理念和大单元教学理念。

二是"趣"——作业设计之引力。百学"趣"为先。内容和形式上体现一个"趣"字,既能让学生在轻松愉快的氛围中完成作业,又能增长知识,发展智能。作业1紧紧围绕本节课的情境设计,要求学生写一封完整的信对那些"划水"的同学进行劝勉,锻炼学生的表达交流能力;作业2在本节课习得的基础上,以学生自己喜欢的方式呈现自己的阅读成果,具有综合性、开放性和情境性的特点,同时能够激发学生兴趣。

三是"活"——作业设计的原则所在。在"双减"背景下,作业设计更应注重自主灵活性与多元性,以便让学生的个性能够尽情彰显。此次进行分层作业的设计,其中作业1归属为课内作业,侧重基础;作业2有所延伸,难度较大,不过学生能够依据自身能力去选择自己能够完成的作业。这类具有开放性、多元性的作业,可供学生自主抉择,能充分调动学生的主观能动性,更加凸显学生的个性。

六、板书设计

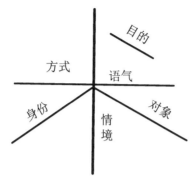

设计意图　板书设计是撬开学生智慧的杠杆,是整节课知识的凝练与浓缩,也是本节课的重难点体现。此板书如"术"字,意在提示学生在日常交流中一定要树立读者意识、情境意识和身份意识,要有明确的目的,并以此选择相应的言说方式。这就是我们所说的言说之术。

【课例评析】

"书"中有真意,激趣已得法

该课例通过创新的教学方法和活动设计,激发学生的写作兴趣和积极性。在《谏逐客书》《与妻书》的教学设计中,教师巧妙地将"写作激趣"与文本阅读相结合,通过一系列精心设计的教学活动,引导学生深入理解两篇"书"的异同,并体验其中的"言说之术",进而激发他们的写作兴趣和创造力。

一、活动激趣

教师通过导入环节强调交际的重要性和"怎么说"的技巧,直接引出课题,使学生对即将学习的内容产生浓厚的兴趣。接着,教师展示学习目标,并设置任务情境,将教学内容与学生日常生活中的不良现象相结合,赋予文本以生命力和现实意义,从而激发学生的学习动机。该课例采用了多种教学方法和活动设计来激发学生的写作兴趣。

在活动一中,教师引导学生从标题入手分析言说要素的内容,通过小组合作讨论的方式,结合文本分析李斯为何能够劝谏成功和林觉民的信为何能够打动人心。这一活动不仅培养了学生的阅读能力和分析能力,还通过探讨不同言说方式和语气的效果,激发了学生的写作灵感和创造力。

在活动二中,教师要求学生结合所学内容,以"立远大抱负,承时代使命"为主题,给那些"划水""躺平"、学习不认真的同学写一封信(小片段)进行劝勉。这一活动将阅读与写作相结合,让学生在实践中运用所学的言说之术,提升了自己的表达与交流能力。同时,通过书信这一形式的写作,学生也能够更深入地理解文本中的情感和价值观,从而激发他们对写作的热爱和追求。

二、选择激趣

教师还注重培养学生的读者意识、情境意识和问题意识,鼓励他们根据不同的读者和情境选择不同的言说方式。这种教学思路不仅有助于学生更好地理解和把握文本内容,还能够培养他们的写作意识和实践能力,使他们在日后的写作中更加得心应手。

《谏逐客书》《与妻书》的教学设计通过创新的教学方法和活动设计,成功地将"写作激趣"与文本阅读相结合,激发了学生的写作兴趣和积极性。这一教学设计不仅有助于提高学生的阅读能力和分析能力,还能够培养他们的写作意识和实践能力,为他们的未来发展奠定坚实的基础。

第10讲　行君子之道
——《〈论语〉十二章》《大学之道》《人皆有不忍人之心》联读

【课例分析】《〈论语〉十二章》《大学之道》《人皆有不忍人之心》隶属于高中语文教材"文学阅读与写作"任务群。作为儒家文化的重要载体,《〈论语〉十二章》《大学之道》《人皆有不忍人之心》对引导学生自觉传承中华优秀传统文化,增强文化自信有重要作用。教材中的这三个选段均来自儒家经典,教育青年学子为学、为人道理,努力涵养君子品格。其中,《〈论语〉十二章》聚焦立身处世的规范性原则,教育世人本本分分做人,兢兢业业做事,如饥似渴学习,重视道德规范、真理法则,见贤思齐,知晓"文""质"和谐等,勉励世人向善向好,择善固执,涵养君子品格;《大学之道》提纲挈领论说"三纲"(明明德、亲民、止于至善)、"八目"(格物、致知、诚意、正心、修身、齐家、治国、平天下),其核心还是以修身为本,而修身的根本原则在于彰显美好的德行,以感染他人,去恶向善,最后达到道德修养的最高境界;《人皆有不忍人之心》是一篇小议论文,人人都有怜爱别人的心理——恻隐之心,是孟子"性善论"的代表观点,并由此提出羞恶之心、辞让之心和是非之心,指明"四心"犹"四体",是人之为人的框架。

语文课程对继承和弘扬中华优秀传统文化、革命文化、社会主义先进文化,培养文化自信,推动文化的创新发展,具有不可替代的优势。这是高中语文新课程标准对语文课程文化作用的概括。同时,中华优秀传统文化、革命文化、社会主义先进文化是学科核心素养"文化传承与理解"的重要内容。继承、弘扬传统文化,语文教师责无旁贷。

本单元为先秦诸子散文专题,对应"中华传统文化经典研习"学习任务群。教师应引领学生理解中华文化之根,品味儒道墨等前秦诸子之精髓,感受这些学说的思想价值和人文内涵。先秦诸子散文的产生有其特定的时代背景,教师应带领学生在当下社会辩证看待这些先贤哲思,形成有一定深度的观点。

【选文来源】《〈论语〉十二章》《大学之道》《人皆有不忍人之心》选自部编版高中语文选择性必修上册。

【教学年级】高二

【学情分析】高二学生,有一定的文言基础,初中时又学过《论语》中的部分章节,对儒家思想有一定的认知,但对思想内涵并未深入理解,还有很大的提升空间。

【教学目标】

1. 语言建构与运用:通过对语言的梳理与整合,理解文本内容,在特定情境中,运用口头和书面语言,文明得体地进行表达与交流。

2. 思维发展与提升:仁义礼智信贯穿于中华伦理的发展,从"仁、义、礼、智、信"五个方面理解儒家思想中的君子。

3. 审美鉴赏与创造:表达自己对"君子"的理解,树立自己心中君子的美好形象,提升自我的品行修养,行君子之行,成君子之成。

4. 文化传承与理解:体会中华文化的核心理念,提升自我修养,从而衍生出强烈的家国情怀,热爱、继承和弘扬中华优秀传统文化。

【教学重难点】

1. 重点:通过完成情景任务,丰富和深化对君子形象的理解。

2. 难点:自觉践行孔子思想,行君子之道,传承中华优秀传统文化。

【教学方法】合作探究法、情景创设法。

【教学过程】

一、导入

同学们,昨天有一个来自海外孔子学院的老师联系我,该学院计划办一期以"行君子之道"为主题的宣传栏,经过多方对比,现在请我们班为他们学院完成这一场宣传活动,以便向外国人宣传我国的优秀文化。

设计意图 创设生活中可能出现的情景,代入学生,明确目标。

二、儒家君子形象探究

前几天班级接到了这个办宣传栏的任务,经过初步筛选,同学们选了《〈论语〉十二章》《大学之道》《人皆有不忍人之心》的部分内容,作为栏目素材向外国人进行宣传。但想办好宣传栏,标题、板块、内容、插画必不可少。标题方面主办方拟定为《行君子之道》,还剩下板块、内容、插画等。为了选出最棒的作品,今天我们班决定分组进行宣传栏的初稿设计。每组4~6人,标题虽然已经拟定,但是字体和风格却可各不相同。

任务:见君子之风

1. 请大家看黑板上的标题字体,你们组的宣传栏会采用什么样的标题字体呢?请大家小组讨论,并说明理由。

设计意图 引起学生兴趣,宣传我国优秀的字体发展文化,扩展学生知识面。

2. 组内选取一个代表进行回答。

同学们理解得很到位,各有各的风格。让我们在更深入理解的基础上,再次朗读这三篇课文。

3. 我等凡夫俗子虽不能如圣人一般做到"舍生取义",但起码应该做到见义勇为、仗义执言,而不能见利忘义、背信弃义,做个有情有义的普通人,至少要具备什么品质,才能不标榜于世,才能无愧于心?

明确:

(1) 礼——君子要知晓礼仪,"人而不仁,如礼何?人而不仁,如乐何?"一个人如果不懂礼,是不会怀有仁德的,也就不能够成为君子。

君子的礼还表现在待人接物上,"己所不欲勿施于人",自己不想要的,不要强加给别人。"非礼勿视,非礼勿听,非礼勿言,非礼勿动。"一个人要用礼仪来规范自己的行为,人只有遵守这种规范的交往方式,才能营造和谐的社会风气,也是君子的做法。

(2) 智——君子应该是智慧的,"小子何莫学夫诗?诗可以兴,可以观,可以群,可以怨,迩之事父,远之事君,多识于鸟兽草木之名。"君子应该是博学智慧的。智者不惑:有智慧的人不会被迷惑,君子是明达的。

(3) 信——这是儒家为人之道的中心思想,立身处世,当以诚信为本。"信"不仅要求人们说话诚实可靠,切忌大话、空话、假话,作为君子,做事须诚实可靠、信守诺言、言行一致。"信"是君子的一个最基本要求,含有信任、信赖、相信、信服、信用等意思。在《论语·学而》中,曾子说:"吾日三省吾身:为人谋,而不忠乎?与朋友交,而不信乎?传,不习乎?"

孔子说:"与朋友交,言而有信。"(《论语·学而》)

朋友之道在于信,君子应该"言必行,行必果"。(《论语·子路》)

4. 通过大家的交流,我们发现,君子离我们并不遥远,是可见可感的,刚刚我们定义了什么是君子,怎么去行君子之道呢?请大家结合三篇课文,进行讨论。

三、儒家君子之行

任务:行君子之道

设计意图 学生已经从儒家思想仁义礼智信五个方面讨论了什么是君子,构建了心中君子的美好形象,如何行君子之道,就是需要学生把它落到实处。

1. 君子之道,可以理解为"明明德,亲民,止于至善"。君子之道应该明明德,儒家的思想观念是仁,君子之道是仁之道、君子之道,应该是彰明美德、勤勉于学、言行一致、内省修己、胸怀天下。

2. 君子之道应该"亲民",《人皆有不忍人之心》里提到,君子应该有仁心,行仁政,有恻隐心、是非心、谦让心、羞耻心等"四心"。见到孩子掉到井里,我们会怜悯,会恐惧。君子之道,应该是亲民之道。

3. 君子之道应该"止于至善",每个人不是生下来就是君子,达到道德修养的最高境界,是一个不断完善的过程。

4. 行君子之道,核心思想是"仁"。在现实生活中,"仁"就是对他人的关怀,即能够设身处地为他人着想。我们对他人好,不是为了得到他人的回报,我们要无条件地对他人好,用自己的心体贴他人的心,时刻规范自己的思想情感和行为,在各方面严格要求自己,要做到"己所不欲,勿施于人"。

有了"仁",人与人之间的关系才能得到改善,国家才能强大,人民才能安居乐业,社会才能进步。因此,我们要从小事做起,以"仁"的思想约束自己、要求自己,以宽容大度的情怀容纳他人的无意过错,只要做到了上述要求,自然就是一个"仁"爱之人。

5.《大学之道》里谈到的格物、致知、诚意、正心、修身、齐家、治国、平天下也是行君子之道。只是现在的治国平天下不应该是追求攀登高位去管理更多人。古代往往只有身居高位者才能做到发号施令,毕竟信息传递技术不发达。但在人人平等和自由的互联网时代,每个人的声音都有机会被别人听到或影响他人。这个时候修身比以往任何时代都重要。因为好的品德能传承和影响他人,不好的也会。

格物、致知、诚意、正心,都是修身的落脚点。君子是时时刻刻去完善自己的人,探索更多未知的道理,性情安和,心不妄动,处事合宜。

6.青年学生遵守礼仪、遵守校规校纪、遵守法律法规,这也是行君子之道的一种。

总结:儒家的思想之所以能流传至今,并广泛传播,是因为这些思想不只体现在仁人志士、英雄伟人的身上,其已经根植于我们每一个中华儿女的心里,内化为我们灵魂中不可或缺的品格。

四、儒家君子的现实做法和意义

任务:成君子之成

设计意图 将君子之行落实到现实生活中,没有从天而降的英雄,只有挺身而出的平凡人。心怀仁爱,行君子之行。心中有人民,成君子之成。

师:儒家精神引导我们成为更好的自己,更引导我们有大情怀、大志向、大担当。接下来我们看一段抗疫视频——《武汉保卫战》。

师:要知道每一个平凡的人都有成为英雄的可能,只要我们心中有大义,肩上有责任。心怀仁爱,就是君子之成。最后,请大家完成宣传栏的初稿设计,我们将进行评比。

五、课堂小结

本节课我们通过设计宣传栏的情境任务,构建了我们心中君子的美好形象,对我们提升自我的品行修养有着重要的意义和作用。当我们每个人都在不断地提升自我修养,从而衍生出强烈的家国情怀,那么这个民族会越来越伟大,这个国家也会越来越有担当。谦谦君子,温润如玉,希望我们的同学都遵循君子之风,行君子之道,成君子之德。

六、作业布置

在海外孔子学院读书会上,你作为我校青年代表,向世界各国青年推荐中华文化典籍,请为你推荐的书写一段推荐语。

七、板书设计

$$\text{行君子之道} \begin{cases} \text{见君子之风} \\ \text{行君子之道} \\ \text{成君子之成} \end{cases}$$

【课例评新】

巧用媒介,激趣探究经典

兴趣是最好的老师,该课例教学指向明确,且任务不多,采用了学生喜欢的上课方式,充分给予学生自主权,让学生在合作交流中质疑,迸发理性与思辨的火花。恰当地采用多媒体手段,能增加教学密度,提高教学效率,也能增强学生的学习兴趣。

一、创设情境,激发学生兴趣

在宣传初稿设计出来的时候,如果对学生设计优秀的地方进行鼓励和引导,进行点评,一定能使得学生印象深刻。该课例通过创设生活中可能出现的情景,代入学生,目标明确。

二、文思迁移,激趣探究经典

该课例运用批注法,翻译重点词句,引导学生理解并分析:你从中读到了哪些君子的品格?学生诵读、思考、发言;采用朗读、翻译、分析、总结的方法,辅之以点拨、拓展,学生能力得以提升。

该课例关注词义翻译,及时总结,同时根据学生发言的要点,及时板书,凸显重难点,迁移知识点,激发学生探究经典的兴趣。

三、比较探究,感悟经典

在课堂上给予学生多一点讨论与思考的时间,启发他们自我成长与蜕变。《孟子》不同于《论语》,很多章节篇幅较长,具备了散文的典型特征;孟子又以雄辩著称,不仅逻辑严密,而且富有气势和感染力。因此,教学中不仅要把握选文的思想内容,还要关注孟子的论证方式和言语特点,在比较中深思,在深思中感悟,在感悟中习得。

《〈论语〉十二章》《大学之道》《人皆有不忍人之心》三个选段构成了第4课,这些内容都是儒家经典。教学过程中一方面要做好单篇精读、精讲,另一方面也要注意选段之间在思想内涵上的继承和发展关系,以促进学生全面、深入地理解儒家思想,如《大学之道》所谈的理想、目标,与《论语》相关章句,《人皆有不忍人之心》与《论语》中"仁"的概念等,都可作为比较研究的对象。

第11讲 孝心无价，亲情无限

——《陈情表》《项脊轩志》联读

【课例分析】课例选文《陈情表》和《项脊轩志》均选自高二语文选择性必修下册，其用意不言自喻，两篇作品都是以情动人，感人至深。阅读这两篇课文，应当品味蕴含在作品深处的那一份动人的感情。《陈情表》是西晋李密写给晋武帝的奏疏，主要目的是推辞征辟，保全自己，但文中陈述的孝道之情感人至深。《项脊轩志》通过描写项脊轩的变迁和往事，表达了对祖母、母亲和妻子的怀念。尊奉孝道，眷恋家园，是中华民族的文化基因。情欲信，辞欲巧。这两篇文章的教学，旨在引导学生感受人间真情，学会美的表达。

相比之下，《陈情表》的知名度要比《项脊轩志》大得多，苏轼"读《陈情表》不落泪者，其人必不孝"的评价，让《陈情表》更为脍炙人口。而《项脊轩志》通过对已经亡故的祖母、母亲、妻子三个人的回忆，写了自己在项脊轩之中的点滴生活情景，显得过分平实，好像不够感天动地，也少了像苏轼这样的文学大咖的评价，因而其知名度远远比不上《陈情表》。

【选文来源】《陈情表》《项脊轩志》选自部编版高中语文选择性必修下册。
【教学年级】高二
【学情分析】《项脊轩志》《陈情表》虽然是文言文，但语言通俗易懂，高二学生已经有了一定的文言文基础，所以理解文意不存在太大的问题，文章中感人至深的语句，学生也可以从个人实际生活中感受到。课文语言层面应该放手让学生去自学，要相信学生有自学的能力，教师需要做的是相机点拨。当然，这里所说的"放手"不是放任自流，教师对文中重点仍要进行适当分析，比如学生对于两篇文章的写作背景和写作主旨理解不是很深刻，因此需要在主题上进一步挖掘，激发学生的自主思考。

【教学目标】
1. 诵读作品，梳理文本。感受两篇文章的语言艺术，感受作者的人生追求。
2. 体会古人的家族和亲情观念，全面、辩证看待作者身上所体现的"忠"和"孝"。
3. 品味文中所蕴含的动人情感与艺术技巧，掌握通过细节传情的写作手法。

【教学重难点】
1. 重点：借鉴文章"说真话，抒真情"的写作手法进行写作。
2. 难点：感受亲情，珍视亲情，传承孝道。学习文章表达真挚情感的方法，并将其运用在写作中。

一、作者身世之比较

从《陈情表》中你读出了一个_____的李密，依据是什么？
从《项脊轩志》中你读出了一个_____的归有光，依据是什么？
1. 仕途顺畅，经历煎熬。

2. 科举不顺,人生坎坷。

3. 一时之痛与一世之憾。

(1) 李密(224—287),武阳人,又名虔,字令伯。少时师事名儒谯周,以学问文章著称于世。曾出仕蜀汉,担任尚书郎,屡次出使东吴,颇有辩才。蜀汉灭亡后,征西将军邓艾闻其名,请他担任主簿,他推辞不就。其后,晋武帝征召其为太子洗马,李密以祖母年老为由辞不应征。及祖母卒,服丧期满,李密以太子洗马被征至洛阳,后出为河内温令。

(2) 归有光(1506—1571),字熙甫,号震川,明代昆山(现在江苏昆山)人。他自幼苦读,9岁能文,但仕途不顺,35岁才中举人,后八次考进士不第。于是迁居至嘉定(现在上海嘉定)安亭江上,在那里读书讲学20余年。他的学生很多,称他为"震川先生"。到60岁才中进士,授县令职,一生郁郁不得志。归有光虽仕途不得意,但他博览群书,是明代杰出的散文家。他的散文源出于《史记》,取法于唐宋八大家,被誉为"明文第一"(黄宗羲语),当时人称他为"今之欧阳修",代表作有《项脊轩志》《先妣事略》《思子亭记》《寒花葬志》《沧浪亭记》等,今有《震川先生集》,他的作品对清代桐城派散文影响很大,桐城派的姚鼐评价他:"是架设在唐宋八大家与桐城派之间的一座桥梁。"近代林纾更尊他为"五百年来归震川一人而已"。

二、文章体制之比较

1. 着力铺陈,悲恻动人。

2. 精于状物,读之潸然。

3. 叙事陈情与画面呈现。

"表"是古代臣下向帝王上书言事的一种文体。我国古代臣子写给君主的呈文有各种不同的名称,战国时期统称为"书",如李斯的《谏逐客书》。到了汉代,这类文字分成章、奏、表、议四小类。"章"是用来谢恩的;"奏"是用来弹劾的;"表"是用来陈述事情的;"议"是用来表示不同意见的。此外,还有一种专门议论朝政的文章叫作"疏"。到魏晋南北朝时期,这类文章又统称为"表"。诸葛亮的《出师表》与李密的《陈情表》都是表文的代表作品。

"志"是"记"的意思,是一种记事抒情的文体,如《寒花葬志》,主要是记载事物,并通过记事、记物、写景、记人来抒发作者的感情或见解,借景抒情,托物言志,有碑记、游记、杂记等。

(1) 李密是如何说服晋武帝的?

动之以情,晓之以理:先自诉家庭的悲惨境况,让晋武帝一开始就落入凄苦悲凉的氛围中;接着喻之以大义,作者将以孝治天下的理与祖母病笃须尽孝的情况作了对照,说明尽孝之时短,尽忠之日长;然后提出"终养"的要求,再极其诚恳地说明自己的情况,是天人共鉴,表达自己对朝廷"生当陨首、死当结草"的忠心。

(2) 如果你是晋武帝,会不会同意李密辞官以在家奉养祖母?同意,原因:

① 李密如此感人的陈情,应该可以打动他。(情真)

② 多次征召表现出自己求贤若渴,笼络人心的目的已达到。(意达)

③ "以孝治天下",树立李密这个典范,更好地在全国推行"孝道"。(世治)

④ 准许李密的请求,显示出作为皇上的宽容大度,更何况李密已经做出承诺。(恩宏)

(3)《项脊轩志》:"一喜一悲,借一阁以寄三世之遗迹。"(清·梅曾亮)

三、写作动机之比较

1. 动之以情,大打孝牌。
2. 此情可待,追忆潸然。
3. 功利之文,性灵小品。

同是写悲情,李密深深打动了晋武帝,而归有光感动所有读者,两者的语言有何特色?

四、语言艺术

1. 四字骈句。

如"生孩六月,慈父见背,行年四岁,舅夺母志。……臣少多疾病,九岁不行,伶仃孤苦,至于成立"。

效果:四字骈句,语势连贯紧凑,不拖沓,让人感到灾祸接踵而来,以情动人,让晋武帝化严为慈。

2. 对偶句。

(1)"外无期功强近之亲,内无应门五尺之僮。"

效果:内外对举,都强调一个"无"字,把自己举目无亲、无人赡养祖母的困苦境地形象生动地表现出来了,让人觉得急切而无可置疑。

(2)"前太守臣逵察臣孝廉,后刺史臣荣举臣秀才。"

效果:前后对举,表达自己深受圣朝恩宠的感激。

(3)"臣无祖母,无以至今日;祖母无臣,无以终余年。"

效果:"臣"与"祖母"对举,突出一个"无"字,强调自己与祖母相依为命的现实。通篇基本上运用对仗工整的对偶句式,使语气显得强烈,语意简洁凝练,读来朗朗上口,使文章的感情倍感热切,更具说服力。

3. 比喻句。

(1)"刘日薄西山,气息奄奄,人命危浅,朝不虑夕。"

效果:以落日喻人命,刻画了祖母苍老多病的形象,融入浓烈的抒情色彩,能极大地引发读者的同情;"朝不虑夕"虽是夸张却给人无可置疑的真实;再加上四字骈句,有诗一般的韵律,如泣如诉,读之无不令人动容泣下。

(2)"乌鸟私情,愿乞终养。"

效果:以鸟喻人,回溯至动物的本性,鸟亦如此,其诚挚恳切之情溢于言表,岂能不打动人?

(3)"臣不胜犬马怖惧之情,谨拜表以闻。"

效果:似犬似马,忠恳之情、怖惧之态溢于言表。

五、写作特色

1. 两者都善于选取生活中的琐事,表现人物的音容笑貌,寄托深情。如黄宗羲评《项脊轩志》:"予读震川文之为女妇者,一往情深,每以一二细事见之,使人欲涕。"

2. 两文皆擅长利用细节描写。如《项脊轩志》善于抓住生活中的典型细节,如小鸟啄食、风移影动的景物细节,东犬西吠的场面细节,母亲、妻子动作言语细节,特别是写祖母看望和勉励孙子的场面……祖母这些语言、动作描写,具有鲜明的个性特征,浓浓的生活气息。

3. 语言委婉含蓄:《项脊轩志》:"庭有枇杷树,吾妻死之年所手植也,今已亭亭如盖矣。"

《陈情表》:祖母魂归道山之后,李密已经没有借口了,他履行了在《陈情表》中的承诺,先后任温县县令、尚书郎、汉中太守等职。任期内,他在汉中勉县倡建武侯祠。某天他酒后赋诗:"人亦有言,有因有缘。官中无人,不如归田。明明在上,斯语窹然。"激怒晋武帝,免官回乡。其实此之前在温县时,他曾与人书曰"庆父不死,鲁难未已",就差一点被人举报。287年李密卒于保胜龙安,好友安东将军胡熊与皇甫士安主持葬仪。

4. 将抽象情感寄托于具体物象,易产生移情共鸣。一存一亡、一荣一死的强烈撕扯感,动人心魄。

5. 借助语气助词来表情达意。

同:这两篇文章都体现了中国人对亲人、家庭、家族的重视。李密不愿为官而要奉养祖母,体现的是感人至深的孝道;归有光体现的是对家庭、家族的珍视。

异:《陈情表》感人因为作者的孝心本来感人,也因为作者精心撰写文章刻意感人。

《项脊轩志》是"志",是作者自抒情意之文,虽然不无法度,但毕竟可以随性落笔,写景物,绘细节,记言语,不求感人但自有动人之处。

六、课堂延展

阅读下面材料,根据要求完成作文。题目自拟,内容自定,不少于800字。

感情是人对现实世界的一种特殊反映形式,有情感的地方就有温暖与感动,有情感的地方就有快乐与温馨。然而,在物欲横流的当今时代,经济大潮的冲击造成了人与人之间感情的淡漠,金钱至上的社会百态对中华民族的美好品德提出了严峻的挑战。关注真情,呼唤真情,既是时代的要求,更是高中生在人格上的必修课。

读了上述材料:(1)你有怎样的认识与思考?请写一篇议论文;(2)你经历或见证过哪些流露真情的故事?请写一篇叙事抒情散文;(3)创作虚构一篇感人肺腑的小小说。

七、板书设计

孝心无价,亲情无限
情的超越意义:晋·李密《陈情表》
情深文胜:明·归有光《项脊轩志》

【课例评析】

巧设任务激趣,异同提升效果

孝心无价,亲情无限。该课例以忠和孝为出发点来进行组文表达。

一、开放性任务激趣

从《陈情表》中,能读出怎样的李密?依据又是什么?从《项脊轩志》中能读出怎样的归有光,依据又是什么?第一个环节任务的设置具有开放性。大家通过填空形式自行去感悟两篇文章中的主人公有着怎样的特点,比如可以填勤奋的李密、孝顺的李密、忠心的李密,等等。这样的任务设置激发了学生的兴趣,让学生在开放性思维中得以提升,所以该任务设计较为巧妙。

二、比较中深化、触动

第二个环节是对作者的介绍,之后开始进行文章体裁的比较。一个是"表",一个是"志",两者看似没有联系,学生通过比较对这两种文体更加熟悉,感受到两篇文章的不同之处。

第三个环节从写作动机进行比较。李密动之以情,大打孝牌;而归有光则是此情可待成追忆,令人潸然泪下。两篇文章通过写作动机的比较,将人物的真情实感淋漓尽致地展现出来,所以这个环节依然以比较的形式进行。

第四个环境谈到的是语言的艺术,一个采用四字骈句,一个运用对偶句。我们通过这样的对比感受到两篇文章的效果差异。运用对偶句式使语气更加强烈,运用比喻句式让文章更加生动形象。同时在写作特色方面进行比较,李密的文章善于选取生活中的琐事,表现人物的音容笑貌,寄托深情;而归有光的文章善于利用细节描写。通过这两种写作特色的对比,将文章鲜明的特征和浓浓的生活气息展现出来,这种对比手法为文章增色不少。

三、异中求同,增强效果

该课例的出发点都体现了中国人对亲人、家庭、家族的重视,这便是群文阅读(联读)中的最大特点即求同。在不同之中寻找相同,这样就让学生清晰地了解了这两篇文章的区别,并且对文章的各个方面都有了深入细致的了解,效果非常好。

第12讲 人生情感"乐"与"悲",生命哲思"生"与"死"
——《兰亭集序》《归去来兮辞》联读

【课例分析】《兰亭集序》和《归去来兮辞》均是高中语文教材中的经典篇目,被编入部编版教材同一单元同一课里。单元导语中有"体裁不一,风格各异"的提示和"把握课文的思想情感及其承载的文化观念,领会不同作者在审美上的独特追求"的要求。两篇文章都有情、景、理的巧妙融合,都有作者对自然外物与自我关系的深层美学思考,但是在文章中表现出的情感基调与生命态度是有所不同的。学习的重点是在弄懂文言字词的基础上品鉴作者在山水田园中寄托的情感与哲思,理解其深层困境与自救意识,难点是在领略东晋文人的人生观、宇宙观基础上,汲取其思想文化精髓并创造性地运用在自己的学习生活中。

两篇文章都体现了魏晋时期文人对生命和自然的思索,承载了中国传统文化两种重要的审美文化:前者是文人雅集,后者是古代隐逸文化。作者本人也都被后代很多文人士大夫所追慕:陶渊明以不为五斗米折腰的傲骨支撑起了千年不朽的文人风范,使有良知的中国文人在这里找到依托;王羲之以自己的慧眼明心道出了万古不变的千古同悲,打动古今无数读者。《兰亭集序》和《归去来兮辞》两文同为魏晋诗文,同为寄情山水的文章,同为表达人生感慨、生命哲思的文章,在内容、情感、写法、语言诸方面有很多异同点。该课例把两篇文章放在同一视域下进行比较阅读,要求学生在对比中体会,在联系中思考,通过梳理整合、比较异同、拓展思辨等方法,在更加广阔更深层次的比较中探析文章内涵,领会作者独特的审美情趣,触摸魏晋名士的精神品质,增进对优秀传统文化的理解与认同。从单元教学安排建议来看,应运用比较阅读法实施教学,落实促进学生语文核心素养培育与语文能力提升的有效策略。

【选文来源】《兰亭集序》和《归去来兮辞》选自部编版高中语文选择性必修下册。

【教学年级】高二

【学情分析】作为第二课时,该课例是在梳理字词和文言语法现象(第一课时)的基础上开展的对文本的深度解读,要带领学生走近魏晋文化名人,帮助学生揣摩作者的情感转变,完成对作者人生观、宇宙观的探讨,从而领略魏晋时期的美学精神,这是有挑战性的。学生要能够在教师的引导下研习文本、独立思考、合作交流,通过篇章间的比较阅读,开阔文化视野,提升思维品质。同时,在比较阅读的过程中,引导学生跳出单篇阅读的窠臼,将视线聚焦于文本间的异同:或同中求异,从微观角度研习文本间的独特个性;或异中取同,从宏观角度把握一类文本的共通性。

【教学目标】

1. 理清文章的结构脉络,体会作者在山水田园中寄托的复杂情感。
2. 理解作者对生命的思考,领悟经典作品对人生的启示意义。
3. 体会作者语言风格的异同。

【教学重难点】

1. 重点:理解作者在山水田园中寄托的情感与哲思。
2. 难点:领悟经典作品对人生的启示意义。

【教学方法】朗读法、讲授法、合作探究法。

【教学过程】

一、导入

部编版教材将《兰亭集序》和《归去来兮辞·并序》列为同一课。王羲之沉醉于山水之间,感慨生死的重大意义;陶渊明告别官场回归故乡,期望顺应自然走到尽头。这两位魏晋时期的大家在雅集欢宴、山水田园之中,领悟了生命的哲理,展现出魏晋文人的旷达与善思。王羲之和陶渊明皆在人生短暂、终有尽头的现实面前,内心产生波动,思绪起伏,也都于自然当中体会到生命的韵味和由衷的快乐。

二、兰亭之幽雅、田园之清淡的环境对比活动

《兰亭集序》对兰亭环境的描绘主要集中于:"崇山峻岭,茂林修竹,又有清流激湍,映带

左右。"兰亭坐落于山林之间,"崇"展现山之高峻,"峻"凸显山之陡峭且形势险要,"茂"表明竹林的茂密,"修"体现竹子的修长,"清"形容泉水的清澈透明,"激"彰显环境的清幽宁静。这四句不单描绘出兰亭周边山林繁茂的实际景象,还营造出一种幽静雅致的氛围。

《归去来兮辞》所描写的田园环境为:"乃瞻衡宇,载欣载奔,僮仆欢迎,稚子候门。三径就荒,松菊犹存。携幼入室,有酒盈樽。"两相比较,兰亭环境偏向静态以供欣赏,陶诗中的田园则能够动态地观察,田园环境由一个个生活场景构成,有急切眺望盼望已久的房屋,有开心等候的僮仆和孩子,有亲人相伴,有温馨的家宴,平淡而真实。陶渊明还刻画了"三径就荒,松菊犹存"的田园。"三径"暗含"归隐"之意,"松菊"隐喻陶渊明的品格,"松"色青且质地坚韧,"菊"色淡且品质高洁,"松菊"与"三径"将作者笔下的田园予以意象化,不只是日常的生活,更多了一份隐者的"清"。

《论语·微子》载:"虞仲、夷逸,隐居放言,身中清,废中权。"孔子用"清"来评价隐者。《说文解字》中解释:"清,朗也,澄水之貌。"《释名》中也说:"清,青也,去浊远秽,色如青也。"此处松菊志向高远、品质高洁,正是对去除污浊远离秽物之"清"的绝佳诠释,所以此理想田园环境用"清"字就能说明。

综上分析,陶诗中的田园,在日常生活化的场景里显其"淡",在意象化的景物描绘中现其"清"。"清淡"二字能够概括陶诗中田园的特点。

三、兰亭风雅之士与田园清旷之人的人物对比

1.《兰亭集序》。

有关兰亭"人"的关键表述为:"群贤毕至,少长咸集。""流觞曲水,列坐其次。虽无丝竹管弦之盛,一觞一咏,亦足以畅叙幽情。""仰观宇宙之大,俯察品类之盛,所以游目骋怀,足以极视听之娱。""或取诸怀抱,悟言一室之内;或因寄所托,放浪形骸之外。"

首先,分析兰亭之人的身份。当时参与兰亭雅集的主要是东晋时期的世家大族。王羲之出身于琅琊王氏这一贵族,其书法闻名于世,"王与马共天下"所指的便是东晋时琅琊王氏家族与皇室旗鼓相当,甚至更胜一筹,晋朝南渡后主要倚仗琅琊王氏,当时掌权的王导即为王羲之的叔父。《晋书·王羲之传》记载:会稽拥有优美的山水,诸多名士居于此处,谢安未为官时也居住在此。孙绰、李充、许询、支遁等都凭借文采闻名于世,并在东边建房居住,与王羲之志同道合。除王羲之外,参与兰亭雅集的还有当时的士族大家谢安、孙绰以及王氏贵族子弟。《晋书·谢安传》表明谢安擅长文学,从《晋书·孙绰传》能知晓孙绰也是罕有的博学且善文之人。

其次,剖析兰亭之人的行为。这些博学多才、洒脱不羁的士族大家在此聚会,并非仅仅欣赏山水、享受充裕的物质生活,他们的生活更趋于高雅化,大致可归纳为三种状态:其一为"流觞曲水",此乃文人墨客诗酒唱和的一种高雅之事;其二是"谈玄说理";其三是"潇洒放诞"。前两种为东晋士族大家生活状态的写照,东晋名士分有清谈派和放诞派。清谈最初作为一种哲学交流的方式,在两晋时期变成彰显自身身份和素养的途径。放诞派以"竹林七贤"为首,东晋士族多加以效仿。总之,清谈派玄意深远,高雅典雅;放诞派目无法纪,随性率真。

参与兰亭雅集的人大都来自世家大族,地位显赫,雍容华贵,博学多识,在兰亭集会不单

是观赏山水,满足于物质生活的富足,更倾向于让日常生活高雅化。集会期间,诗酒应和、高雅谈论、随性纵情、书画尽才,正如宋楼钥在《跋汪季路所藏修禊序》里所说:"永和岁癸丑,群贤会兰亭。流觞各赋诗,风流见丹青。右军莫禊序,文采粲日星。"兰亭之人,向我们展现了风雅之美。

2.《归去来兮辞》。

一是田园之人的身份。田园中有陶渊明。陶渊明一生都自称"贫士",且于其诗词里多次直白袒露寒门身份,如"余家贫,耕植不足以自给"。陶渊明的家世能够追溯至其曾祖父陶侃。陶侃凭借军功位列显要,但出身寒门的他在门阀社会中迅速被挤出士族大家的行列,此后陶家逐步衰落,到陶渊明的父亲这一代,已无做官的记录可考。陶渊明因家境贫寒而出仕为官,又因本性随性自然而多次辞官,回归田园。诗中还有农人和亲友,这些人大多为田舍老翁、平民百姓,依靠农耕维生,生活清苦简约,和兰亭之人相较,没有显赫尊贵的士族身份,没有风流文采,也没有高谈阔论的高雅情致。

二是田园之人的生活。相较于真正的农人,陶渊明虽身处田园,却过着既有相同之处,又有差异的日子。和"将有事于西畴"的忙于农耕事务的农人相比,陶渊明显得更为悠闲自在。处于闲适状态的陶渊明,要么在安静中体会田园之趣:于庭院独自饮酒、安静中愉悦容颜;在园中眺望远方,轻抚孤松徘徊不前。要么在动态中探寻自然之美:跟亲人闲聊家常,与琴书相伴,翻山越岭、穿越丘壑去寻奇探胜。这些生活场景彰显出田园生活的简单、平淡、质朴以及浓厚的烟火气息,然而在这质朴简单的生活之中,又存有一份超脱于烟火气的淡泊悠远之气。

三是陶渊明在田园里融入了意象化的生活描绘。陶渊明居于简陋之所,却能傲世"怡颜",农人、亲人、山丘、林泉,一切看似平常质朴的生活,对于陶渊明而言皆能"悦",能"乐",这已然超越了田园的质朴,趋向了旷达高远。之所以会有这般意象化的表达,恰是由于这些简单、平淡、质朴的生活场景契合了作者的心境,正如《宋史·苏舜钦传》中所说:"耳目清旷,不设机关以待人,心安闲而体舒放。"于田园生活中,陶渊明清贫却淡泊悠远,身心安闲舒适。

四、兰亭之哀雅与田园之清逸的情思对照

王羲之和陶渊明皆寄情于山水,然而这两位作家对待自然的态度存在差异,需结合文本展开探讨并加以比较说明。

1. 二者所涉人生情感包含"乐"与"悲",生命哲思涵盖"生"与"死"。

在《兰亭集序》中,王羲之对待自然的态度为不惜笔墨地展现会稽山水的绝美,沉醉在美妙的景色中,流露出对大自然的喜爱与愉悦之情。当"天朗气清"之际,"游目骋怀",欣赏着"茂林修竹""清流激湍",内心满是畅快!尽管他钟情山水,却未曾真正踏入、融入其中。"足以极视听之娱",表明他登临山水,只为满足感官方面的享受;"足以畅叙幽情",意味着他品赏山水,只是为获取禅玄之理的意趣。甚至,由于仅将山水视作暂歇之所,当他面对青山秀水感慨"信可乐也"之时,脑海中浮现的竟是"修短随化,终期于尽",对于生命短暂易逝的巨大悲哀始终无法解脱,这美丽的山水不过是他的"心灵驿站"罢了。

而在《归去来兮辞》中,陶渊明对待自然的态度是细腻刻画了田园生活的美好,书写了融入大自然的愉悦之情。"眄庭柯以怡颜",家园里的每一株草木都能让他心情舒畅;"园日涉以

成趣",熟悉的地方每日都能发现独特的景致;"既窈窕以寻壑,亦崎岖而经丘",山水已然成为他日常生活中不可或缺的部分;"聊乘化以归尽,乐夫天命复奚疑",诗人挣脱了现实人生的迷茫与虚幻,回归到生命本源所在的大地,回到了能让心灵栖息的精神家园。

材料一:王羲之六岁时,其父王旷北上击匈奴遭遇大败,此后杳无音讯。他渴望前往关陇、巴蜀等边地建立功业,却因父亲之事遭猜疑。政府耗费官米数量庞大,多达数以万计;南方闹饥荒,朝廷仍一味重敛;官场中人事倾轧不断;他多次奏疏皆未被采纳。

材料二:大儿恒性命垂危,足令人心焦。此前的欢乐,现今都化作哀苦,绝非衰老之年所能承受(此写于长子病重之时,其后长子早卒)。延期、官奴小女一同突发恶疾,最终无法救治,痛心抚慰直贯心间(写于两个孙女夭折之后)。诸从兄弟相继凋零将尽,自己余生能有几何?而灾祸伤痛竟至这般地步,举目间尽是颓丧,难以自我开解(在羲之诸从兄弟中,王洽最受羲之器重,却在36岁英年早逝)。

王羲之人生之痛包括:

① 生命短促、时光流逝带来的苦痛;
② 内心永不满足的欲望造成的困苦;
③ 美好外在事物容易消逝导致的感伤;
④ 生死难以预料产生的痛楚。

2. 兰亭雅集中的士族权贵纵情于山水,醉心于翰墨,然而"乐与时去,悲亦系之",乐极生悲,兴尽而悲至。自然永恒无尽,生命却短暂有限,终归有尽头,生死问题遂成雅集文人难以摆脱的宿命。在直面人与自然这一永恒的矛盾时,一句"岂不痛哉"给这场雅集蒙上了如浓雾般的愁苦。

(1)面对生死之痛,兰亭文人有着怎样的思索?文中呈现出两种思想。其一为其他文人的观点,他们觉得既然生死难以超越,那就借道家"一死生""齐彭殇"的理念来自我宽慰,以"齐生死"的观念实现对生死的超脱。其二是王羲之的思考,他认定"齐生死"纯属虚妄,在现实中根本不存在,从而否定了庄子对生死的超越。

王羲之的生命观,先是承认死亡不可跨越,生死不可等同。再者,他将生死哀痛置于历史的长河之中,凭借古今文人的共鸣,来调和、消弭这份哀痛。曹丕于《典论·论文》中道:"年寿有时而尽,荣乐止乎其身,二者必至之常期,未若文章之无穷。是以古之作者,寄身于翰墨,见意于篇籍,不假良史之辞,不托飞驰之势,而声名自传于后。"

魏晋士人大多感叹生命短暂,竭力寻求永恒,论玄理、服仙药,均无法达成永恒,无法做到"齐生死",但文章能够实现生命的永恒。故而王羲之称"故列叙时人,录其所述",于是"后之览者,亦将有感于斯文",这不单是千古情思的共鸣,更是王羲之等兰亭之人生命的别样存在方式。

综上,王羲之的生命观里既有承认生死不可超越的哀痛,又有反对虚妄、直面哀痛的果敢;有千古同悲的气息,也有借文章传世的寄托。王羲之并未完全沉溺于哀痛当中,他的"哀情"得以矫正、雅化,形成了一种"蓄神奇于温厚,寓感觉于和平"的哀雅之情。

(2)陶渊明的悲哀:生活充满艰辛,视生命如草芥的社会政治环境,门阀制度黑暗腐败,权力斗争激烈,这与其刚直纯正的个性水火不容,令其心灵备受煎熬,偶尔摇摆不定的心志,孤独的灵魂,时光匆匆易逝,生命短暂而苦痛。

材料一:陶渊明自晋孝武帝太元十八年(393)担任州祭酒始,直至义熙元年出任彭泽令,在这13年里,他数次出仕,又数次归隐。陶渊明怀有政治抱负,怎奈当时的政治社会极度黑暗。其天性向往自由,而彼时官场风气败坏不堪,谄媚上级、骄纵下级,肆意妄为,毫无廉耻可言。于当时的政治社会中,正直之士根本无处安身,想要实现理想抱负更是无从谈起。历经13年的波折,陶渊明终究清晰地认识到了这一状况。

材料二:陶渊明七八岁时父亲离世,而立之年妻子亡故,37岁母亲去世,41岁胞妹夭折;中年还饱受恶性疟疾、脚疾等多种疾病折磨。

《归去来兮辞》中的陶渊明依然存在着生命将逝的感慨,面对万物的时候,陶渊明感到了生命将尽,面对生死的拷问,一句"感吾生之行休"道出了陶渊明的悲伤。但最终陶渊明是"乐夫天命复奚疑",用"乐"来阐述自己的情感。可见,陶诗中的田园之情先是田园之乐,再是生命之悲,最后复归田园之乐。

再说田园之思,从《归去来兮辞》的情感发展来看"乐-悲-乐",回到田园后陶渊明身心愉悦,但生命短暂易逝,让田园之乐走向了悲伤。而陶渊明的思想也体现在他对悲伤的化解中。

陶渊明将"委心任去留"和"遑遑欲何之"对比,生命如此短暂,为何不任由自己的心意决定进退?"遑遑"展现了那些汲汲于富贵利禄、心为形役之人的精神状态——惶恐不安、心神不宁。而田园里的陶渊明超越了这种心为形役的惶恐不安,他不愿为富贵名利奔走,不愿求仙服药,他的选择是良辰胜景,独自出游,除草培土,躬耕农桑,东皋舒啸,临泉赋诗。摆脱名利富贵的烦扰,逃离世俗世界,将田园生活虚化为一种高洁飘逸的精神,陶渊明在田园中透出了一种逸气,逸出尘世,追求一种非功利性的审美。陶渊明选择的是顺应自然,顺应生死变化,"聊乘化以归尽,乐夫天命复奚疑",听从自然天命的安排,何苦要纠缠于生命的永恒?一种清逸之气在田园之中油然而生,乐天安命,逸出尘外,没有矫饰,没有虚伪,没有违心。

相比较而言,兰亭士族对超越生死的执着阐释,恰恰是包含了一定功利心的执念。与之相比,陶渊明则不求永恒,只求顺心。田园之于陶渊明是灵魂的家园,他超脱世俗,复归田园,复归质朴的本心,不纠缠生命是否永恒,这便是"清逸"之思,这种非功利性的清逸之气也是陶渊明五仕五隐后终归田园的心境。

3.《兰亭集序》与《归去来兮辞》观点异同之比较。

(1)相异之处:对生死的态度,两者有所不同。在《兰亭集序》中,王羲之持回避且悲观之态,不敢正视死亡的必然性。他觉得人生充满变数,寿命长短由天而定,生命终究会幻灭消散,故而为此深感无限感伤,对人生的最终结局发出悲叹。而在《归去来兮辞》里,陶渊明的态度则较为达观、开朗,能够勇敢直面生死。他认为在有限且所剩不多的生命里,应当顺应自然,随缘自足,怡然自得,安心度过余生,不该有非分之念。对待生死问题,呈直面生死、安于天命之态。

(2)相同方面:人的生年有限,人生极易消逝。譬如《兰亭集序》里的"夫人之相与,俯仰一世""当其欣于所遇,暂得于己,快然自足,不知老之将至""向之所欣,俯仰之间,已为陈迹";《归去来兮辞》里的"善万物之得时,感吾生之行休""寓形宇内复几时?"面对良辰美景,两篇文章的作者皆感慨人生短促,比不上自然万物的生命那么持久。

五、反复涵咏,品味语言

魏晋时期,文坛已盛行雕饰堆砌之风,然而这两篇文章却堪称当中的清流。试比较两者在语言风格和句式方面的异同点。

1. 相同点:

(1) 语言风格方面,"淡雅生动"与"素朴自然"并存。"淡雅生动"注重锤炼语言,却摒弃藻饰与滥用典故。"素朴自然"仿若口语般自然流出,真实真切,是作者内心的直白展现。《兰亭集序》中,作者描绘兰亭美景时自然流露出"信可乐也";《归去来兮辞》里,作者展现出回归田园后的园中之乐、田中之乐及身心自由之乐。

(2) 两篇文章均多次运用对偶句式。如"仰观宇宙之大,俯察品类之盛""悟已往之不谏,知来者之可追",等等。

2. 不同点:

(1)《归去来兮辞》骈偶押韵,简约清新,富有节奏和音乐美感。例如:"乃瞻衡宇,载欣载奔。僮仆欢迎,稚子候门。三径就荒,松菊犹存。携幼入室,有酒盈樽。"

(2)《兰亭集序》中对偶句连续运用的情形较少,往往稍加对偶便转为散句。尤其是最后一段,除"一死生为虚诞,齐彭殇为妄作"外,基本为散句,利于传达起伏跌宕的情感。

六、课堂小结

同样的山水田园,存在着不同的情感态度;同样的风云际会,有着别样的人生抉择。我们并非要评判孰优孰劣、孰轻孰重,两位名士皆为世人曾经迷茫无依的精神领域开疆辟土,为我们开启了生命哲学的通道,光照千年,使得后来的文人墨客拥有了精神的依托与归依。幸运的是,我们通过比较与两位名士对话,并在比较中领会了他们对于生命的深刻思考;更为幸运的是,新时代已然来临,和谐美满,青年学子应当具备属于我们自身的时代风采。

七、布置作业

生命本就短暂,又遭遇诸多天灾人祸。2022 年,全球新冠疫情横行,俄乌战争爆发,国内东航客机坠毁致 132 人遇难、长沙楼房坍塌致使 53 人丧生……然而,我们避之不及的疫区,医护人员偏偏主动请缨奔赴;中印边境冲突中,战士肖思远成功突围后却义无反顾地返回营救战友……作为"后之览者"的我们,难以回避对生命的思索。联系本节课所学及学案相关生命素材,谈谈你的思考。写一篇短文,不少于 300 字。

【课例评析】

巧设任务,助推激趣

该课例之《兰亭集序》与《归去来兮辞》皆属于散文体诗歌,其相通之处在于都提及了人生情感的乐与悲。在这两篇文章中,作者通过对生与死的生命哲思的探讨,展开对比阅读,思考领悟生命,体会经典作品对人生的启示意义。

一、从环境方面进行对比以激趣

在对比中，我们能感受到《兰亭集序》的清幽淡雅与宁静。课例通过让学生找出环境的差异，激发了学生的兴趣。

二、学习人物的对比拓展

《兰亭集序》中对人物的关键表述为"群贤毕至，少长咸集"，此时的人们"一觞一咏，足以畅叙幽情"，那种游目骋怀、极视听之娱的快乐被描绘得淋漓尽致。王羲之笔下的人乐极生悲，游乐之中对生命有着博大的感悟。而《归去来兮辞》中的人主要是作者，以田园之人的身份出现，此外还有农人、亲人。陶渊明一生自称平民，在文中体现出他依靠农耕为生，生活清苦简约。与兰亭之人相比，没有显赫尊贵的士族身份，没有风流的文采，也没有高谈阔论的高雅情致。

三、于兰亭之安雅与田园之情欲的情思对照中激趣

王羲之与陶渊明都寄情于山水，但两位作家对待自然的态度存在差异。通过这样的对比激发学生对生命的感悟。首先，王羲之对待自然的态度是不惜笔墨地展现山水的绝美，沉醉于美景当中，流露出对大自然的热爱；而陶渊明对待自然的态度则是刻画了田园生活的美好，书写了融入大自然的愉悦之情。两者所涉及的人生感悟都包含了乐与悲，生命的哲思涵盖了生与死。在学习任务四中，该课例补充了四则材料，学生可通过这四则材料全方位地了解王羲之与陶渊明所处的时代、生活环境等。这样的对比既激发了学生的兴趣，又拓展了学生的思维，还补充了知识，让学生在对比学习中收获更多。

四、品味语言，异中求同激趣

语言风格上，淡雅生动与朴素自然并存。课例通过对比，让学生感受到两篇文章的不同。虽然读起来都朗朗上口，但《归去来兮辞》偏于偶句押韵，而《兰亭集序》则更多运用典故。因此，两篇文章在语言表达方面有所不同。尽管两者有着不同的情感态度、人生观念、写作手法和语言风格，但在对人性的思考、生命的探究、生与死的感悟等方面，却有着诸多共通之处。

第4章　激趣语文之古代诗歌篇

诗歌是一种充满韵律、节奏和意象的文学体裁。它通过精练的语言、多样的修辞和深远的寓意，展现出独特的美学价值和文化内涵。在诗歌教学中，教师应根据这些特点进行教学设计，注重基础知识的讲解、朗读和背诵的训练、引导学生深入理解和感受诗歌、培养学生的创作兴趣和能力以及拓宽学生的阅读视野。激趣语文倡导教师通过科学的教学方法和有效的教学手段，帮助学生饶有兴趣、充满理趣、富有情趣地欣赏和理解诗歌，感受其独特的艺术魅力。

诗歌教学作为语文教学的重要组成部分，旨在培养学生欣赏和理解诗歌的能力，以及创作诗歌的兴趣和能力。实现诗歌教学的激趣，方法应该多种多样，关键在于教师须根据学生的实际情况和兴趣点，灵活运用不同的教学策略和手段，使诗歌教学更加生动有趣、富有吸引力。比如以下这些方法就是被教师们广泛应用的：

一是引入故事背景法：讲述诗歌背后的故事、诗人的生平事迹或创作背景，能够吸引学生的注意力，并使他们更深入地理解诗歌的内涵。这种情境化的教学方式有助于学生形成对诗歌的情感共鸣。

二是运用多媒体资源法：利用视频、音频、图片等多媒体资源，将诗歌的意象和情感以直观的方式呈现出来，可以增强学生的感官体验，从而激发他们对诗歌的兴趣。

三是组织朗诵和表演活动法：鼓励学生参与诗歌朗诵和表演活动，可以让他们更深入地感受诗歌的韵律和节奏，同时也可以通过表演的形式展示自己对诗歌的理解和感悟。

四是进行诗歌创作法：引导学生进行诗歌创作，可以让他们亲身体验诗歌创作的乐趣，从而增强对诗歌的兴趣。教师可以提供创作指导，并鼓励学生分享自己的作品，互相学习和交流。

五是开展讨论和分享法：组织学生进行诗歌讨论和分享活动，可以让他们表达自己的观点和感受，同时也可以从他人的分享中获得新的启示和感悟。这种互动的教学方式有助于激发学生的思考能力和表达能力。

六是运用游戏化教学法：设计诗歌相关的游戏和竞赛，让学生在轻松愉快的氛围中学习诗歌，从而增强对诗歌的兴趣。

七是联系现实生活法：将诗歌中的主题、情感和意象与现实生活相联系，引导学生发现诗歌在生活中的体现，可以让他们更深入地理解诗歌的实用性和价值。

方法很多，无法一一列举，甚至这些方法也不是诗歌教学专属，但只要能结合具体教学内容，从学情出发，极具教学智慧的教师们总能找到恰当的方法，激活诗歌课堂，以此培养具有审美情趣和人文素养的学生。

诗歌教学是一项富有挑战性和创造性的工作，需要教师们不断探索和实践，此章收集的诗歌激趣教学的案例可以成为一线教师们很好的参考,特别是其中的"课例评析",结合教学实际对激趣策略和方法进行深入浅出的分析,为实施激趣语文教学指明了方向。

第1讲 寄情山水,寻心归处
——《观沧海》《江雪》《山居秋暝》《登拟岘台》联读

【课例分析】部编版语文七年级上册第一单元第4课《古代诗歌四首》中指明:诵读古代诗歌,可以让我们的心灵得到滋润和净化,情感变得丰富,从而激发起对优秀传统文化的热爱。其中的《观沧海》一篇更是我国文学史上现存的第一首完整的山水诗,也是一篇佳作。基于此,课例定为"寄情山水,寻心归处"。从阅读的角度,一是要指导学生诵读诗歌,读出节奏,读出韵律,感受诗歌的韵律美,通过想象整体感知诗歌的情景,提高提取关键信息的能力;二是要体会诗人的情怀,提升语言和思维能力。

在"体会诗人情怀"上,山水诗所表达的情感是丰富多彩、多种多样的,它既可以是意欲建功立业的豪迈志向,又可以是对于现实的苦闷与愤恨,还可以是对于归隐与做官的矛盾,更可以是对自然山水美景的喜爱与歌颂。

课例结合《观沧海》一课的主题内容和语文要素,教师以"什么才是诗人内心归处?"这一问题作为思考点,确定课例为"寄情山水,寻心归处",学生通过对文本的阅读多方面了解山水诗歌,知道山水诗歌丰富的意象意境及诗人寄寓山水的不同情怀,学习中引导学生思考即使意象不同,寄寓的情怀不同,但都是为了寻找内心最终的归处,进一步激发学生的阅读兴趣,让学生在阅读中成为一个善于发现和感悟的学习者。

通过群文阅读(联读)《观沧海》《江雪》《山居秋暝》《登拟岘台》,该课例使学生发现大自然的美,陶冶学生爱美的心灵,落实统编版语文七年级上册第一单元的教学目标,即品味诗文优美的语言,在反复朗读、整体感知课文内容大意的基础上,揣摩、欣赏精彩句段和词语。选文对于七年级的学生来说诵读难度较小,符合学生当下学习特点。在课程引导过程中,应让学生在正确的诵读方法指导的基础上,以小组讨论的形式通过想象将诗人主观情思与客观物象交融而创造出来的艺术境界(意境)勾勒出来,掌握情景交融的表现手法,从而结合诗歌背景及诗人经历体味诗人在山水中寄寓的感情,在山水中找到诗人心灵的归处。

《观沧海》选自部编版语文七年级上册第一单元第4课《古代诗歌四首》中的一首,本单元属于自然单元,以写景的文章为主,由散文、现代诗歌和古代诗歌构成,本单元的主题词是"四季美景"。阅读目的是通过学习这些优美的诗文,培养学生联想、想象的能力,激发审美情感、提升精神品格。《观沧海》一诗也是我国诗史上最早的一首以自然景物作为描写对象的佳作,为汉以前的诗坛献上了唯一的一首完整的山水诗歌。诗人登临碣石,远望大海,以较为细致的笔墨和丰富的想象,写出了大海能够容纳一切的博大胸怀,写出了它汹涌不息的雄伟性格,也表现了诗人博大的胸襟和远大的政治抱负,他的心最终归向建功立业,斗志昂扬。

《江雪》:"千山鸟飞绝,万径人踪灭。孤舟蓑笠翁,独钓寒江雪。"这是唐代诗人柳宗元的一首山水诗,描述了一幅江上雪景图。山山是雪,路路皆白;飞鸟绝迹,人踪湮没;遐景苍茫,迩景孤冷;意境幽僻,情调凄寂。渔翁形象,精雕细琢,清晰明朗,完整突出。诗采用入声韵,韵促味道,刚劲有力。柳宗元自从被贬到永州之后,精神上受到很大刺激和压抑,他就借描写山水景物,借歌咏隐居在山水之间的渔翁,来寄托自己清高而孤傲的情感,抒发自己在政治上失意的郁闷苦恼,内心还是想有一番作为。

王维《山居秋暝》:"空山新雨后,天气晚来秋。明月松间照,清泉石上流。竹喧归浣女,莲动下渔舟。随意春芳歇,王孙自可留。"是山水名篇,写终南山居处的清幽,抒发了诗人恬静、喜悦的心情。其中寄寓着诗人高洁的情怀和对抱负的追求,心之所向就是那片归隐的闲适、安宁。

《登拟岘台》:"层台缥缈压城堙,倚杖来观浩荡春。放尽樽前千里目,洗空衣上十年尘。萦回水抱中和气,平远山如蕴藉人。更喜机心无复在,沙边鸥鹭亦相亲。"这是南宋诗人陆游创作的一首七言律诗。通过描写山水的情势营造了一种雍容和平、含蓄脱俗的高尚意境,表达了作者抛却世俗名利后的旷达兴奋之情。

【选文来源】《观沧海》选自部编版语文七年级下册;《江雪》《山居秋暝》选自《全唐诗》(中华书局1960年版);《登拟岘台》选自《剑南诗稿》(国家图书馆出版社2017年版)。

【教学年级】七年级

【学情分析】《义务教育语文课程标准》(2022年版)指出:"诵读古代诗词……注重积累、感悟和运用,提高自己的欣赏品位。"意象在诗歌中有着举足轻重的作用,可以通过它来窥见诗歌美的许多层次,可以通过它来感悟作品表达的情感,破解作品的寓意。而意境是诗歌的灵魂,是诗人追求的最高目标。鉴赏诗歌必须抓住意象意境,才能体现诗性的回归。而在教读《观沧海》一诗时发现,七年级的学生形象思维与抽象思维并没有很好地兼顾,具体表现为对于诗中的意象、想象情景的画面感较为单调,体会诗人的情感也停留在固定且空洞的表达上。所以才有了将本次山水诗歌群文阅读(联读)的重点放在对诗歌中"山、水"的剖析上,进而强化学生通过意象想象山水情景的能力。

【教学目标】

1. 通过诗歌意象,想象诗中情景,体会诗人沉浸山水抒发的情感。
2. 能结合文本理解"寻心归处"的意义。
3. 通过组文学习,使学生心灵得到滋润和净化。

【教学重难点】

1. 重点:通过诗歌意象,想象诗中情景,体会诗人沉浸山水抒发的情感。
2. 难点:能结合文本理解"寻心归处"的意义。

【教学准备】多媒体课件、阅读卡。

【教学过程】

一、欣赏图片,导入议题

1. 播放山水美景图片。
2. 学生谈观赏美景图片后自身的感受。

板书:寄情山水。

设计意图 本环节落实了通过创造情境来引出主题进行阅读教学的目标,落实了《义务教育语文课程标准》(2022年版)的要求:将兴趣、习惯的培养贯穿始终,让学生喜欢阅读,感受阅读的乐趣。用配着美妙乐曲的诗句及山水美景图片导入,让学生感到祖国的山水美景是多么富有感染力,使其产生无限丰富的想象,令人亲切陶醉而心驰神往。学生的阅读兴趣盎然,如此既激发了学生阅读的欲望,又为接下来理解文本做了铺垫。

二、先读《观沧海》,品大将眼中之山水

1. 回顾《观沧海》。

学生自由读《观沧海》,注意节奏与韵律。

板书:读诗歌。

学生示范读,再读读出豪迈之情。

板书:找意象。

2. 勾画描写体现豪迈之情的意象,用自己的话描述"山水"意境。

板书:绘意境。

副板书:壮阔。

3. 联系背景介绍品析作者借"山水"表达的志向、情感。

4. 心之归处:征战多年,一身征尘,却依然能看得见世间美好的曹操,不失英雄之志,满怀着一统中国的雄心壮志。吞吐日月的沧海就像是曹操自身的雄心壮志,这份伟大的人生追求便是曹操心之归处。

板书:寻心归处、寻归处。

设计意图 部编版语文七年级上册第一单元的教学目标为品味诗文优美的语言,在反复朗读、整体感知课文内容大意的基础上,揣摩、欣赏精彩句段和词语;而本单元第四课的课文目标指出:通过这些优美的诗文,培养学生联想、想象的能力,激发审美情感、提升精神品格。将《观沧海》作为范讲文本,主要目的是学生在读文本的基础上通过意象进行想象从而描绘山水诗的意境,在此过程中激发审美情感,并在逐步分析曹操这一豪杰心之归处是自己一统天下的雄心壮志的过程中,提升学生自身的精神品格并掌握相关分析方法,为接下来的类文阅读分析打下方法基础。

三、共读《江雪》《山居秋暝》,知文人眼中之山水

1. 读《江雪》《山居秋暝》,勾画出"山水"意象,描绘"山水"意境,完成"阅读卡"对应内容。

2. 小组结合具体诗歌注释和写作背景讨论,通过对《江雪》《山居秋暝》的对比阅读进行两首诗歌的情感剖析,继续完成"阅读卡"对应内容。

注:分组讨论后,每组选一名代表汇总发言,其他小组内、小组间成员进行补充,回答有理有据。

副板书:幽静。

副板书:清丽。

设计意图 一是《义务教育语文课程标准》(2022年版)要求积极倡导自主、合作、探究的学习方式。有效的学习活动不能单纯地依赖模仿与记忆,动手实践、自主探索与合作交流是

学生学习的重要方式,学生通过与他人合作,不仅可以获取更多的信息,增进对课堂知识的理解,还可以培养其与他人的合作交流能力,促进其思维和个性化的发展。二是本环节落实了以问题作为牵引,引导学生在读中感悟,自主探究,注重培养学生的语文学习能力。问题精而不多,很好地促进了学生对文本的思考。三是此次设置小组合作探究,旨在让学生进一步了解山水诗,并根据教师所讲的知识点在合作探究中学会融会贯通,将诗词鉴赏的方法进一步巩固和强化的同时,通过交流、讨论、发言进一步锻炼学生听、说、读、写和独立思考的能力,拓宽思维,真正将课堂的主动性还给学生。

四、自读《登拟岘台》,悟破俗世之"山水"

1. 自读《登拟岘台》,陆游在山水中寄寓了其怎样的情思?
副板书:宽阔。
通过对比分析四首山水诗完成阅读卡的内容(表4.1)。

表4.1 《寄情山水,寻心归处》阅读卡

朝 代	诗 歌	"山水"意象	意境	情感	心归处
汉	《观沧海》				
唐	《江雪》				
	《山居秋暝》				
宋	《登拟岘台》				

学生以小组为单位进行自主讨论与探究,并书写汇总。选派小组代表进行阅读卡的书写展示。

五、整合探究,聚焦议题

1. 横向、纵向观察阅读卡,说说你的发现(异同)。
引导学生发现不同之处及相同之处(寄寓山水,都是给心灵寻一个归处),并在相同中发现不同(经历不同、归处不同)。

2. 为什么把这几篇山水诗放在一起读?
引导学生说出放在一起读是为了更加完整地了解诗人们在山水诗中寄寓的情怀、内心的归处。

设计意图 通过联结对比阅读,领会四首山水诗的意象、意境的不同,以及情感的相同之处,达到群文阅读(联读)的目的。

六、课堂总结

"世事有沧桑,心上无悲凉":一代枭雄曹操,虽历经千难万险,但他眼界与心胸皆开阔,将雄心壮志寄寓在壮阔的山水之中;虽被贬蛮荒之地十年,但柳宗元却以诗文创作将心中的矛盾寄寓在幽静的山水之中；"晚年唯好静，万事不关心"的王维看透现实的黑暗，在清新秀丽的山水隐居中寻得心之归处。饱含爱国之志却无奈在现实中难以施展的陆游，在开阔的山水间寄寓的是自己抛却名利世俗后的旷达与乐观之情。

我们人生的旅途虽然充满艰辛，但也不缺乏美景。希望同学们能在内心浮躁时，也像诗人们一样看看我们祖国的"山山水水"，为自己的心寻一归处。

七、板书设计

寄情山水，寻心归处
读诗歌　壮阔
找意象　幽静
绘意境　清丽
寻归处　广阔

【课例评析】

同中求异探珍味，万水千山见激趣

中国人喜山的情结，仿佛与生俱来。山居生活是一种诗意的创造，依山而居更成为一种心之所系。该课例根据统编版语文七年级上册第一单元的提示，用"寄情山水，寻心归处"串联起《观沧海》《江雪》《山居秋暝》《登拟岘台》，让学生在诵读古代诗歌的基础上，了解并建构起山水诗歌意象、意境及诗人寄寓山水情怀的相关知识，让学生体会丰富的情感变化，得到心灵的滋润和净化，激发其对优秀传统文化的热爱。

一、精选图片，激活想象联想

授课教师在导入课题时播放了一系列贵州名山胜水的图片，如黄果树、小七孔、梵净山等，当精美的图片一张张呈现时，学生不时发出"哇"的声音，脸上都是对美的享受。这样的安排在授课之初就吸引了学生的眼球，促进了学生对美的接受，而且图片的选择也贴合"寄情山水"的主题，可以说是相得益彰，再配上教师精心设计的导入词，让学生一下子就进入了山与水的世界。

多媒体逐渐成为教师主要的教学工具，不仅为教师的教学带来了便利，也改变了学生的学习方式。当面对学生不曾体验过的生活或者风景的时候，色彩纷呈的图片能够给学生一种视觉上的冲击，带给其更直观的感受，便于学生体会文本描绘的场景。无须担心图片会剥夺学生的自主想象，毕竟教材中就有不少图片，教师要做的是充分搜集、挑选、运用，在教学过程中根据需要灵活地进行播放。

二、紧扣意象，揣摩诗歌意境

诗意山水，意境非凡。意境是诗人主观情感与客观现实浑然相契而成的艺术境界，是读者在审美观照中，借以感受诗作的言外意、境外味、弦外音，进而受到感染与陶冶的诱导物。

该课例的主体部分,设计为小组合作完成阅读卡,从意象、意境的角度分析大家眼中的山水、文人眼中的山水、看破世俗的山水,进而逐一分析。《观沧海》中诗人登临碣石,远望大海,写出了大海能够容纳一切的博大胸怀,写出了它汹涌不息的雄伟性格,也表现了诗人博大的胸襟和远大的政治抱负。《江雪》中山山是雪,路路皆白;飞鸟绝迹,人踪湮没;遐景苍茫,迩景孤冷;意境幽僻,情调凄寂。《山居秋暝》写终南山居处的清幽,寄寓着诗人高洁的情怀和心向归隐的闲适、安宁。《登拟岘台》则通过描写山水的情势营造了一种雍容和平、含蓄脱俗的高尚意境,表达了作者抛却世俗名利后的旷达情怀。

三、同中求异,体会诗人情怀

中国古人笃信力行"体物悟道",故而由此凝结的山水诗词,映照出远比山水世界广邈深邃的心灵世界,诗人或摹写山水胜景,或称颂山水的清雅绝尘,或借赞山水自然的纯美寄寓其理想。

在"整合探究,聚焦议题"的教学环节中,课例要求学生横向、纵向观察阅读卡,说说自己的发现(异同)。不难看出,课例在设计阅读卡的时候有意引导学生关注朝代、意象、意境、情感和心归处几个维度,其中朝代的维度占比虽少,但为学生了解中国山水诗的艺术脉络奠定了一定的基础,至少可以说是一种勇敢的尝试。

回顾历史,从"返归自然"的老庄哲学,到纵情山水的"魏晋风尚",许多文人都在山水之间,找到了内心的平静和此生的归宿。愿学生能通过对古代山水诗歌的拓展学习,将诗词融入生命,知之,好之,乐之;回归生活的本质,寻找真实的自己,在繁杂人间诗意地栖居。

第2讲 古诗词"梦"里的别样情怀
——《商山早行》《江城子·乙卯正月二十日夜记梦》
《破阵子·为陈同甫赋壮词以寄之》联读

【课例分析】该课例的三首古诗词都写到了"梦",都是作者无法或不愿直接表白内心情感时,借助虚幻的"梦"这一意象来表达,达到以"梦"传情、笔虚意长的效果,采用虚实结合的手法,更能把诗词写得迂回曲折,荡气回肠。三首古诗词都有关于现实和梦境的描述,这是三首古诗词的共同之处。

除此之外,三首诗词所写"梦"的内容以及表达的情感有所差异。《商山早行》是思乡之梦,表达了在外漂泊的游子对故乡的思念,是浓浓的思乡情;《江城子·乙卯正月二十日夜记梦》是相思之梦,表达了词人对去世妻子的深切思念,是不渝的爱情;《破阵子·为陈同甫赋壮词以寄之》是报国之梦,表达了杀敌报国、收复失地的强烈渴望,是拳拳的爱国情。该课例以朗读法、合作探究法、比较阅读法为基础,以学生的思考、体悟为主线,以培养学生的思维、表达、感悟能力为核心,充分体现出教师为主导,学生为主体。首先,以《商山早行》学习引路,厘清现实和"梦"境的内容,体会诗歌采用虚实结合的方法,达到以梦传情,强化和加深情感的特殊效果。然后指导学生认真研读苏轼的《江城子·乙卯正月二十日夜记梦》、辛弃疾的《破阵子·为陈同甫赋壮词以寄之》，运用比较与整合阅读的方法，感受古诗词"梦"里寄托的别样情怀。达到举一反三、活学活用的目的。最后，课堂总结部分，对所学内容进行一个系统化的概括、升华。

唐代文学家温庭筠创作的《商山早行》属于诗作。此诗展现了旅途中寒冷清寂的早行景象，展露了游子在外的孤独之感以及深切的思乡情愫，字字句句中透露着人在旅途的失落与无可奈何。

《江城子·乙卯正月二十日夜记梦》："十年生死两茫茫。不思量，自难忘。千里孤坟，无处话凄凉。纵使相逢应不识，尘满面，鬓如霜。夜来幽梦忽还乡。小轩窗，正梳妆。相顾无言，唯有泪千行。料得年年肠断处，明月夜，短松冈。"这是宋代大文学家苏轼专为悼念原配妻子王弗创作的一首悼亡词，流露了无尽的哀伤与怀念。虚实结合的方式，凸显了对亡妻的眷恋之情，增强了全词的悲伤气氛。

《破阵子·为陈同甫赋壮词以寄之》系宋代词人辛弃疾的作品，凭借梦中重现早年抗金部队的阵容风貌以及作者个人的沙场经历，表达了杀敌报国、收复失地的志向，同时也传递出英雄迟暮的无奈与感伤。

【选文来源】《商山早行》选自部编版语文九年级上册；《江城子·乙卯正月二十日夜记梦》选自《东坡乐府笺》（上海古籍出版社2009年版）；《破阵子·为陈同甫赋壮词以寄之》选自部编版语文九年级下册。

【教学年级】 九年级

【学情分析】 九年级学生已经具备一定的古诗词学习基础，但是，学生缺乏特定的情感体验，文本距离现在学生的生活较远，学生对当时时代背景与作者生平不大了解，成为理解诗歌的一个难点。需要收集和查阅更多的资料，也需要教师适时指导。

【教学目标】

1. 研读三首诗词，厘清现实和"梦"境的内容。
2. 体会诗歌采用虚实结合的方法，达到以梦传情、强化和加深情感的特殊效果。
3. 运用比较与整合阅读的方法，感受古诗词"梦"里寄托的别样情怀。

【教学重难点】

1. 重点：研读三首诗词，厘清现实和"梦"境的内容。
2. 重点：体会诗歌采用虚实结合的方法，达到以梦传情，强化和加深情感的特殊效果。
3. 难点：体会诗歌采用虚实结合的方法，达到以梦传情，强化和加深情感的特殊效果。
4. 难点：运用比较与整合阅读的方法，感受古诗词"梦"里寄托的别样情怀。

【教法学法】 朗读法、合作探究法、比较阅读法。

【教学过程】

一、情景导入

1. 教师活动。

（1）谈话导入。

（2）出示学习目标。

2. 学生活动。

(1) 学生认真聆听,进入学习内容情景,萌生学习兴趣。

(2) 齐读学习目标,明确学习方向。

设计意图　课堂导入的作用在于激发学生的认知兴趣和情感,启发和引导学生的思维,让学生用最短的时间进入到课堂教学的情境中去。

二、新课讲授

任务一:精读引路·悟情

1. 教师活动。教师让学生认真研读《商山早行》并思考:

(1) 这首诗营造了两幅不同的画面:一幅是异乡的画面(现实),另一幅是故乡的画面(梦境),请找出相应的诗句。

(2) 抓住两幅画面相应的意象,用形象生动的语言描述画面,并说说两幅画面分别营造了怎样的意境。

(3) 两幅画面有何关联?运用了什么手法?抒发了作者什么情感?

2. 学生活动:

(1) 学生齐读《商山早行》。

(2) 学生带着问题,思考、交流、分享。

(3) 学生在教师引导下,总结学习所得。

设计意图　以《商山早行》学习引路,厘清现实和"梦"境的内容,体会诗歌采用虚实结合的方法,达到以梦传情、笔虚意长的特殊效果,感受作者抒发的情感。

任务二:学以致用·析情

1. 教师活动:

(1) 教师引导学生齐读苏轼的《江城子·乙卯正月二十日夜记梦》、辛弃疾的《破阵子·为陈同甫赋壮词以寄之》,并了解写作背景。

(2) 小组合作:

① 认真研读苏轼的《江城子·乙卯正月二十日夜记梦》、辛弃疾的《破阵子·为陈同甫赋壮词以寄之》,厘清现实和梦境的内容,并思考两者对比中抒发了作者怎样的情感。

② 两首词都分为"梦前""梦中""梦醒"三个部分,请找出来认真地品析。

要求:先自主分析,再组内交流,完成后每个小组推荐一人分享展示。

2. 学生活动。学生聚焦到苏轼的《江城子·乙卯正月二十日夜记梦》、辛弃疾的《破阵子·为陈同甫赋壮词以寄之》两首词中,先读两首词,并了解写作背景,然后进行品读、思考、交流和分享。

要求:先自主分析,再组内交流,完成后每个小组推荐一人分享展示。对三首古诗词进行对比阅读,完成表4.2。

表4.2 三首古诗词的对比阅读

篇　　目	现实境况	梦的内容	寄托的情怀
《商山早行》			
《江城子·乙卯正月二十日夜记梦》			
《破阵子·为陈同甫赋壮词以寄之》			

设计意图 将在《商山早行》中学到的"在理解内容的基础上,通过将现实与梦境进行对照,感受采用虚实结合手法对表达情感起到的特殊效果"的学习方法运用到分析苏轼的《江城子·乙卯正月二十日夜记梦》、辛弃疾的《破阵子·为陈同甫赋壮词以寄之》中,达到触类旁通的学习目的。重点关注学生分析、理解、思辨、表达、阅读能力的培养,求同存异,升华情感,以点带面,达到群文阅读(联读)学习结构化的目的。

三、总结升华

总结内容,升华情感。

学生进入情境,获得感悟。

四、布置作业

1. 必做题:进行诗歌改写,我们可以感受诗人的情怀,与他们来一场穿越时空的相遇。请你从今天所学的三首古诗词中任选一首,将其改写成一篇200字左右的微作文。要求:

(1) 书写整洁,字数达标。

(2) 忠于原诗意境和情感。

(3) 语言生动,适当运用修辞手法。

(4) 发挥想象,增加合理细节。

2. 选做题:今天学习的三首古诗词都有关于"梦"的内容,我们体会到了采用虚实结合的手法能够达到强化情感的特殊效果,感受到了作者抒发的别样情怀。这类诗词还有很多,课下尽可能地收集并整理成册,用今天所学的方法认真品读,并选择你感受最深的一首,进行赏析,准备课上与同学们进行交流分享。

设计意图 作业是对本课学习内容的进一步延伸。采用"分层作业"就是要针对不同的学生基础和学情,进行不同程度的分层作业。"必做题"属于基础性作业题,相对比较容易,面向所有学生。"选做题"面向基础较好的学生,学生可以选择完成。

五、板书设计

古诗词"梦"里的别样情怀

报国　　爱国情

思乡　梦　思乡情

相思　　爱　情

设计意图 板书在课堂教学中具有重要意义,既可以帮助教师总结、概括教学内容,又可以帮助学生理清教学思路、把握主要内容、掌握教学重点。简单明确、具有概括性、布局合理、实用性强是设计板书的基本原则。

【课例评析】

诗中有梦,课中有趣

该课例通过精心的设计,利用古诗词中"梦"的意象,从写作激趣的角度出发,激发学生的阅读兴趣,提升他们的阅读体验和写作能力。

一、议题引导,点燃情感

该课例以"古诗词'梦'里的别样情怀"为议题,直接抓住了古诗词中"梦"的丰富内涵和深刻情感。这种议题设定,让学生在一开始就意识到本次学习不仅仅是对古诗词的单纯解读,更是对一种情感、一种文化、一种生活态度的探索和感悟。通过这种方式,教师成功地点燃了学生的情感共鸣,为接下来的深入学习奠定了坚实的基础。

二、选文分析,激发兴趣

通过对《商山早行》《江城子·乙卯正月二十日夜记梦》和《破阵子·为陈同甫赋壮词以寄之》三首古诗词的深入分析,该课例不仅引导学生理解了诗歌的基本内容和情感表达,还鼓励他们从写作的角度去思考:如何在自己的作品中运用虚实结合的手法?如何通过梦境来表达内心情感?这种分析方式,不仅增强了学生的文学鉴赏能力,更激发了他们的写作兴趣,使他们意识到诗歌不仅仅是阅读的文本,学习诗歌更是创作的源泉。

三、任务设计,提升能力

该课例设置了一系列的任务,如"精读引路·悟情""学以致用·析情"等,每个任务都紧扣写作激趣的主题,旨在通过具体的实践活动,提升学生的写作能力。"精读引路·悟情"任务中,教师引导学生通过描写画面、分析手法和抒发情感等步骤,深入理解诗歌的虚实结合和情感表达;而在"学以致用·析情"任务中,则要求学生运用所学方法,分析其他古诗词,并在此基础上进行创作。这些任务的设计,不仅锻炼了学生的文学分析能力,更让他们在实践中提升了自己的写作能力。

在教学设计的最后阶段,课例通过总结升华的方式,深化了学生的情感体验,让其对古诗词中的"梦"有了更深刻的理解和感悟。同时,课例还鼓励学生将所学所得应用到自己的写作中去,让诗歌成为学生创作的灵感来源。这种总结升华的方式,不仅巩固了学生的学习成果,更激发了其持续探索和学习古诗词的热情。

《古诗词"梦"里的别样情怀》群文阅读(联读)课例通过议题引导、选文分析、任务设计和总结升华等多个环节,从写作激趣的角度出发,成功地激发了学生的阅读兴趣和写作兴趣,提升了他们的文学鉴赏能力和写作能力。这种教学方式值得我们在今后的教学中加以借鉴和运用。

第3讲 杜甫诗中的"泪"
——《春望》《月夜》《野望》群文阅读之课例

【课例分析】《春望》是部编版语文八年级上册第六单元《诗词五首》中的第二首,是唐代诗人杜甫创作的一首五言律诗,语言精练,内容丰富。安禄山发动叛乱后,诗人被迫北上避难,安家于鄜州,后肃宗即位于灵武,诗人闻讯后前往投奔,不料中途为贼兵所俘,被押至长安,这首诗就写于这一时期。看到沦陷后长安的悲惨景象,诗人感时伤世,战火愈烧愈炽,家书也越发难得,年仅46岁的杜甫此时已华发早生,又稀疏到"不胜簪"的地步。这首诗真实地再现了战乱后的国家和人民的生活,真切地流露出诗人内心为国担忧的痛苦。《月夜》中,杜甫放飞想象,让时空发生逆转来表现自己孤独的思念。今夜的明月,妻子只能独自观看,那曾经相伴相随共赏明月的岁月已成追忆。作者沐着这月光凝望遥思的妻子,在漫长的月夜里更加孤寂。明月千里寄相思,这样的夜里,有多少分离之人思亲,又有多少背井之人怀乡?生逢乱世,民生维艰。杜甫的孤独是跨越了时空阻隔去思念的孤独,是呼唤和平渴盼团圆的孤独。《野望》作于定居草堂的第二年(上元二年,761)。诗人杜甫在朋友的资助下,在四川成都郊外的浣花溪畔盖了一间草堂,在饱经战乱之苦后,生活暂时得到了安宁,妻子、儿女同聚一处,重新获得了天伦之乐。

该课例借助反复诵读,采取联想和想象的方法,让学生进入诗文意境,感受山川风物之灵秀,体会作者情怀之高尚。《义务教育语文课程标准》(2022年版)指出:"诵读古代诗词……注重积累、感悟和运用,提高自己的欣赏品位。"课例所选诗文炼字精到,形象鲜明,可采用"诵读""想象""感悟"等方法,让学生与诗人产生共鸣,走进诗人的内心世界。

【选文来源】《春望》《月夜》《野望》选自部编版语文八年级上册。

【教学年级】八年级

【学情分析】八年级学生在之前的古诗文学习中,已经初步认识和学习了鉴赏诗歌的基本方法,该课例将在此基础上对如何学习鉴赏诗歌给学生具体的学习方法上的指导,指导学生在赏析字词、体会诗人情感、提高学生的诗歌鉴赏能力方面多下功夫。教读这三首诗,一定要引导学生用心去读,去了解诗人形象,感受诗人家国情怀。

【教学目标】

1. 把握节奏,有感情地朗读、背诵诗歌。
2. 把握读诗方法,学会运用知人论世、品析关键词的方法赏析诗歌,抓住"泪"分析人物,解读情感。
3. 通过选文研读,了解杜甫人物形象,感知杜甫的家国情怀。

【教学重难点】

1. 重点:学会运用知人论世、品析关键词的方法赏析诗歌,抓住"泪"分析人物,解读情感。
2. 难点:通过选文研读,了解杜甫人物形象,感知杜甫的家国情怀。

【教学过程】

一、引入新课

PPT呈现不同时期的杜甫的图片,谈杜甫的变化。

引出议题:杜甫诗中"泪"。俗话说得好,"男儿有泪不轻弹",可作为大丈夫的杜甫却流泪了,那他为什么流泪呢?带着这个问题,今天我们就一起来探寻他流泪的秘密。

设计意图 学生通过观察图片快速走近杜甫,激发学生的学习兴趣,引发对杜甫流泪原因的思考。

二、正课讲授

任务一:寻泪知情——学习《春望》

为解开这个秘密,了解诗圣,老师查找了杜甫的资料,读了杜甫的诗,发现杜甫流泪大都在安史之乱之后,所以老师选了三首诗,和大家一起探寻他流泪的秘密。

PPT展示《春望》:

春　望

国破山河在,城春草木深。
感时花溅泪,恨别鸟惊心。
烽火连三月,家书抵万金。
白头搔更短,浑欲不胜簪。

PPT展示:朗读要求——读准字音,读出节奏,把握感情基调。

1. 学生初读诗歌。
2. 师生互评。
3. 寻泪:诗中描写泪的句子是哪一句?

"感时花溅泪,恨别鸟惊心。"

4. 运用知人论世、品析关键词的方法,联系文中注释,完成表格。PPT展示表4.3。

表4.3 品析《春望》

诗　歌	为谁流泪	为何流泪	泪中情感
《春望》			

5. 有感情地齐读《春望》。

设计意图 学生在诵读的基础上,能够借助注释理解诗歌的基本内容,学会运用知人论世和品析关键词的方法赏析诗歌,了解诗人所表达的思想感情。

任务二:寻泪知情——学习《月夜》和《野望》

1. 自由朗读诗歌,PPT展示诗歌:

月 夜

今夜鄜州月,闺中只独看。
遥怜小儿女,未解忆长安。
香雾云鬟湿,清辉玉臂寒。
何时倚虚幌,双照泪痕干。

野 望

西山白雪三城戍,南浦清江万里桥。
海内风尘诸弟隔,天涯涕泪一身遥。
唯将迟暮供多病,未有涓埃答圣朝。
跨马出郊时极目,不堪人事日萧条。

2. 学生初读诗歌。
3. 寻找诗歌中带泪的诗句。
"何时倚虚幌,双照泪痕干。"
"海内风尘诸弟隔,天涯涕泪一身遥。"
4. 请同学们用知人论世、品析关键词的方法,完成表4.4。

表 4.4 品析诗歌

诗 歌	为谁流泪?	为何流泪?	泪中情感
《春望》	国家、家人	国破、家人离散	忧国、思亲
《月夜》			
《野望》			

设计意图 采用知人论世和品析关键词的方法赏析诗歌,学习杜甫的其他两首带"泪"的诗歌,通过对比整合,找到其中的异同。

任务三:品泪知人——阅读材料,感知诗圣杜甫

安禄山进逼潼关后,唐玄宗仓皇西逃。在无法劝阻唐玄宗逃亡的情况下,太子李亨只能在灵武即位,继续号召天下义军共同抗击叛军。杜甫一直抱有强烈入世愿望,致君尧舜上是他最朴素的抱负。杜甫希望可以为国效力,便前往李亨灵武大本营。不料,在半道上,他却被叛军抓回长安。大半年后,杜甫终于找到逃跑的机会,一离开长安,就直奔唐肃宗所在之地。杜甫依然对唐王朝抱有极大的信心,但百姓为战争投入巨大,在关中饥荒时,朝廷却没有组织救灾,而是让他们自生自灭。杜甫看不到希望,他的诗歌里到处是关于死亡的哀叹,对生灵的悲悯。

你从中看到了一个怎样的杜甫?

设计意图 通过解读材料,分析杜甫北上投奔朝廷的缘由,感知杜甫的责任与担当,从而引导学生理解杜甫的家国情怀。

三、教学拓展

古今有许多文人墨客,他们和杜甫都具有同样的家国情怀,你能说说还有谁吗?

设计意图 从课内延伸到课外,由杜甫延伸到其他具有家国情怀的文人墨客,从而进一步理解文人墨客的责任与担当。

四、教学小结

路遥曾经说过这么一段话:这世界上有太多美好的地方了,但是那里有黄河吗?那里有黄山吗?那里有长江吗?那里有长城吗?没有,所以自己的祖国是不可替代的一个地方。我们这节课说杜甫的泪,说他身上体现的家国情怀,那在今天这样一个和平时代,从何体现呢?那就是爱自己的语言,爱自己的文化,这就是一种体现。千百年来,正是这样一份悲天悯人的家国情怀,震撼着、感动着一代又一代的读者。这样的一种爱国力量虽然小,汇聚点滴之后,就可以成为庞大的中国力量。

五、作业布置

作业一(必做):品析《蜀相》,完成表4.5.

蜀 相

杜甫

丞相祠堂何处寻?锦官城外柏森森。
映阶碧草自春色,隔叶黄鹂空好音。
三顾频烦天下计,两朝开济老臣心。
出师未捷身先死,长使英雄泪满襟。

表4.5 品析《蜀相》

诗 歌	为谁流泪?	为何流泪?	泪中情感
《蜀相》			

作业二(选做):

《望岳》和《登岳阳楼》都是杜诗中的名作,但写于不同的时期。阅读、理解这两首诗,比较两者在思想感情上的不同,并分析情感不同的原因。

望 岳

岱宗夫如何?齐鲁青未了。
造化钟神秀,阴阳割昏晓。
荡胸生层云,决眦入归鸟。
会当凌绝顶,一览众山小。

登岳阳楼

昔闻洞庭水,今上岳阳楼。
吴楚东南坼,乾坤日夜浮。
亲朋无一字,老病有孤舟。
戎马关山北,凭轩涕泗流。

设计意图 作业一是巩固本节课所学的赏析诗歌的方法,品析杜甫的《蜀相》,独立分析诗歌中作者所表达的情感,能够更进一步了解诗圣杜甫;作业二是通过对比阅读,了解不同时期杜甫的写作风格,感知杜甫一生的情感变化,能够更加全面地了解杜甫,实现知识与能力的转换。

六、板书设计

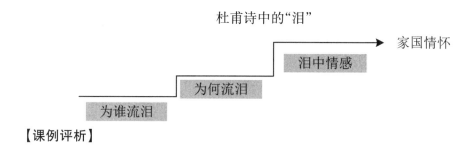

【课例评析】

杜甫诗之"泪",激趣堂中品

该课例要求学生学会运用知人论世、品析关键词的方法赏析诗歌,抓住"泪"分析人物,解读情感;要求通过选文研读,了解杜甫人物形象,感知杜甫的家国情怀。对于学生来说,这种鉴赏方式是新颖的,设计者也是从"趣"字入手打造教学环节的:

一、理趣入手

理趣就是通过理性分析和思考激发学生的兴趣。该课例通过知人论世和品析关键词的方法,使学生能够深入理解杜甫诗中的情感。在分析《春望》时,教师引导学生结合杜甫的生平背景,理解"感时花溅泪"的真正含义。这种方法不仅使学生能够掌握诗歌的基本内容,还能培养他们的思维能力和分析能力。通过完成表格的任务,学生能够将所学知识系统化,这种理性的学习过程能让学生更深刻地理解杜甫的家国情怀和忧国忧民的情感。

二、兴趣引领

兴趣是学习的动力,教学过程可通过多种方式激发学生的兴趣。比如教学引入部分,通过PPT展示杜甫不同阶段的图片,让学生直观地感受杜甫的变化,进而引出议题"杜甫诗中'泪'"。这一设计不仅直观生动,还能激发学生的好奇心和探究欲望。在学习《春望》时,教师设计了分角色朗读和互评环节,让学生在朗读中体验诗歌的节奏和感情。这种参与式的学习方式,能够极大地提高学生的参与度和学习兴趣。

三、情趣浸润

情趣就是通过情感共鸣和美的体验激发学生的兴趣。在学习《月夜》和《野望》时,教师通过引导学生寻找诗中的含"泪"之句,体会诗人的情感,使学生在朗读和品析过程中,与杜甫的情感产生共鸣。尤其是在"品泪知人"环节,通过阅读材料,了解杜甫的历史背景和个人经历,让学生感受到杜甫在乱世中的无奈和悲悯。这种情感共鸣,能够激发学生对诗人情感的深层次理解,培养他们的同理心和人文情怀。

另外,学习《春望》时,教师首先通过朗读要求和互评环节,让学生在朗读中初步感受诗歌的节奏和情感。接着,通过表格任务,学生结合注释,运用知人论世和品析关键词的方法,分析"感时花溅泪"的情感内涵。学生通过讨论,理解杜甫因国破家亡而忧国忧民的情感。在学习《月夜》和《野望》时,学生通过同样的方法,体会到了杜甫因思亲和家国分离而流泪的深情,通过对比三首诗中的"泪",学生最终才理解了杜甫在不同情境下的不同情感。相信经过这堂课的情趣浸润,今后学生再遇到杜甫的诗歌,也能从容进行鉴赏了。

总的来说,这种理性分析、情感共鸣和趣味活动相结合的教学设计,不仅激发了学生的学习兴趣,还提高了他们的诗歌鉴赏能力和综合素养,使他们能够更加全面地理解和感受杜甫的家国情怀和诗人情感。这种教学方法,不仅传授了知识,还培养了学生的思维能力和情感共鸣能力,具有很好的教学效果。

第4讲　位卑岂能忘忧国
——《石壕吏》《茅屋为秋风所破歌》《卖炭翁》联读

【课例分析】《义务教育语文课程标准》(2022年版)要求:"欣赏文学作品,有自己的情感体验,初步领悟作品的内涵,从中获得对自然、社会、人生的有益启示。能对作品中感人的情境和形象说出自己的体验,品味作品中富于表现力的语言。""诵读古代诗词,阅读浅易文言文,能借助注释和工具书理解基本内容。注重积累、感悟和运用,提高自己的欣赏品位。""在阅读过程中能把握主要内容,并通过朗读、概括、讲述等方式,表达对作品的理解;能理清行文思路,用多种形式介绍所读作品的基本脉络;能从多角度揣摩、品味经典作品中的重要词句和富有表现力的语言,通过圈点、批注等多种方法呈现对作品中语言、形象、情感、主题的理解。"本课例围绕单元、教材和学情,集中联读杜甫的《石壕吏》《茅屋为秋风所破歌》《卖炭翁》,力图让学生在激趣课堂中,提升核心素养,培养学生对诗人精神、古代诗歌、优秀传统文化等的兴趣和热爱。

【选文来源】《石壕吏》《茅屋为秋风所破歌》《卖炭翁》选自部编版语文八年级下册。

【教学年级】八年级

【学习目标】

1. 借助注释和工具书理解诗歌大意,读懂内容,积累文言知识。
2. 品读诗歌准确、精练的语言,体会诗人的情感。

3. 通过阅读和理解,提高品味和鉴赏能力,培养学生对古诗文化的兴趣和热爱。

【教学重难点】
1. 重点:引导学生分析诗歌内容和技巧。
2. 难点:体会作者位卑岂能忘忧国的情感。

【教学方法】 诵读法、讲授法、分组探究法。

【教学过程】

一、情境导入

听一首悲苦的曲子,触摸一颗悲苦的心灵。品一首悲苦的古诗,走进一段悲苦的人生。弹指一挥间,往事越千年。漫步在古诗苑中,那纷繁复杂的情感、那博大精深的思想、那深邃幽远的意境、那精彩优美的语言……深深地吸引着我们。今天,让我们一起欣赏三首唐诗,在品读中领会诗歌的内涵,体悟诗人的情感。

二、初读诗歌,理解内容

《石壕吏》:唐肃宗乾元二年,朝廷为了平定安史之乱,差吏在夜间强行抓人当兵,人民苦不堪言。

《茅屋为秋风所破歌》:叙述作者的茅屋被秋风所破以致全家遭受雨淋,长夜漫漫苦盼天明的痛苦经历,抒发了自己内心的感慨,体现了诗人忧国忧民的情感。

《卖炭翁》:主要写了一位辛酸悲苦的卖炭老翁去集市卖炭,后被宫使盘剥的故事。

三、再读诗歌,分析情感

(一)《卖炭翁》

1. 诗人是如何表现卖炭翁悲苦的形象的?

诗人通过多角度描写来表现卖炭翁苦难的形象。首先是外貌描写:"满面尘灰烟火色,两鬓苍苍十指黑",将一个终日劳作、外表憔悴的老人形象展现了出来。其次是心理描写:"可怜身上衣正单,心忧炭贱愿天寒",将老人复杂矛盾的心理描摹得十分准确生动;最后从动作上进行描写:"晓驾碳车碾冰辙""市南门外泥中歇",将老人辛苦劳作的情形描写得十分具体。"惜不得"则表现了卖炭翁希望破灭后的无奈和悲哀。卖炭翁承受的苦,既来自生活的艰辛,更来自宫使的掠夺。

2. 这首诗的中心思想是什么?表达了作者怎样的思想感情?

通过卖炭翁的遭遇,深刻地揭露了"宫使"的腐败本质,对统治者掠夺人民的罪行给予了有力的鞭挞与抨击,讽刺了当时腐败的社会现实,表达了作者对下层劳动人民的深切同情。

(二)《茅屋为秋风所破歌》

1. 诗歌描绘了哪几幅图画,每幅画面中流露出诗人怎样的情感?

秋风破屋,茅草乱飞(焦灼苦痛)
群童抱茅,倚仗自叹(愤懑无奈)
长夜沾湿,彻夜难眠(忧思不绝)
祈求广厦,大庇寒士(忧国忧民)

诗人推己及人,希冀"广厦千万间",使"天下寒士俱欢颜",表达了诗人关心民生疾苦、忧国忧民的深沉情感。诗歌从述说个人的痛苦,到让天下寒士都得到快乐,推己及人,感情得到升华,表现了诗人忧国忧民的崇高思想境界。

2. 诗人为何长夜难眠?"长夜沾湿何由彻"一句体现了诗人怎样的情怀?

从眼前的处境想到安史之乱以来的种种痛苦经历,从风雨飘摇中的茅屋联想到战乱频繁、残破不堪的国家,然后又回到现实,忧国忧民,加上"长夜沾湿",怎能入睡呢?

"何由彻"与前面的"未断绝"照应,表现了诗人盼雨停、又盼天亮的迫切心情。同时,"长夜沾湿何由彻"还有更深层次的含义:诗人从眼前景想到过去事,再想到未来,自己、国家都在风雨飘摇中挣扎。

四、深入研读,探究写法

(一)《石壕吏》

构思巧妙:本诗运用了明暗结合、藏问于答的艺术手法。从诗题来看,主要人物应是差吏,但诗人对他用了暗写,一出场只用"吏呼一何怒"来点出他的威势,此后就让他转入"幕后"。对老妇人则用明写,把她所说的话写成一篇"抒情独白"。其实,用心品味就会发现,老妇的那些话都是差吏逼问出来的。差吏的"呼""怒"贯穿老妇陈情的全过程,这样的构思技巧,不仅更加突出差吏的凶狠残暴,而且也更直观地再现了老百姓的悲惨遭遇。

(二)《茅屋为秋风所破歌》

1. 用词生动精妙:例如在第一节里,"风怒号"这三个字,用词甚是精妙,仿佛秋风在疯狂咆哮。其中,"怒"将秋风予以拟人化处理,极为生动且传神地展现出秋风的强劲与无情。"茅飞渡江洒江郊"中的"飞"字紧跟"卷"字,"卷"起的茅草并未落于屋旁,而是随风"飞"走,由此可见秋风的迅猛。此外,"渡""洒""挂罥""飘转",这一连串的动态描绘,不单构成了一幅幅清晰鲜明的画面,并且紧紧吸引着诗人的目光,触动着诗人的内心。

2. 逐层铺垫蓄势,转笔突如其来。本诗在艺术构思方面极具特色:诗人先是运用铺陈叙述的手法逐步推进,极力描述个人的不幸遭遇,等到蓄势充足后突然转笔,通过抒情议论的方式抒发内心的愿望。

(三)《卖炭翁》

1. 精心设置诗眼,统领全诗:诗人凭借"卖炭得钱何所营?身上衣裳口中食"这两句,呈现出几乎处于生活绝境的老翁所拥有的唯一期望。此乃全诗的诗眼。其余所有描写,均围绕这个诗眼展开。

2. 陪衬与反衬,相辅相成:在表现方式上,灵活地运用了陪衬和反衬。以"两鬓苍苍"凸显其年迈,以"满面尘灰烟火色"凸显"伐薪、烧炭"的艰难,再以荒凉险恶的南山作为陪衬,使得老翁的命运更能引发人们的同情。而这一切,正与老翁那旺盛的希望之火形成反衬:卖炭赚钱,购置衣物和食物。老翁"衣正单",又以夜间的"一尺雪"和路上的"冰辙"作为陪衬,让人愈发觉得老翁"可怜"。紧接着,"牛困人饥"和"翩翩两骑",形成劳动者与统治者境遇的强烈对比;"一车炭,千余斤"和"半匹红纱一丈绫",反衬出"宫使"掠夺的残酷无情。就全诗而言,前面展现的希望之火越旺盛,越是为了反衬后面希望破灭的可悲与可叹。

五、深入文本,比较阅读

尝试对这三首诗的相同点与不同点予以比较。
提示:从诗歌体裁、主题思想、表现手法等方面展开比较。

(一) 相同点

1. 体裁一致:皆为叙事诗。
2. 主旨相同:都深切地表达了对劳动人民的怜悯和同情。

《石壕吏》:经由诗人目睹石壕吏夜间捉人的事情,深度反映出战乱给百姓带来的灾祸,对劳动人民流露了深刻的同情。

《茅屋为秋风所破歌》:叙述了秋风损坏屋舍、群童抢夺茅草、草堂漏雨不停、诗人长夜难眠的情形,表露了诗人宁愿自家屋舍独破,也要换来"广厦千万间",让"天下寒士俱欢颜"的崇高理想,展现了诗人推己及人、舍己为人的高尚品德和忧国忧民的情怀。

《卖炭翁》:通过叙述一个卖炭老人烧炭、运炭和卖炭被掠夺的经过,揭露了封建统治者对劳动人民的残酷剥削,表达了诗人对劳动人民的深切同情。

2. 都运用了对比的写作手法。

(二) 不同点

抒情方式不同。
《茅屋为秋风所破歌》通过记叙描写,直接议论、抒情。
《石壕吏》《卖炭翁》通过记叙描写,间接抒情。

六、布置作业

背诵三首诗歌。

【课例评析】

借媒体激发兴趣,视频激趣效果优

初中语文学科既承担着培养学生语言能力的重任,又肩负着培育学生情感的使命。该课例坚信学生的潜力,竭力发掘学生的情感要素,为其构建了富有趣味的学习情境,营造了较为广阔的学习体验空间,并在其中积极探寻、发掘学生思维的亮点,引领学生自主性地发展思维,激发想象,发表独具个性的观点。

一、点拨教学，激发学生的发散性思维

《义务教育语文课程标准》(2022年版)规定：教师在教学中发挥主导作用，而学生占据教学的主体地位。由此，该课例于课堂中恰如其分地运用点拨教学并优化教学成果，显得极为关键。教师点拨犹如一把火炬，能够促使学生的思维绽放光芒。课堂上，教师应围绕教学目标，拣选具备价值却又容易被忽略的词句、重点语段予以点拨。因为这些词句"不单有彰显或隐现主旨之功效，更具聚光、凝神的能力，并且能够对全文各部分起到制约作用"。学生理解透这些词句，对于领悟文章意义重大。如此安排，好处较多：抓住重点段落，便能抓住主题，突出重点，突破难点，进而能达成牵一发而动全身、以少胜多的成效。

课堂点拨的关键在于教师能够敏锐察觉学生思维的火花，适时助力。适时点拨一方面体现在当学生遇到疑难时，运用艺术化的点拨，及时化解学生的难题；另一方面是在学生面临疑难、拿捏不准时，教师即刻指明思考分析的路径，打通知识理解的关卡，将复杂化简，把困难变易，让学生的研讨活动能够持续推进。适时点拨还体现在学生思维误入歧途时，教师迅速"捕获"并当作新的教学内容，凭借机智的点拨引领学生的思维回归正确轨道。

在语文课堂教学中，教师的艺术化点拨，能够有针对性地引导学生去探索、去创造，将学生置于一种动态开放、生动且多元的学习环境里，充分调动学生的主体情感，让他们的好奇心、探索精神、创造性的表达能力与思维能力能在各类活动中得以展现和发展，从而实现教学效果的最优化。

二、创设情境，培养学生的主体情感

心理学表明：当人的心理处在兴奋状态时，工作效率尤其高。而兴趣是学习的先导，唯有产生兴趣，课堂上学生方能兴奋起来，才会乐于学习，方可取得成效。创设情境即营造氛围，调动兴奋点。在教学时，教师应时常采用联想、比较的方法来创设问题情境。刚接触课文，学生所面对的信息是生疏的，唯有将那些陌生的信息和一些学生熟悉且形象可感的事物加以联想、比较，相互融合，其才会理解并欣然接纳。

第斯多惠曾经说过：教学的艺术不在于传授，而在于激励和鼓舞。创设情境便是为了激励，为了达成"润物细无声"的效果。

教育赋予学生获取知识的途径与方法。然而，让学生仅仅掌握知识绝非教育的终点。教育的美好愿景在于把孩子的知识升华为智慧，促使他们去感受人生、去洞察社会，全力培育学生的主体情感。教师唯有着眼学生的生活实际，洞悉他们的主体情绪与心理动向，通过启发和指引，营造情境，方可令他们心有所动，使他们的好奇心、探索精神、创造性的表达能力与思维能力在各类活动中得以展现，并实现发展，在对真善美的体悟中消解思维阻碍，破除心理屏障，进而实现教学成效的最优化。

三、科学规划课堂教学，着眼于学生的综合能力

当下需要重点关注的是，课堂特别是低年级课堂过度注重形式，看似欢乐热闹，却让大量非语文活动占据了学习语文的时间，最终快乐有余而成效甚微，未能为学生筑牢坚实的语文学习根基，这与课程改革的目标相悖。很多语文课外活动的目的模糊，组织欠佳，耗时不少，学生在语文学习和运用方面收获寥寥。这就要求强化活动的目的性，降低盲目性；增强计划性,减少随意性;加强可行性,注重实效。

语文课程改革旨在促进每个学生语文素养的形成与进步。语文素养的核心为何?乃语文能力。故而,教师必须为学生夯实语文基础,涵盖必要的语文知识,较强的识字写字、阅读、口语交际、习作等能力,以及基本的学习手段和良好的学习习惯。如此基础不仅牢固,还具有可持续发展的特性。同时,教师要注重培养学生的创新能力,这是以往语文教学相对忽略的。创新能力的核心在于独立思考能力和丰富的想象力。如何培养呢?如在识字教学中培养学生独立剖析、识记字形的能力;在阅读教学中培养学生读文想画的能力,激活想象力;鼓励学生抒发独特感受与个人见解,讲真话,不随波逐流;在作文教学中引导学生观察,提倡撰写个性化作文,增添想象作文的练习,等等。

当下,教师应当警觉的是在阅读和作文教学中存在盲目追求新奇的情况。尤其是在阅读教学中,教师要妥善处理好培养求异思维与培养求同思维的关系。并非想法、说法越新奇、越与众不同就越好,关键是要说真心话,讲自己想说的话,表露自身的真实情感。唯有如此,教师方能更有效地推动初中语文课程改革的发展。

在浩如烟海的中国古典文学中,诗歌以其独特的形式和深沉的内涵,承载着古人对家国天下的深深忧虑与关切。本次联读课例选取了三首脍炙人口的诗篇——《石壕吏》《茅屋为秋风所破歌》《卖炭翁》,通过融入兴趣、理趣、情趣,引导学生深入理解这些作品,感受诗人位卑未敢忘忧国的情怀。

四、激发兴趣,引领探索

在课程的开始,教师通过生动的故事背景、历史情境来激发学生的兴趣。例如,通过讲述《石壕吏》中老妇人的悲惨遭遇,引导学生思考战争给普通百姓带来的深重苦难;通过描绘《茅屋为秋风所破歌》中杜甫在风雨中依然心系苍生的场景,让学生感受到诗人的博大胸怀;而《卖炭翁》则通过对老翁辛勤劳作却生活艰辛的描绘,激发学生的同情心和对社会不公的反思。

五、挖掘理趣,深化理解

在兴趣的引导下,教师进一步挖掘诗歌中的理趣,帮助学生深化对诗歌内容的理解。通过分析三首诗的共同点——都是对社会现实的深刻揭示和对人民疾苦的同情,引导学生理解诗人位卑未敢忘忧国的情怀。同时,通过比较不同诗人在表现手法、情感表达上的异同,让学生体会到诗歌艺术的独特魅力。

六、融入情趣,陶冶情操

在理解诗歌内容的基础上,教师进一步融入情趣,陶冶学生的情操。通过朗读、吟诵等形式,教师让学生感受到诗歌的音韵美、意境美;通过讨论、分享等方式,让学生表达自己的感悟和体会,增强对诗歌的共鸣和认同。此外,课例还引导学生将诗歌中的思想情感与现实生活相结合,思考如何在日常生活中践行爱国、关心人民的品质。

在课程的最后阶段,课例进行了总结提升,以拓展延伸。对三首诗的综合评析,让学生理解到它们不仅是文学作品,更是历史、文化的载体。同时,教师引导学生进一步探讨诗歌中蕴含的深层次意义,如家国情怀、社会责任、人性关怀等,激发学生对国家、社会、人民的热爱和关注。此外,教师推荐了相关的阅读材料和拓展活动,如阅读其他反映社会现实的诗歌作品、参加诗歌朗诵比赛等,以巩固和拓展学生的学习成果。

本次联读课例通过融入兴趣、理趣、情趣三方面的教学策略,旨在引导学生深入理解《石壕吏》《茅屋为秋风所破歌》《卖炭翁》这三首诗歌的内涵和意义,感受诗人位卑未敢忘忧国的情怀,并激发学生对国家、社会、人民的热爱和关注。

第5讲 知曲折人生,悟向上精神
——《行路难(其一)》《酬乐天扬州初逢席上见赠》《水调歌头·明月几时有》联读

【课例分析】部编版语文九年级上册第三单元为古诗文单元。单元要求体会作者情思,感受他们的忧乐情怀。《诗词三首》虽然在体裁上不同,作者的人生境遇也不同,但他们都在不如意时展现了豁达乐观的向上精神。基于三首诗词本身的异和同,结合九年级学生的知识水平及心理特点,本议题由此生发,意在引导学生在知人论世的基础上读懂、悟透作者可贵的精神,从而汲取向上的力量,勇敢面对学习和生活带来的挫折。课堂教学时,引导学生用知人论世、对比阅读等方法进行深入学习,提升学生发现问题、解决问题的能力。

《行路难》(其一)是乐府古题,七言为主,杂以三言,节奏鲜明。李白以此诗体写个人身世际遇与振作奋起的豪情壮志,自由奔放,潇洒自如。

《酬乐天扬州初逢席上见赠》以整饬的律诗酬答友人,情理兼备,发人深省。诗人云淡风轻地书写半生磨难,以典故抒发物是人非的感慨,最终又在自然之理和友人关怀中抛开个人悲苦,尽显昂扬向上之气。

《水调歌头·明月几时有》是一首咏月之词,情感缠绵,浪漫且富有哲理意味。词人在抒发政治感慨、离愁别恨之后,从月之阴晴圆缺中生发积极乐观的情感。

【选文来源】李白《行路难(其一)》、刘禹锡《酬乐天扬州初逢席上见赠》、苏轼《水调歌头·明月几时有》选自部编版语文九年级上册。

【教学年级】九年级

【学情分析】本次授课对象是九年级学生,他们已经有较为丰富的诗歌阅读经验,绝句、律诗的学习数量较多,对律诗节奏、韵律的把握较好。但学生在九年级上册时期仍在积累阶段,对诗歌不同体裁的特点认识较浅,因而在教学中,教师可适时点拨学生,使学生感受"诗之境阔,词之言长"的特征。

此外,九年级学生正处于学习的关键期,也属于青春的迷茫期,会遭遇一些挫折,也必然会出现或多或少的负面情绪。三首诗词都表现了诗人不如意时的豁达胸怀,这一点学生借助注释不难读出,所以要在知人论世、比较联读中引导学生深入理解,进而让学生将这种尤为可贵的向上精神吸收、运用到学习生活的实际中去。

【教学目标】

1. 诵读诗词,感受作者之情。
2. 知人论世,比读求异,体悟作者乐观旷达的向上精神。

3. 拓展延伸,联系实际生活,积极面对学习、生活中的困苦。

【教学重难点】

1. 引导学生深入体悟作者乐观旷达的向上精神。

2. 探究作者对苦难的不同表达。

【教学过程】

一、情景导入

以"emo""网抑云"等网络流行词导入。

过渡:乐观向上是三首诗词的主基调,但同时也存在苦闷失意的情感,作者在短短的诗词中显露了如此跌宕起伏的情感,可能会与什么因素有关呢?

预设:人生境遇。

设计意图 以学生熟知的网络热词导入,激发学生兴趣,做好教学铺垫。

二、新课讲授

环节一:知作者,述苦难

1. 小组合作,结合助读资料,帮李白或苏轼述说苦难。

完成后小组交流,再在全班分享。

教师先以《醉赠刘二十八使君》内容做引导。

预设:李白——怀才不遇、理想落空。

　　　刘禹锡——仕途艰辛、知交零落。

　　　苏轼——政治失意、兄弟分散。

2. 回归诗词本身,三位作者是如何描述自己的苦难的?

预设:李白:强烈的反差、反复的咏叹。

　　　刘禹锡:概写人生遭遇,用典委婉抒情。

　　　苏轼:借月抒怀。

师(追问):面对这些苦难,作者是否一蹶不振?请同学们从描写苦难的词句中找出蛛丝马迹。

预设:低沉中隐含着向上的思想(欲渡黄河、将登太行、空吟、不应有恨……)。

师(总结):有的人,跌落谷底,一蹶不振;有的人,虽身处谷底,却已在积蓄向上的力量……

师(发问):这些苦难,哪一种最难超脱?作者又是如何超脱的?

设计意图 本环节第一个活动重在引导学生通过教材助读系统(如注释、课后补白)和教师提供的助读资料来了解作者的人生遭遇,在知人论世的基础上让学生一步步地懂得逆境中得来的向上精神是多么可贵!第二部分不断追问学生,意在引导学生发现:作者们述苦难经历时更坚强、隐忍。不仅如此,他们从未放弃继续前行,面对挫折,绝不自暴自弃,而是奋力抗争,努力从困境中超脱出来。学生读出积极乐观并不难,但让他们读出作者们在痛苦与磨难中就已经开始酝酿、萌发向上的力量是比较难的。由此,教师选择不断深入追问。

环节二：寻根源，悟精神

师生活动：在知人论世的基础上再读诗歌后，结合具体语句，小组合作探究李白、刘禹锡、苏轼乐观向上的精神分别来自哪里？又有何不同？（小组合作讨论）

预设：向内求（来自个人）、向外修（来自他人、自然万物）。

不同：李白多了分傲气、刘禹锡多了分豪气、苏轼多了分豁达。

设计意图 引导学生探讨诗词中乐观向上的来源，学生在知人论世，品读诗歌，甚至结合生活感知的基础上，对于怎么才能积极向上一定有了一些感悟，此处不求答案的唯一性，重点在于让学生发现、借鉴。探讨了乐观向上精神的不同来源，再进一步思考三位作者的乐观有何不同，自然而然，水到渠成。在相同精神中又深入挖掘了不同之处，更显深刻。找到了来源，找到了区别，才能更好地悟懂精神，学生才能将所学回归于自身。

环节三：交流分享，拓展延伸

生活中的困难无处不在，我们要找到摆脱困境的钥匙。

1. 请结合自身所学，写两句正能量诗词，勉励现在或未来的你。（写在教师提前为学生准备的书签上）

2. 请结合生活所得，分享你从他人或自然万物中获得过的启示。

生：分享。

师：总结提升。

设计意图 第一个分享诗词的任务旨在让学生分享所学，学以致用，用写书签的方式，激励自己勇敢前行。此外，学生分享的诗词可以作为本次群文议题的"新成员"。第二个任务延伸了"寻根源 悟精神"得出的结论，让学生更好地领会要"向内求、向外修"。最后的总结提升，化用或直接引用《诗词三首》的内容，意在总结课堂、升华主题，让学生对经典名句熟读成诵。

三、布置作业

下周，老师将带领同学们组织一场诗歌朗诵会，主题为"诵诗歌 长精神"。请你根据自身学习情况，选择活动身份，利用周末完成任务。

主持人兼参赛选手：完成任务一、任务二。

参赛选手：完成任务二。

任务一：为本次朗诵活动写一段开场白（150字左右，贴合主题，语言凝练，恰当引用三首诗中的名句）。

任务二：为你自己朗诵的诗歌写一份串词（100字左右，语言凝练，联系诗歌内容和个人理解来写）。

注：除《诗词三首》外，可另选诗词，但要确保符合活动主题。

设计意图 一是单元导读要求将诗文熟读成诵，积累名言警句，课后积累拓展也要求背诵诗词。该作业紧密结合课堂所学，既能巩固本课学习的内容，积累名句，还能够训练学生在写作中运用名言警句的能力；二是初中语文"综合性学习"中涉及主持、写主持稿等任务，该作业符合《义务教育语文课程标准》（2022年版）课程实施建议中的"建立语文学习、社会生活和学生经验之间的关联,符合学生认知水平"。通过展示交流活动,更能加深学生对诗词文化内涵的理解;三是"双减"政策对作业的质和量提出了要求,该作业量适中,难度适宜,形式灵活,考虑学生水平差异进行选择性作业,符合作业分层的要求。此外,学生可借助课堂所学独立完成,也可以参照课外书籍、互联网资料等辅助完成,学生完成作业的路径较多。

四、板书设计

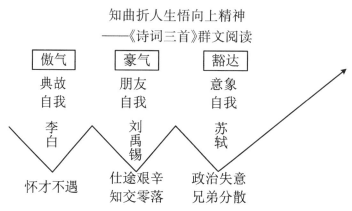

【课例评析】

追问启发,循序渐进,贵在迁移

伟大的教育家孔子曾说:"知之者不如好之者,好之者不如乐之者。"本课例发掘诗词的内在趣味,将导入时的短暂趣味转化为探究过程中层层深入的持久趣味,重视教学内容的主体地位,配以恰当的形式,引导学生探究了三首诗词中表现的乐观豁达的精神,很好地践行了单元目标中体会作者情思、感受其忧乐情怀的教学目标,是一次比较成功的趣味教学实践。

一、网络流行词导入,激发参与兴趣

《现代汉语词典》对"趣味"做了明确的解释:"使人感到愉快、有意思、有吸引力的特性。"课堂以"emo""网抑云"等网络流行词导入,可以说十分有意思,有趣味,不仅符合信息时代语文生活的特征,而且贴合学生的生活情境,可以较快地吸引学生眼球。这样的导入设计可以让学生在第一时间关注到苦闷失意这种笼罩在三首诗词中共通的情感,同时教师适时引导学生感受诗歌中乐观向上的感情基调,提出为何短短的诗词中显露了如此跌宕起伏的情感,激发学生探究其背后原因的兴趣,为后续参与小组学习调动情绪,做好教学铺垫。

二、循序渐进促思考,激发探究热情

在课堂的第一环节"知作者,诉苦难"中,教师安排学生以小组的形式探究四个问题:"结合助读资料,帮李白或苏轼述说苦难(他们的苦难是什么?)""回归诗词本身,三位作者是如何描述自己的苦难的?""面对这些苦难,作者是否一蹶不振?""这些苦难哪一种最难超脱?作者又是如何超脱的?"四个问题的设计由浅入深、循序渐进,教师适时追问,紧紧结合学生

思考的过程,将学生的思维引向更深处、更广处,意在引导学生发现作者讲述苦难经历时更坚强、更隐忍。

在第二环节"寻根源,悟精神"中,学生在了解作者生平经历的基础上再读诗歌,探究李白、刘禹锡、苏轼乐观向上的精神分别来自哪里,又有何不同。这一问题的设置既建立在第一环节的基础上,又具有十足的启发性。叶圣陶先生说:"教师之为教,不在全盘授予,而在相机诱导。"教师引导学生将关注点投射到不同之处,在比较中明确三者的区别,学生结合所学回归于自身,更好地悟懂其精神。

在第三环节"交流分享,拓展延伸"中致力于知识的迁移与应用,通过所学教会学生争鸣生活中的困难,并尝试在古诗词中寻找智慧、找到摆脱困境的钥匙,在获得知识的同时,又接受了情感教育,为学生的个性成长和终身发展奠定了基础。

三、运用迁移明身份,激起表达欲望

在课后作业设计时,教师根据学生的学情设计了贴合学生校园生活的情境,即诗歌朗诵会,要求学生根据自己的特长明确身份:主持人或参赛选手,写一段开场白或者自己朗诵篇目的串词,并根据不同题目提出了具体的要求,指向明确,具有指导性。

该作业建立在学生层层深入地探究、对比三首诗词之后,对作者的经历、精神、特质都有了比较独到的见解,不仅使学生掌握了相关知识,还帮助学生树立了正确的价值观。该作业旨在建立语文学习、社会生活和学生经验之间的关联,是完全符合学生认知水平的。

除此之外,该课例的板书设计也别具特色,一波三折但最终向上的折线揭示了苦闷失意中的乐观向上,同时在低谷中标明三位作者的苦闷失意各有不同原因,再加上简洁的"傲气""豪气""豁达"揭示了李白、刘禹锡、苏轼的不同精神气质。不得不说板书的设计形象具体,简洁明了,标识清晰。

从整体来看,该课例趣味盎然,学生在教师的组织下参与度高,并随着教师的追问不断拓展思维,探究表象背后的原因,体会到了学习诗词的乐趣,进而激发了学生对语文学科的学习兴趣。

第6讲 置身诗境,感悟诗情

——《野望》《黄鹤楼》《使至塞上》《渡荆门送别》《钱塘湖春行》联读

【课例分析】本课例所选文章都是部编版语文八年级上册第三单元之歌咏山川之美的古诗文。单元提示强调:学习古诗文,一要注重引领学生借助注释和工具书,整体感知内容大意,积累必要的文言知识;二要注重诵读,在诵读的过程中,借助联想和想象进入诗文的意境,感受山川风物之灵秀,体会作者寄寓其中的情怀。在此基础上,古代诗歌的赏读,还要注重格调、韵律、意境的赏析。唐诗的教学在语文教学中具有非常重要的地位。《唐诗五首》被作为单独一课编排,并且直接命名为"唐诗"而非通常的"古代诗歌",这也体现了教材对唐诗的重视。唐诗是我国古典诗歌的高光时刻,在语文教材中也占比颇高。因而,唐诗教学是传

承中华优秀传统文化、落实语文核心素养的重要阵地。

《义务教育语文课程标准》(2022年版)第四学段(7~9年级)的课程目标,在"阅读与鉴赏"中要求引导学生诵读古代诗词,"能借助注释和工具书理解基本内容",并能"有自己的情感体验,初步领悟作品的内涵";在第四学段(7~9年级)的"学业质量描述"中要求学生能够"借助中华优秀传统文化经典,引导学生增强语言积累和梳理的意识,教给学生语言积累与梳理的方法,注重积累、梳理与运用相结合,重在培养兴趣、语感和习惯"。新课标积极鼓励学生进行跨媒介、跨学科的阅读,汲取中华优秀传统文化中的精华,提高自己对古代作品的审美水平。其中,对古代诗词的阅读、背诵和积累也有所规定。

综上,课程目标、课程内容和课程评价都要求,在学习古代诗词时,应关注诗词积累和诗词内涵两个方面的内容。

【选文来源】《野望》《黄鹤楼》《使至塞上》《渡荆门送别》《钱塘湖春行》选自部编版语文八年级上册。

【教学年级】八年级

【学情分析】学生在上学期已学过《唐诗五首》,且都在小学及初一阶段背诵了大量的诗歌,但是多数学生对诗歌的认识一知半解,也没有掌握品评诗歌的方法,只知道诗歌表达了什么情感,却不能准确把握诗歌描绘景象是怎样的氛围,即对意境的品析存在困难。该课例可以引导学生在品评诗歌的过程中,学习写景诗歌赏析的基本方法和策略,促进学生的可持续学习。

【教学目标】

1. 从古人歌咏山水的优美篇章中获得美的享受,净化心灵,陶冶情操,激发对祖国山川的热爱,培养高尚的审美情趣。

2. 在反复诵读、整体感知的基础上,借助联想和想象,仔细品味诗文,体会作者的情怀。

3. 提高借助注释和工具书自主阅读古诗文的能力,积累常见文言实词和虚词。

【教学重难点】

1. 重点:根据诗歌意象,发挥想象和联想,感受山川风物之美。

2. 难点:体会诗歌意境,感悟诗人寄寓其中的情感。

【教学过程】

一、创设情境,激情导入

同学们好!南竹诗社给大家发来了一封邀请函。(PPT展示邀请函内容)

邀请函

各位同学:

  古诗词,是中华文化的瑰宝,是诗人灵魂的栖息地。为了帮助大家掌握学习古诗的方法,增强同学们对古诗的理解能力,南竹诗社将开展"古诗(词)鉴赏方法分享会",特邀请大家一起参加!

南竹诗社
2024年7月25日

师:你掌握了哪些方法呢?

(学生回答)

"工欲善其事,必先利其器。"在参加分享会之前,我们先学习如何鉴赏古诗词。

(示意学生读课题,板书课题)

过渡语:目标是我们的方向,请大家齐读学习目标,把握方向。

PPT展示学习目标。

二、学习活动

活动一:读诗歌,找意象

过渡语:好书不厌百回读。

1. 请朗诵诗歌。诵读要求:

(1) 声音洪亮,读准字音,读出节奏,读出感情。

(2) 篇目及其人员分配:《野望》全班齐读;《黄鹤楼》女生齐读;《使至塞上》男生齐读;《渡荆门送别》男女交叉读;男生第一联、女生第二联依次读;《钱塘湖春行》师生齐读。

2. 请找出五首诗歌中的意象。

补充:意象就是融入了主观情意的客观物象,包括景、物、人等,例如"枯藤老树昏鸦"中的"枯藤""老树""昏鸦"。

明确:《野望》中的意象:树、山、落晖/牧人、返犊、猎人、马、归禽。

《黄鹤楼》中的意象:黄鹤、白云/晴川、汉阳树、芳草/日暮、烟波、江。

《使至塞上》中的意象:单车、征蓬、归雁/大漠、孤烟、长河、落日。

《渡荆门送别》中的意象:山、平野、江、大荒/月、云/故乡水、行舟。

《钱塘湖春行》中的意象:水面、云脚/早莺、暖树、新燕、春泥、乱花、浅草/绿杨、白沙堤。

活动二:体意境,悟情感

过渡语:物象往往承载着诗人的主观情感。请同学们结合找出的意象,发挥想象和联想,体会诗歌意境,感知诗人情感。

提示:小组长抽取任务单,小组合作完成。

回答格式如下:

我们小组鉴赏的诗歌是《_____》,这首诗_____选取了_____意象,通过意象描绘_____的画面,营造_____的意境,表达了诗人_____的情感。

补充:意境是诗人的主观情意和客观物象互相交融而形成的艺术境界(见袁行霈《中国古典诗歌的意境》)。

师生互动问答,完成对五首诗歌意境、情感的分析。

过渡语:经过分析,我们发现诗歌中的景物特点往往与诗人的情感一致。乐景往往抒发乐情,哀景往往抒发哀情,这就是王国维说的"一切景语皆情语"。(板书)

好的,同学们,相信你们已经掌握了一定的古诗(词)鉴赏方法。现在让我们来模拟开展"古诗(词)鉴赏方法分享会",请分享你学到的方法。

明确:我们在鉴赏古诗(词)时,要学会找出意象,想象联想画面,体会意境,感悟情感。(板书)

三、勤练习,固方法

请运用刚刚所学方法赏析《暮江吟》。

(过渡语:得法需用法)

暮江吟
白居易
一道残阳铺水中,半江瑟瑟半江红。
可怜九月初三夜,露似真珠月似弓。

明确:《暮江吟》这首诗选取了残阳、江水、白露、弯月等意象,通过意象描绘了傍晚时分,夕阳西沉、晚霞映江、染得江水半边碧绿半边发红;新月如弓箭一般东升,朦胧的夜色中露珠晶莹闪烁着珍珠一般光芒的画面,营造了绚丽多姿、宁静优美的意境,表达了诗人轻松愉悦、热爱自然的情感。

四、课堂总结

思想情感是诗歌的诗心,在鉴赏诗歌时,我们可以借助意象这把钥匙,按照找意象、体意境、悟情感的方法,打开古诗(词)的大门,触碰深处的诗心。

五、作业设计

1. 请制作好诗分享卡。
要求:我要分享《_____》,诗中"_____"(诗句)写出了_____,表达了_____。(必做)

2. 请整理五首诗歌中的情感和意象。(必做)
表达孤独无依之情常用意象:_____。
表达喜悦心情的常用意象:_____。
表达忧愁情感常用意象:_____。

3. 任选一首诗歌,根据对意境的理解,为诗歌绘制插图,要求画面色调、元素应与诗歌意境相符。(选做)

六、板书设计

【课例评析】

妙趣横生,巧解诗人情感

关于激趣课堂的研究与实施,方法众多,各具特色。该课例巧妙地运用了实证研究的手段,深入剖析了激趣课堂的可行性与卓越之处。通过对课堂进行严谨的实证探索,教师为课题数据的合理解读和深度开发提供了宝贵的实践参考。

一、建构新型师生关系,奠定激趣课堂基础

在激趣课堂的序幕拉开之际,教师精心铺设了一条通向知识殿堂的道路,其核心便是构建一种新型、和谐的师生关系——亦师亦友。这一关系的构建,不仅是教育探索的重要课题,更是教师追求教育本质的必要途径。社会学家米德曾指出:个体成长过程中,那些对其产生深远影响的人物,往往扮演着"重要他人"的角色。而在教育实践中,教师无疑便是这样一位举足轻重的"重要他人"。教师在学生成长的道路上,发挥着引导、启迪和陪伴的重要作用。

传统的教学模式中,教师往往扮演着传道、授业、解惑的角色,与学生之间的关系更多地表现为一种层级式的互动。然而,该课例打破了这一传统模式,尝试采用了一种全新的教学方式——以激趣导入为起点,通过一封充满创意与情感的邀请函,引领学生踏上探索知识的旅程。这种方式不仅将师生关系提升到了亦师亦友的新高度,更成功地激发了学生对学习内容的浓厚兴趣,激发了他们的求知欲。

二、开拓思维,积极引进激趣课堂理念

激趣导入的方法,在教学过程中扮演着举足轻重的角色,特别是在"五环节"高效课堂教学模式中,更是被视为不可或缺的关键环节。这种方法不仅能够拉近师生之间的心灵距离,增进彼此的了解与信任,还能让学生在轻松愉悦的氛围中更好地吸收知识,实现教学效果的最优化。

该课例通过关键词解读的方式,引导学生深入诗词鉴赏的殿堂,让他们在欣赏美、感受美的过程中,不断拓宽生活视野,丰富情感体验。最后,教师对这种方法进行了归纳总结,充分发挥了激趣课堂的教学效果。

三、多种教学方法综合使用，培养学生素能

兴趣诱导教学法在个性化原则和激励性原则的运用上堪称典范。高尔基曾言："书籍是人类进步的阶梯。"波罗果夫也指出："书就是社会，一本好书就是一个好的世界、好的社会。它能陶冶人的感情和气质，使人高尚。"对于青少年学生而言，除了培养热爱学习的习惯外，若能养成爱好读书的习惯，他们的精神世界将在阅读中得到充实，情感、审美、道德等方面也将得到熏陶和提升，该课例使用多种教学方法，激发了学生的阅读兴趣，培养了学生的素质和能力。

第7讲　巧借起承转合，妙解诗人情感
——《野望》《黄鹤楼》《钱塘湖春行》联读

【课例分析】《野望》《黄鹤楼》《钱塘湖春行》是部编版语文八年级上册第三单元第13课所选诗歌。该单元的诗歌均选自我国古代歌咏自然山水的佳作。这些诗歌以描写景物为主，融入了作者细腻的情思，情景交融，极具审美价值。《唐诗五首》选入了初唐至中唐的五首唐人律诗，包括五言和七言。这些诗歌有的描绘田园风光，抒发孤独彷徨之情；有的刻画登临之景，传递吊古伤今、思乡之愁；有的勾勒塞外雄浑壮阔之景，彰显达观的荣辱浮沉态度；有的描摹辞亲远游的所见所闻，抒发不舍故乡之情；有的渲染早春气象，流露内心喜悦。

《野望》《黄鹤楼》《钱塘湖春行》的用词、意境各具特色，值得用心鉴赏。教学时应着重诵读诗歌，感受律诗的韵律美；结合相关背景，理解诗歌的主旨和诗人的情感；了解律诗起承转合的结构特点，据此分析诗歌，领略诗人构思之妙；体会诗歌的意境，积累优美的诗句。在这些诗歌的教学中，要引导学生掌握一些诗歌鉴赏技巧，从而有效提高学生的审美鉴赏能力和语文综合素质。

【选文来源】《野望》《黄鹤楼》《钱塘湖春行》选自部编版语文八年级上册。

【教学年级】八年级

【学情分析】八年级学生在小学和七年级时已接触过歌咏自然山水的优秀诗歌，但在阅读中无法细致分析作品的章法结构，且缺乏一定的诗歌鉴赏方法。因此，在《唐诗五首》的学习中，教师着重引导学生了解律诗起承转合的结构特点，借此明晰诗歌结构、分析诗歌内容，领会诗人谋篇布局之精巧，品味诗歌优美的语言，体会诗歌丰富的意蕴。通过本堂课的学习，学生能将所学知识迁移到同类作品中加以运用，提升语文综合素养。

【教学目标】

1. 诵读诗歌，理解"起承转合"的章法结构。
2. 比读诗歌，掌握"起承转合"中"转"的类型与作用。
3. 赏读诗歌，以"起承转合"品味诗歌之妙，感悟作者情感。

【教学重难点】

1. 重点：比读诗歌，掌握"起承转合"中"转"的类型与作用。

2. 难点:赏读诗歌,以"起承转合"品味诗歌之妙,感悟作者情感。

【教学过程】

一、视频导入课题

导入语:《红楼梦》中有一才女,名曰林黛玉。一日,香菱想拜其为师,学习写诗。那么,黛玉将如何教导香菱呢?让我们一同欣赏此片段。

设计意图 《义务教育语文课程标准》(2022年版)指出立德树人乃语文教学的根本任务,应引导学生于学习语言文字运用期间,渐次树立起正确的世界观、人生观与价值观,并体会及传承中华优秀传统文化。营造真实且富有意义的学习情境,有利于引导学生进行学习。本环节通过播放影视作品《红楼梦》中"香菱学诗"的片段,激发学生的学习兴趣,自然引出"起承转合"这一关键词,顺利导入本课。

二、识"起承转合",知其特点

(一)初识"起承转合"

(PPT展示)

起:开篇点题,或写景,或叙事,引出诗歌,发挥交代背景、奠定感情基调等作用。

承:承接起句而展开,是对"起"句的延续、深化。

转:接"承"而来,思路上、内容上的转变,转出他意,常体现为由景及情、由景及人、由事及景等。

合:指诗歌的收束句,是作者"传情达志"的"诗眼"所在,常有点明题旨、首尾呼应、收束全诗的作用。

以《使至塞上》为例,感知"起承转合"的特点及运用。

(1)诵读《使至塞上》,结合助读资料温习诗歌内容,探知"起承转合"的运用特点,明晰诗歌结构。

句式结构:"我们从_____找到了诗歌结构中的_____,理由是_____。"

使至塞上

王维

单车欲问边,属国过居延。
征蓬出汉塞,归雁入胡天。
大漠孤烟直,长河落日圆。
萧关逢候骑,都护在燕然。

设计意图 《义务教育语文课程标准》(2022年版)之第四学段(7~9年级)阅读与鉴赏部分提出学生能"诵读古代诗词,阅读浅易文言文,能借助注释和工具书理解基本内容,注重积累、感悟和运用"。本环节以《使至塞上》为例,引导学生理解"起承转合",师生共同实践,探索"起承转合"的运用特点,清楚诗歌结构。

(2)探"起承转合",明"转"类型。结合助读资料,比读诗歌《野望》《黄鹤楼》《钱塘湖春行》,完成学习单"起承转合"的内容填写,整合分析三首诗歌"起承转合"的同与不同。

学生小组讨论分析,展示成果(表4.6)。

表4.6 "起承转合"的相同点与不同点

诗 歌	"起承转合"相同点	"起承转合"不同点
《野望》	起:开篇点题、奠定感情基调	转:由景转军事
《黄鹤楼》	承:延续、深化	转:由事转景、由虚转实
《钱塘湖春行》	合:收束全诗、表达情感、首尾呼应	转:由景转情

(二)了解"转"的常见类型

明确:景情转换、景理转换、景景转换、事景转换、事情转换、事理转换、虚实转换、动静转换……

设计意图 《义务教育语文课程标准》(2022年版)之"课程内容"中要求:"引导学生增强语言积累和梳理的意识,教给学生语言积累和梳理的方法,注重积累、梳理与运用相结合。"此环节通过对三首课内诗歌进行对比阅读,让学生在合作探究中,尝试探究"起承转合"的异同,了解"转"的常见类型,培养学生在探讨中整合信息的能力,循序渐进地掌握课堂教学知识点。

三、用"起承转合",赏妙悟情

1.请还原被打乱章法结构的《蜀相》的首联、颔联、颈联、尾联,并分析诗歌妙处,体会作者情感。

蜀 相

杜甫

丞相祠堂何处寻,锦官城外柏森森。
映阶碧草自春色,隔叶黄鹂空好音。
三顾频烦天下计,两朝开济老臣心。
出师未捷身先死,长使英雄泪满襟。

2.学生借用"起承转合"分析诗歌妙处,体会作者情感。

起:首联"丞相祠堂何处寻,锦官城外柏森森",以问句起笔,点明了诗人要去寻找的地方是武侯祠。同时,"柏森森"营造出了庄严、肃穆的氛围,为后文抒发对诸葛亮的敬仰之情奠定了基础。

承:颔联"映阶碧草自春色,隔叶黄鹂空好音",承接首联,描写了祠堂内的景象。碧草映阶、黄鹂隔叶,本是一派生机盎然的景象,但"自"和"空"字的使用,却使这些美好的景物显得孤寂、冷清,暗示了武侯祠的寂寥和诗人对诸葛亮的怀念。

转:颈联"三顾频烦天下计,两朝开济老臣心",是全诗的转折点,由写景转为抒情。这一联通过对诸葛亮一生功业的概括,表达了诗人对他的崇敬和赞美之情。同时,也暗含了诗人对自己壮志难酬的感慨。

合:尾联"出师未捷身先死,长使英雄泪满襟",是全诗的归结。诸葛亮出师未捷,抱憾而终,令后世英雄为之扼腕叹息。这里的"英雄"既包括诗人自己,也包括历代胸怀壮志却未能实现的人们。诗人借古抒怀,表达了对诸葛亮的惋惜和对自己命运的悲叹。

整首诗通过"起承转合"的结构,将写景、叙事、抒情融为一体,既描绘了武侯祠的景色,又回顾了诸葛亮的功绩,最后抒发了诗人的感慨。这种结构使诗歌层次分明,情感表达更加丰富。同时,诗中还蕴含了诗人对诸葛亮的敬仰、对自己身世的感慨以及对国家命运的担忧等复杂情感。

设计意图 《义务教育语文课程标准》(2022年版)之"学业质量"中要求学生"广泛阅读古今中外的诗歌、小说、散文、戏剧等文学作品,在阅读过程中能把握主要内容,并通过朗读、概括、讲述等方式,表达对作品的理解;能理清行文思路,用多种形式介绍所读作品的基本脉络"。此环节旨在让学生将所学"起承转合"知识,运用到课外古诗的品读赏析实践中,引导学生明晰诗歌结构,赏析诗歌妙处,领悟作者情感。做到学以致用,提升学生审美鉴赏能力。

四、课堂总结

引导学生回顾课堂所学的诗歌中"起承转合"方法的特点及运用,鼓励学生细心观察、勤思多练、多动笔,记录生活中有意义之事,并在实际鉴赏诗歌时多加运用。

设计意图 旨在帮助学生巩固和深化对"起承转合"这一诗歌创作方法的理解和应用。通过回顾知识点,鼓励学生细心观察、勤思多练、多动笔记录生活中有意义之事,培养他们对生活的敏感度和观察力,让他们学会从日常生活中汲取创作灵感。要求学生在实际鉴赏诗歌时对所学的"起承转合"方法多加运用,将理论知识与实际应用相结合,加深对诗歌的理解,提升欣赏能力。

五、作业布置

1. 基础夯实(必做)。运用"起承转合",分析《渡荆门送别》的结构特点及作者情感。
2. 勇于尝试(选做)。搜集课外任意一首律诗,和同桌完成"你拆我改"的律诗游戏,继续探寻"起承转合"的妙法。(参照《蜀相》)

设计意图 这两个作业设计旨在让学生通过实践和探索,更好地掌握"起承转合"之诗歌章法结构,提高他们的文学素养和审美能力。同时,必做和选做的任务设置也考虑到了学生的个体差异,使每个学生都能在自己既有的水平上得到提升。

六、板书设计

巧借起承转合,妙解诗人情感

设计意图 此板书设计依据起承转合的章法结构,以曲线展示"起承转合",便于学生理解诗人情感,突出学生学习重点,进而提升其对古诗的鉴赏能力。

【课例评析】

起承转合,激趣课堂的构建

该课例巧妙地运用了"起承转合"这一古典诗歌的结构特点,不仅深入剖析了诗歌的构造与意境,更在激趣课堂的构建上取得了显著成效。

一、激趣导入,引人入胜

课例以《红楼梦》中"香菱学诗"的片段作为导入,巧妙地抓住了学生的兴趣点。通过影视作品中的情节,学生不仅能够在视觉和听觉上获得直观的感受,更能在情感上产生共鸣,从而迅速进入学习状态。这种以故事、情境为引导的导入方式,有效地激发了学生的学习热情和探究欲望,为后续学习奠定了良好的基础。

二、深入浅出,循序渐进

在解析"起承转合"的结构特点时,教师采用了由浅入深、循序渐进的教学策略。首先,通过PPT展示的方式,学生初步了解"起承转合"的基本概念和作用;接着,以《使至塞上》为例,引导学生深入探究"起承转合"在诗歌中的具体运用,明晰诗歌结构;最后,通过比读诗歌《野望》《黄鹤楼》《钱塘湖春行》,学生在对比中理解"转"的类型与作用,掌握诗歌鉴赏的技巧。这种由理论到实践、由具体到抽象的教学方式,使学生在轻松愉快的氛围中掌握知识,提高鉴赏能力。

三、合作探究,激发潜能

在该课例中,教师着重培育学生的合作探究能力。借助小组讨论、成果展示等方式,促使学生于互动中交流想法,迸发出智慧的火花,携手解决问题。此类合作探究的学习模式,不仅激发了学生的潜能,提升了学生的自主学习能力,也塑造了其团队精神,提升了沟通能力。与此同时,教师于合作探究进程中进行恰当的指引和提示,令学生能够在合作中持续优化自身的思路与方法,养成优良的学习习惯。

四、情感共鸣,深化理解

在赏读诗歌时,教师注重引领学生体悟诗歌的意境与情感。凭借诵读、比读、赏读等各类形式,使学生在领略诗歌韵律之美的同时,深度领会诗人的情感天地。例如,在赏读《钱塘湖春行》时,教师引导学生体会诗人对早春景色的喜爱之情,从而深入理解诗歌的主旨和意境。这种情感共鸣的教学方式,使学生在理解诗歌的同时,也能够使其情感得到升华和启迪。

五、拓展延伸,提升素养

在最后环节,教师鼓励学生将所学知识迁移到同类作品中加以运用,提升语文综合素养。这种拓展延伸的教学方式,不仅巩固了学生的学习成果,还拓宽了其视野和思路。课例通过对比阅读、仿写练习等形式,让学生在实践中不断提高自己的语文能力和审美鉴赏能力。同时,该课例还注重引导学生关注生活、关注社会,将所学知识与现实生活相结合,形成正确的世界观、人生观和价值观。

综上所述,该课例在激趣课堂的构建上取得了显著成效。通过巧妙的导入、深入浅出的讲解、合作探究的方式、情感共鸣的引导和拓展延伸的练习,该课例使学生在轻松愉快的氛围中掌握知识、提高能力、陶冶情操。这种以学生为主体、以兴趣为导向的教学方式,不仅符合新课程改革的理念要求,也为学生今后的学习和成长奠定了坚实的基础。

第8讲 推荐动人诗作,共谈山川之美

——《野望》《黄鹤楼》《使至塞上》《渡荆门送别》《钱塘湖春行》联读

【课例分析】本课例文本选自部编版语文八年级上册第三单元。这几首唐诗都是律诗,有五律,有七律。学习这些诗歌,学生能了解格律诗对仗押韵的特点,增强语感,获得审美鉴赏力的提升和情感的熏陶。这五首诗中,都有优美的写景句子,或描绘闲适的田园风光,或描绘大漠的雄浑景象,营造出或闲适或雄壮的意境。抒发的情感,有表达古今变迁的慨叹,有对明媚春光的热爱,对未来的憧憬,积极向上,明朗乐观。学习这几首诗歌,要在反复诵读、感知音韵美的基础上,借助联想和想象,进一步品味诗歌的意境,走进诗人的内心。

【选文来源】《野望》《黄鹤楼》《使至塞上》《渡荆门送别》《钱塘湖春行》选自部编版语文八年级上册。

【教学年级】八年级

【学情分析】该课例是学生在八年级上册已经学习过的内容,因此不能按照传统的新课教学方式。课例主要通过情境的创设,引导学生在完成诗作推荐的活动中回顾旧知,并指导学习唐律诗的鉴赏方法。

【教学目标】

1. 诵读诗歌,把握律诗对仗押韵的特点。
2. 描绘画面,品味诗人笔下景物的美感。
3. 知人论世,探究诗人灵魂深处的情怀。

【教学重难点】

1. 把握律诗对仗押韵的特点。
2. 品味诗人笔下景物的美感。
3. 探究诗人灵魂深处的情怀。

【教学方法】情境创设法、点拨法、小组合作探究法。

【教学过程】

一、导入

邀 请 函

亲爱的同学们:

　　为了能让更多同学领略唐诗中展现的大美中国,感受唐诗的魅力,校诗词文学社将举办"走进唐诗盛宴"的诗歌推荐活动。特邀你为社团推荐一些优秀的唐诗作品,来帮助此次活动顺利开展。

　　欢迎大家踊跃参与!

校诗词文学社
2024年5月20日

设计意图　通过情境创设,激发学生学习兴趣。

二、教学活动

活动一:读——录制诵读音频

1. 怎样读好唐律诗?

设计意图　通过此环节明确学情,了解学生已掌握的知识。

2. 出示助学锦囊——唐律诗的诵读技巧。

(1)读准字音、读出节奏。

(2)注意平仄、押韵与对仗。

设计意图　通过助学锦囊,帮助学生明确唐律诗押韵对仗的特点。

3. 根据律诗特点,标出《野望》和《钱塘湖春行》的韵脚和对仗句。

设计意图　通过此环节,引导学生进一步掌握格律诗的知识。

4. 配乐诵读,感知诗歌的音韵美。

设计意图　完成情境中的活动环节,并引导学生在音乐中诵读诗歌,感知格律诗的音韵美。

活动二:绘——描绘诗歌画面

1. 圈出诗歌中出现的景物,并描绘诗歌呈现的画面。

设计意图　找到诗歌中的景物,为描绘画面做准备。

2. 出示助学锦囊,帮助完成画面描绘。

设计意图　引导学生课下多积累典雅的词汇,为古诗鉴赏奠定基础。

3. 诵读诗歌,展开想象,感知画面美。

设计意图　在反复诵读中强化对诗歌画面的感知。

活动三:悟——品悟诗人心境

1. 结合诗人经历,品悟诗人心境,并为诗歌拟写推荐词。

设计意图　明确诗歌尾联中表达的情感,为深入探究诗人心境奠定基础。
2. 出示助学锦囊,帮助学生探究诗人心境。
设计意图　补充材料,引导学生深入探究诗人内心并获得启示。
3. 诵读诗歌,深刻体会诗人情感。
设计意图　将诵读教学贯穿课堂,在反复诵读中体会诗人的情感。

三、作业布置

1. 基础作业:为本课另外三首诗歌录制诵读音频,并勾画出诗歌中的景物。
2. 拓展作业:小组合作,描绘另外三首诗歌的画面,为它们绘制插图,并拟写推荐词。
设计意图　巩固本课所学,帮助学生掌握唐律诗鉴赏方法。

四、板书设计

$$
古代诗歌鉴赏\begin{cases}音韵美\\画面美\\心境美\end{cases}
$$

设计意图　通过简洁明了的板书,展现本堂课学习重点。

【课例评析】

唐诗藏画,教学蕴趣

学习诗歌时,学生需洞悉格律诗对仗押韵的特性,强化语感,实现审美鉴赏力的提高以及情感的滋养。这五首诗里,均存在精美的写景语句,或勾勒出闲适的田园景致,或展现出大漠的雄浑景观,以及或闲适或雄壮的意境;所抒发的情感,包含对古今变化的感慨,对明媚春光的喜爱,对未来的向往,积极、明朗且乐观。学习这几首诗,应当在多次诵读、感知音韵之美的前提下,凭借联想与想象,深入品鉴诗歌的意境,走进诗人的心间。为使学生乐于学习,该课例于教学中规划了如下环节:

一、反复诵读,领略诗歌的音韵美

诵读乃理解诗词的关键方式,诗不但具有画面感,更具备韵律和节奏感。在诵读过程中,学生能够体会到一种富有诗情画意的韵味。只要多次吟诵,古典诗词独有的音乐美就会为学生所捕捉,进而提升学生的审美鉴赏能力。该课例让学生反复诵读,持续增进学生对诗词情感意蕴的理解,从而切实将诗词魅力内化为己有。充分调动口耳等感官,协同大脑,将音乐美全方位展现,古典诗词教学便能收获较好成效。

二、描绘诗歌画面,体悟诗歌画面美

诗词是语言的艺术,更是依靠意境传达情感的重要文学形式。于初中古典诗词教学而言,古典诗词语言相对生僻,学生的联想力与想象力有限,初中生难以体悟到诗词独有的意境之美,但初中生偏爱形象直观的事物,古诗若无法形成具体可感的画面,即便教师讲解得

再精彩,也难以触动学生的心灵,更别提让学生进行鉴赏了。该课例采用联想和想象的教学方法,让学生描绘诗歌画面之美、意境之美,了解诗歌内容和主旨,激发了学生的兴趣。

三、结合诗人经历,品味诗人的心境美

古典诗词教学重视知人论世,要求鉴赏时侧重结合诗人的经历、创作风格与思想感情,紧密围绕时代背景和政治文化特点,做到基于"知人"和"论世"的深入剖析,从多方面把握诗词作品。在此次活动中,该课例注重合作探究式学习,体现以"学"为核心;教学设计贴近学生,侧重学生对文本的真实体验与感受;想方设法让学生接触文本,并不断引导学生从文字中领会感悟其中蕴含的情感:"你能读一读吗?""你读出了什么?""请你带着这种理解读一读。""我们大家一起读一下。"等等。

四、巧妙设计活动,领略诗歌韵味

该课例在精心设计的教学方案中,教师巧妙地安排了三个活动,通过三个活动引导学生逐步领略诗歌的韵味。

活动一着重于朗读。鼓励学生录制诵读音频,这一新颖的形式极大地激发了他们的学习兴趣。学生怀揣着对录制音频的热情,积极投入到诗歌的朗读中,感受诗歌的韵律之美。

活动二聚焦于描绘。在这一环节中,学生需要圈出诗歌中出现的景物,并尝试描绘出诗歌所呈现的画面。这不仅是一次跨学科的尝试,更是一次对美的追寻。学生在描绘过程中,不仅能感受到诗歌中景物的特点,还能把握景物所蕴含的情感,深刻领悟诗歌的意蕴。

纵观全篇,前两个环节的设计颇为巧妙。跨学科的绘画和录制音频等学生喜闻乐见的方式,不仅激发了学生的学习兴趣,还加深了他们对诗歌的理解。总的来说,这堂诗歌鉴赏课在引导学生深入解读诗歌方面取得了一定的成效,希望未来能够进一步优化教学设计,让学生在轻松愉快的氛围中更好地领略诗歌的魅力。那么,初中语文诗歌鉴赏课上的活动设计要注意哪些问题呢?

首先,活动设计应紧密结合课程目标。每一堂诗歌鉴赏课都有其特定的教学重点和目标,活动设计应当紧扣这些目标,确保学生在参与活动的过程中能够有效地掌握知识点。例如,如果教学目标是理解诗歌的意象和象征意义,那么活动可以设计为学生分组讨论并分享对诗歌中意象和象征的理解。

其次,活动设计要注重学生的参与性和互动性。诗歌鉴赏不仅仅是教师的讲解,更重要的是学生的感悟和理解。因此,在设计活动时,应充分考虑到学生的参与度和互动性,让学生在活动中能够积极发言、交流心得,共同提升对诗歌的鉴赏能力。

再次,活动设计要富有创意和趣味性。初中生的注意力容易分散,因此活动设计需要富有创意和趣味性,以吸引学生的注意力并激发他们的学习兴趣。例如,可以通过角色扮演、诗歌朗诵比赛等形式,让学生在轻松愉快的氛围中学习诗歌鉴赏知识。

最后,活动设计要注重评价与反馈。活动结束后,教师应及时对学生的表现进行评价和反馈,让学生了解自己在诗歌鉴赏方面的优点和不足,以便他们在今后的学习中加以改进和提升。

总之,在初中语文诗歌鉴赏课上设计活动时,教师应注重活动的目标性、参与性、创意性和评价性,以提升学生的诗歌鉴赏能力并激发他们的学习兴趣。

第9讲　失意人生的诗意吟唱
——《登高》《琵琶行》联读

【课例分析】《2019年全国新课标高考语文考试大纲》指出："阅读鉴赏文学作品,应注重价值判断和审美体验,感受形象,品味语言,领悟内涵,分析艺术表现力,理解作品反映的社会生活和情感世界。"该课例从字、词、句入手,通过理解文中重要词语和句子的含义,品味语言,对作品进行个性化解读。

部编版高中语文必修上册第三单元是古诗文单元。优美的古诗词是中华传统文化的瑰宝,蕴含着中华儿女代代相传的文化基因。古诗词中常常寄寓着诗人对社会的思考和对人生的感悟。阅读此单元的诗作,采用知人论世和以意逆志的方法,通过了解诗人的生平、创作背景等,深入了解作品。

该课例不仅要求学生学诗词,更要求学生体会诗人对社会的思考、对人生的感悟,提高其思想修养和文化品位,从古诗词中找到积极面对人生的力量。

【选文来源】《登高》《琵琶行》选自部编版高中语文必修上册。

【教学年级】高一

【学情分析】高一学生在初中阶段对古诗词有了一定的接触,积累了一些基本的古诗词知识,也有了一定的阅读理解能力。但进入高中阶段,诗歌篇目增多了,难度也增大了,大多数学生对阅读学习较热情,能够有自己的思考,勇于表达自己的观点,但基础普遍较为薄弱,部分学生不积极主动参与课堂活动。基于这一情况,该课例设置了学生感兴趣的问题,创设相关的情境,鼓励学生发挥主动性,提高课堂参与度,切实提高课堂教学的有效性。

【教学目标】
1. 学会读懂诗词的方法,学会对比赏析诗词的方法。
2. 加深对社会的思考,增强对人生感悟,激发对中华优秀传统文化的热爱。

【教学过程】

一、课前三分钟

主题演讲:《我所见之(杜甫或白居易)》

二、导入

杜甫和白居易虽然同样生活在唐代,但杜甫生于712年,白居易生于772年,两人整整差了一个甲子六十年,可以说完全不是一个时代的人。杜甫生活在唐朝由盛转衰的时代,而白居易生活在中晚唐时期。他们的境遇,决定了他们两人皆为失意的文人。

三、讨论探究

杜甫、白居易两人都是现实主义诗人,但两人的诗风却完全不同,他们两人是怎样通过文字来表现这种失意的情感的呢?

步骤一:赏读《琵琶行》

(1) 学生默读,找出能够感受到白居易失意的诗句,说明理由。

学生独立思考,解决问题。例如:

① "同是天涯沦落人,相逢何必曾相识。"解释"沦落":流落到不好的境界。

② "我闻琵琶已叹息,又闻此语重唧唧。"解释"叹息":心里不痛快而呼气出声。

③ "座中泣下谁最多,江州司马青衫湿。"解释"泣":小声哭或眼泪。男儿有泪不轻弹,只是未到伤心时。而此时白居易却是哭得最伤心的那位,说明心中的苦痛难以言表。

(2) 白居易的失意之情是通过什么方式表现出来的呢?

可从"女子的琵琶弹奏以及自述身世,引起了白居易的愁思"入手来分析。具体教学将根据学生课堂生成反馈进行。

步骤二:赏读《登高》

(1) 全班朗读,思考:杜甫的失意是什么引起的?请用原诗句回答。

预设答案:景物。

(2) 杜甫眼中看到了哪些景物?说说这些景物的特点。

学生可从"风急天高猿啸哀,渚清沙白鸟飞回。无边落木萧萧下,不尽长江滚滚来"来分析。

(秋天的急)风、(高)天、(哀)猿叫声、(冷清)渚——沙洲、(白)沙、(低飞盘旋的)鸟儿、(无边)落木(萧萧)下,(不尽)长江(滚滚)来。

补充:"萧萧"① 形容马嘶叫声;② 头发花白稀疏的样子;③ 冷落凄清的样子。

(3) 诗中哪句可以看出当时杜甫的生活状况?用自己的话分析杜甫的生活状况。

学生可从"万里悲秋常作客,百年多病独登台"来分析。

长久作客远方他乡,如此萧瑟的秋天,他年已暮齿,还身患疾病,孤独无依,穷困潦倒。

(4) 如此处境中的诗人让人同情,然而此时此刻的诗人在考虑什么呢?用原句回答。

预设答案:"艰难苦恨繁霜鬓,潦倒新停浊酒杯。"

四、课后作业

1. 品读《琵琶行》音乐描写部分,找出直接描写声音的语句和描写演奏动作的语句。(必做)

2. 对比赏析:杜甫《望岳》和白居易的《暮江吟》,分析作者的情感和写作手法。(必做)

3. 我们有时也会因为一句歌词、一场雨、一阵风、一片落叶、一弯残月而引发愁思。同学们,当你出现愁思的时候,是用什么方式纾解的呢?希望下回有这样的愁思愁绪,一定要记录下来。长期做,你会有意想不到的收获。

五、课堂总结

余秋雨曾说:人世对他,那么冷酷,那么吝啬,那么荒凉;而他对人世却完全相反,竟是那么热情,那么慷慨,那么丰美。这就是杜甫。其实,白居易又何尝不是呢? 他们生不逢时,壮志难酬,英雄失意,但仍不忘初心,这一路走来,真是一路风雨一路情!

六、板书设计

```
                    情              叹息
     白居易   琵琶行   惨:女子身世    沦落
     杜 甫   登 高    独:潦倒悲壮    失意
```

【课例评析】

讲出精彩,激趣课堂

一、激趣导入,课堂注活力

该课例以情境导入,激发兴趣,课堂伊始,以学生任务"课前三分钟演讲"引入课题,从学生的视角解读作者,教师精准点评,知人论世与诗词主题情感相结合,从而激发学生的学习兴趣。

二、合作学习,探究内涵

该课例将激趣课堂的理念贯穿于整个教学过程中。课例通过情境导入、合作学习、互动体验和拓展延伸等环节的设计,让学生在轻松愉悦的氛围中学习知识、探究问题、体验情感、丰富积累。这种教学方式不仅能够激发学生的学习兴趣和积极性,还能够促进学生的全面发展。通过激趣课堂的设计,学生不仅能够理解诗词的基本内容,还能够深入探究诗词的内涵和主题,对诗词产生更加浓厚的兴趣和热爱。通过课例实施,学生对古诗(词)鉴赏方法的掌握程度有了显著提高。同时,学生的合作能力、表达能力和感悟能力也得到了不同程度的锻炼和提升。

三、互动体验,增强感悟

在理解基本内容的基础上,该课例组织学生进行小组合作学习,让学生共同探讨诗词中的意象、意境和主题。通过小组讨论、分享交流,学生更加深入地理解了诗词的内涵,同时锻炼了学生的合作能力和表达能力。教师可以通过情景模拟等方式,让学生亲身体验诗词中的情境,从而更加真切地感受到诗词所传达的情感和意境。例如,在鉴赏诗人情感时,课例让学生找出描写自然景色的词句,引导学生代入诗人遭遇,以诗人的身份,用自己的语言描绘出诗中的景色,增强学生对诗词的感悟和理解。

四、拓展延伸,丰富积累

诗歌对比鉴赏是个难点,所以课堂上要让学生动起来,尽量做到全体学生参与、思考。

该课例不仅从诵读、意象、知人论世、以意逆志等方面运用不同的教法,还注意让学生将独立思考与深度讨论相结合,不仅训练了学生的口头表达能力、写作能力,让学生读懂了诗歌,还掌握了品读古诗技巧。

在掌握了基本的鉴赏方法后,该课例引导学生进行了拓展、延伸,如推荐相关的诗词作品、介绍诗词背后的历史故事和文化背景等。这样不仅能够增加学生的知识积累,还进一步激发了学生对诗词的兴趣和热爱。

第10讲 生命的诗意,浓淡各相宜
——《短歌行》《归园田居·其一》联读

【课例分析】课例选文是曹操的《短歌行》和陶渊明的《归园田居·其一》,是部编版高中语文必修上册第三单元课文,该单元的人文主题是"生命的诗意"。两首诗作都是魏晋时期的代表作品,都诞生在社会大动荡的历史时期,都表达了诗人的人生思考和人生选择,但具有不同的诗风:前者是四言诗,质朴刚健,运用比兴手法,化用典故或引前人诗句表达心志;后者是五言诗,平淡舒缓,善用白描,寥寥数笔勾勒出一幅乡村日常的生活图景。两首作品,表现的人生境遇和人生状态不一样:《短歌行》表达曹操"天下归心"的渴望,是渴望建功立业的忧思;《归园田居》呈现的是陶渊明"复得返自然"的淡泊,抒写的是厌倦官场生活最终辞官归隐田园的悠然之情。

《2019年全国新课标高考语文考试大纲》指出:"阅读鉴赏文学作品,应注重价值判断和审美体验,感受形象,品味语言,领悟内涵,分析艺术表现力,理解作品反映的社会生活和情感世界。"课例即从字、词、句入手,通过理解文中重要词语和句子的含义,品味语言,对作品进行个性化解读。

【选文来源】《短歌行》《归园田居·其一》选自部编版高中语文必修上册。

【教学年级】高一

【学情分析】高一学生在初中阶段对古诗词有了一定的接触,积累了一些基本的古诗词知识,也有了一定的阅读理解能力。但进入高中阶段,诗歌篇目增多了,难度也增大了,大多数学生基础较弱,部分学生不积极主动参与课堂活动,需要教师创设相关的情境,激发学生主动性,提高学生的课堂参与度,切实提高课堂教学的有效性。

【教学目标】

1. 语言建构与运用:了解背景,掌握基础知识,学习鉴赏诗歌的基本方法,体会诗人的情感。

2. 思维发展与提升:通过比较阅读,探究《短歌行》《归园田居·其一》中不同的人生志趣,进行哲理性思考探究。

3. 审美鉴赏与创造:抓住诗眼和意象,理解诗歌内容,学习鉴赏诗歌的基本方法,体会诗人的情感。

4. 文化传承与理解:理解诗人情感表达的方式,引导学生理解两种不同的人生选择都是诗人内心最真实的追求。

【教学重难点】

1. 重点:理解诗歌内容,掌握鉴赏诗歌的基本方法。
2. 难点:探究诗人不同的人生志趣,体悟人生哲理。

【教学方法】品读法、讨论法、小组合作法。

【教学过程】

一、导语

曹操和陶渊明,一个是志在千里,为新朝代建立奠定基业的政治家;一个是性本爱丘山,向往田园风光的隐逸之士。今天我们学习他们的作品,走进他们的内心。清代文学家袁枚说:"有天下第一等真情,方有天下第一等好诗。"《短歌行》就是这样的好诗,下面我们一起鉴赏这首诗。

二、师生共鉴

活动一:抓诗眼,悟诗情

学生活动:齐读《短歌行》。

教师提问:诗眼是诗歌精神的凝聚点,是观照全诗的感情所在,那么本诗的诗眼是什么?阐述你的理由。

学生活动:通读全诗,寻找诗眼。

1. 寻找诗眼:忧。
2. 为何而忧? 一忧人生苦短,二忧贤才难得,三忧功业未就。

活动二:品意象,会诗意

教师提问:你是怎样体会出这些忧思的呢? 请结合诗歌的意象加以理解。

学生活动:

1. 寻找意象,学生交流讨论。
2. 品味意象:朝露——人生短暂;酒(杜康)——忧思之重;明月——贤者可望而不可及;乌鹊——徘徊的贤士;树枝——良禽的贤主。

活动三:析手法,赏诗味

教师设疑:诗人运用了哪些手法来抒发"忧思"?

学生活动:交流讨论。

明确:比兴、用典等。

活动四:知作者,明诗心

教师活动:曹操的《短歌行》呈现出的"忧",跟当时所处时代有很大的关系,请介绍当时背景,感悟诗情,体悟曹操求贤若渴的迫切心情。

三、他山之石可攻玉——学生自品

教师活动:通过《短歌行》的学习,我们依据习得的方法,去鉴赏《归园田居·其一》。分小组合作探究完成,并填写表4.7。

表4.7 诗歌鉴赏

鉴赏方法	《短歌行》	《归园田居·其一》
抓诗眼,悟诗情		
品意象,会诗意		
析手法,赏诗味		
知作者,明诗心		
诗人形象		

四、茅塞顿开如初醒——比较探究

教师提问:曹操与陶渊明通过《短歌行》和《归园田居·其一》抒发了内心最真实的心志。处在人生的十字路口,你支持曹操的建功立业,还是陶渊明的归隐田园?在现代社会,我们又该做出怎样的选择?

学生活动:认真思考后,积极发表观点。

交流明确:曹操和陶渊明是两种不同思想下的两种人生选择,都是内心最真实的追求,从这个意义上来说,两种选择,殊途同归。我们青年一代,要有"为天地立心,为生民立命,为往圣继绝学,为万世开太平"的责任感和使命感,同时也要不忘初心,坚守住自己内心的本真。

五、湖光秋月两相和——小结升华

《短歌行》与《归园田居·其一》看似毫无联系,但是感情"浓烈""深邃"不同,风格"浓""清"不同,思想则是一志在千里,一本性爱丘山,表面不同,实际互相补充,二诗以冲淡平和的手段,达到了完美契合的状态,两种诗风,两种人生向往实现了并美交辉。

六、布置作业

以《评〈归园田居·其一〉中的"村居图"》为题,写一篇300字左右的文学短评。

七、板书设计

《短歌行》《归园田居·其一》比较鉴赏

志士 ┐
     ├ 归于内心
隐士 ┘

【课例评析】

讲评有道,激趣得法

一、知人论世,点燃情感

该课例采取知人论世的方法,先让学生了解曹操和陶渊明的生平、历史、文学方面的贡献及写作背景。学生的兴趣初步被激发起来。然后诵读,让学生体会诗歌的情感。这可以说是在内容上对诗的初步理解。借助知人论世、寻找诗眼等方法,学生理解、感悟《短歌行》与《归园田居·其一》的基本内容。

二、方法得当,以问激趣

在诗歌鉴赏环节,通过几个问题的设置来解读诗词:"《短歌行》围绕哪个字而展开?""诗歌抒发了诗人怎样的情感?""诗人是如何表达心中的感慨的?"请结合诗句分析。这一系列问题由学生小组合作探究完成。通过小组合作讨论,学生理解了《短歌行》的思想内容,且总结出鉴赏诗歌的方法,即通过抓诗眼、品意象、析手法、知作者、分析诗人形象等角度,理解诗词内容。以鉴赏角度为入口,引导学生了解诗歌中的艺术特点,掌握诗歌中的艺术手法,感受诗歌的意境之美、艺术魅力。

三、比较探究,激活思维

接下来的比较探究环节,课例通过问题引导学生思考:入世与出世是中国古代读书人的两大选择,曹操《短歌行》体现的是积极入世,决心建立一番事业,而陶渊明《归园田居·其一》体现的是厌倦官场,决心归隐田园。比较探究:你如何看待他们的选择?你又会如何选择?通过这一环节的学习,结合诗歌的具体内容及创作的时代背景、个人的人生经历,让学生体察诗人的生命追求、思考诗歌背后的人生感悟与人生选择;透过诗歌,让学生感悟曹操和陶渊明在乱世之中的人生志趣和生命追求,引导学生理解不同的人生选择,树立正确的人生观。学生谈自己的认识和理解,谈自己的感受,帮助学生树立远大目标,珍惜时间,奋发图强,实现人生价值。整个过程,学生兴趣盎然,身心完全投入,体会到了诗歌的形象美、音乐美、情感美。

综上,该课例善于调动学生的积极性和营造课堂氛围,尽最大的努力让学生成为课堂的主人,故学生回答问题比较积极,课堂氛围活跃。

第11讲 志士与隐士的对话
——《短歌行》《归园田居·其一》联读

【课例分析】《短歌行》和《归园田居·其一》同属于部编教材必修上册第三单元。该单元为古诗词单元,精选了魏晋至唐宋时期的经典诗词作品八首,人文主题为"生命的诗意"。"单元指导"中明确提出"阅读古诗词作品,加深对社会的思考,增强对人生的感悟,尝试写作文学短评"等单元学习目标。就整个高中语文教学来说,该单元的地位不言而喻。该单元汇集了不同时期、不同体式的诗词名作,如果是单篇教学,学生的知识会零散单一,无法培养多文本阅读的能力,所以该课例将两篇诗歌放在一起比较阅读,运用比较式阅读鉴赏方法完成单元任务。

《短歌行》和《归园田居·其一》两首诗虽然诗歌风格不同,但是却都深刻体现了诗人对自己人生的感悟。所以,课例选择以"理解诗人的精神境界,体会诗人对人生的不同感悟"为任务目标,设计教学活动。通过群文阅读(联读)的教学形式,课例借助知人论世、以意逆志等方法让学生把握诗歌内涵,体察诗人对社会与人生的思考,理解诗人的精神境界,感受诗歌的魅力,尝试写文学短评。因此,该课例在教学过程中采取情境导入法、问题引导法、小组合作探究、知识迁移等方法进行群文阅读(联读),打破了单篇教学带来的局限,培养了学生的自主阅读能力,帮助学生获取阅读方法,形成并运用系统的知识脉络解决阅读问题。

【选文来源】《短歌行》《归园田居·其一》选自部编版高中语文必修上册。

【教学年级】高一

【学情分析】在初中时,学生已经接触过曹操和陶渊明的诗歌,其主要思想内容和本文基本一致。从文言文教学的角度考虑,选文的语言障碍比较小。根据新教材的编排特点和《新课标》"学习任务群"的相关要求,课例重点是将两首诗歌放在一起进行比较鉴赏,目的是使用诗歌鉴赏方法去指导和完成教学难点(两种人生志趣的哲理)的讲授。

【教学目标】
1. 能够结合诗句,从表达技巧等角度赏析诗歌。
2. 归纳课本两首诗中作者的情感与写作思路。
3. 能够联系诗人身世领悟其人生选择,并树立正确的人生观。

【教学重难点】
1. 学习和掌握诗中的艺术手法以深入理解诗人情感。
2. 理解诗人不同的人生选择并树立正确的人生观。

【教学方法】
1. 诵读法:通过诵读,理解诗意,感受诗人情感。
2. 探讨法:教师对诗句内容和思想情感进行激疑,激发学生思维,互动探讨。
3. 预习法:学生结合导学案预习本课,根据提示做出思维导图,分析诗句,体会情感。

【教学过程】

第一课时

一、视频导入(多媒体播放)

1. 通过这两段视频,我们能够看出一个是一代枭雄,一个是隐逸之士:一个具有一统天下的宏大气魄,一个则有崇尚自由的隐逸情怀。同是乱世的诗人,他们对人生思考与人生选择大不相同!今天就以《短歌行》《归园田居·其一》作为切入点来理解诗歌内容,把握诗人情感,探讨诗人的生命追求。

设计意图 从视频入手,引入他们不同的生命状态,从而导入本课,激发学生探究其人生选择的兴趣。

2. 学习活动:知人论世,走进文学常识,知晓背景,深入文本。

课前学生预习两位作者的生平、时代背景等,有助于学生对本节课的整体把握。

师(总结):曹操是三国时期魏国著名政治家、军事家、文学家,"外定武功,内兴文学",是建安文学的开创者和组织者。他的创作一方面反映了社会动乱和民生疾苦,一方面表现了统一天下的理想和壮志,具有"慷慨悲凉"的独特风格。这种风格被称为"建安风骨"或"魏晋风骨"。

二、品读感悟

活动一

大声诵读诗歌,感受诗歌的韵律美。

诵读朗读点拨:读诗实际上是一个自我代入的过程,此刻把你自己化作曹操或陶渊明,沉浸诗歌文本,进入诗人构建的世界。

设计意图 让学生代入式诵读,用直观的方式感受诗歌。

活动二

结合注释,自读自说,梳理诗歌内涵,小组间轮流解释,相互指正点评。

活动三

品读诗歌,知人论世,揣摩诗情诗篇的哪一句让你一见倾心?为什么?

小组交流,讨论并完成表格(表4.8)。

表 4.8 品读感悟诗歌

诗　篇	诗　句	手　法	情　感	诗人形象
《短歌行》				
《归园田居·其一》				

小结:《短歌行》塑造了一位具有统一天下的雄心壮志而求贤若渴的英雄志士形象。《归园田居·其一》塑造了一位不与世俗同流合污、向往怡然自得的田园生活的隐士形象。

三、板书设计

《短歌行》——志士之慨

《归园田居·其一》——隐逸之情

第二课时

一、导入

范仲淹曾感慨"是进亦忧、退亦忧,然则何时而乐耶","进"与"退"、出仕与归隐历来是古代士人人生中的重要议题,关于这点,作为"一世之雄"的曹操和"隐逸之宗"的陶渊明又是如何表达的呢?今天我们继续学习这两首诗,探索诗人的不同生命追求。

二、合作探究

活动一

研读文本,找出《短歌行》的诗眼所在;鉴赏《短歌行》并分析:诗人的生命追求是什么?

1. 你认为这首诗的诗眼是哪一个字呢?——忧。
2. 那他忧的是什么,想要归去何处呢?下面我们就来结合诗歌具体分析:
首先,我们先来看看曹操的《短歌行》,诗人为何而忧?又何以解忧的呢?
第一节:对酒当歌,人生几何?……唯有杜康。
明确:"朝露"这个意象,在古诗文中有特定的含义,即生命短促易逝,作者用"朝露"来比喻人生短暂。所以曹操的第一种忧是什么?——人生短暂。
板书:人生短暂。
3. 谈到忧愁,曹操又是怎么做的呢?——"何以解忧?唯有杜康。"
中国诗人自古就与酒有着不解之缘,他们借酒尽情挥洒诗兴,写下了无数美丽的诗篇。请同学们回忆一下,有哪些诗词是与酒相关的呢?
4. 由此可见,中国的诗酒文化源远流长。曹操忧人生短暂从而借酒浇愁,这样一来,全诗的基调是不是消极的、低沉的呢?谈到曹操想要招纳人才,为自己所用,那老师想问问:你是从哪句诗中知道的?
明确:第二小节,"青青子衿,悠悠我心……我有嘉宾,鼓瑟吹笙"。这几句,体现出曹操急于实现人生理想,深感人生有限,他迫切需要人才的辅助!
5. 诗人如何表达对人才的渴盼?
明确:化用典故,借用《诗经》中的句子"青青子衿,悠悠我心"。原句是表达一个姑娘对情人的思念,曹操把它借用过来,表达对贤才的渴求,如姑娘对情人的深深思念,正契合曹操的心态。借用得天衣无缝,准确生动。
6. 曹操渴望人才的到来。曹操如何对待人才?从何处可以看出他对人才的态度?
明确:"呦呦鹿鸣,食野之苹;我有嘉宾,鼓瑟吹笙。"这里引用《诗经·小雅·鹿鸣》中的四句,意思是说只要你们到我这里来,我是一定会待以"嘉宾"之礼的,表示自己期待贤者的热诚;贤者若来投奔自己,必将极尽礼节款待他。
7. 这里描写宾主欢宴的情景,那此时诗人的心情有没有发生变化?
生:由忧愁转为欣喜。
8. 那既然是欣喜,那曹操是不是就没有忧愁了?

明确:"明明如月,何时可掇?……心念旧恩。"诗人用"月"比喻人才,深情呼唤:天下贤才,我何时才能得到你们呢? 言下之意是能否得到贤才,所以这里"忧"的内涵是"贤才难得"。

板书:贤才难得。

9. 曹操一忧人生短暂,二忧贤才难得,其实这正反映了他内心更深更重的一种忧愁,我们能不能从第四小节概括一下他最后的忧愁?

明确:"周公吐哺,天下归心。"借周公的典故,以虚心待贤的周公自比,既表达了对人才的谦敬,又委婉地流露出其吞吐天下的雄心壮志。所以他最后的忧愁是——功业未就。

板书:功业未就。

这首诗以"忧"贯穿全诗,无论是忧人生短暂,还是忧贤才难得,实际上都是因功业未就而忧,而且这种忧是与诗人心中的志向并存的:他希望的是能够统一天下。刚才我们从最开始的识背景、找诗眼、明字义、解典故、析手法来鉴赏《短歌行》,这也是我们鉴赏诗歌的一般方法。

活动二

按照这种方法,以小组讨论的形式,共同鉴赏《归园田居·其一》,思考这首诗的诗眼是什么?

讨论:陶渊明为何而归? 从何而归? 归向何处? 归后感觉如何?

明确:

1. 诗眼——归。

2. 从"少无适俗韵,性本爱丘山"和"羁鸟恋旧林,池鱼思故渊"能够看出陶渊明本身的个性就是喜欢山林,其间运用了比喻和拟人的修辞手法,将禽鸟和池鱼比作他自己,来表达他对田园生活的向往,不愿意和那些当官的同流合污,想要归隐田园,展示了他对田园生活有很大的眷恋和向往,所以他归隐山林的原因一方面是自己本身个性的使然,另一方面是厌恶官场的黑暗,不想与之同流合污。

3. 由"误落尘网中,一去三十年。开荒南野际,守拙归田园"这句话能看出从何而归:由他厌恶的官场,回到了田园。"尘网"指的是什么呢? ——指的是官场。所以陶渊明面对官场的阴暗,选择了归隐山林。

4. 陶渊明厌恶官场,热爱田园。归隐山林后,他得到了精神上的自由和独立,所以他是幸福的!

活动三

面对动乱的社会,曹操是积极入世的,是决心建立一番功业的。陶渊明是远离官场的,是追求隐逸田园的。为什么会出现这样截然不同的选择?

三、小组合作探究曹操、陶渊明不同人生选择的深层原因

其合作探究成果如表4.9所示。

表 4.9 合作探究成果

人物	家庭出身	先天性格	时代背景	社会思潮
志士 曹操	官宦世家 太尉之子	好侠任性、放荡不羁、 不治行业	士族门阀制度、 门第选拔	社会责任感、指陈时政、 求真务实
隐士 陶渊明	小官吏家庭 寒门士子	娴静孤傲、不同流俗、 研习儒家	上品无寒士、 下品无士族	玄学、佛学、老庄生死 观、虚幻精神世界

资料链接 1

"太祖少机警,有权数,而任侠放荡,不治行业。"

——《三国志·武帝传》

"自幼修习儒家经典,爱娴静,念善事,抱孤念,爱丘山,有猛志,不同流俗。"

——袁行霈《陶渊明集笺注》

点拨:在这样的内外因之下,曹操果断地选取入世,做一名志士,要一统天下,是顺理成章的,是必然的。但对陶渊明来说,是出世,还是入世?做隐士,还是志士?真不是一个容易的选择。直面惨淡的人生,正视淋漓的鲜血,做一个真正的猛士。陶渊明并不是天生就想隐居去做一个田园诗人的。

资料链接 2

"忆我少壮时,无乐自欣豫。猛志逸四海,骞翮思远翥。"

——陶渊明《杂诗十二首》

"精卫衔微木,将以填沧海。刑天舞干戚,猛志固常在。"

——陶渊明《读山海经》

点拨:一是陶渊明曾经也是一个胸有猛志的人,也有着对于时事政治的愤激之情,也有金刚怒目之时,而且在认清现实、发现自己与社会格格不入之后,选择了坚守节操,坚守自己精神的一方净土。这些都是他的人格可贵之处。正如鲁迅所说:"陶潜正因为并非浑身静穆,所以他伟大。"二是看一个人绝不应该断裂来看,陶渊明之所以伟大,成为文学史、历史上独一无二的陶渊明,就在于他既有悠然见南山的淡泊,也有"猛志固常在"的金刚怒目。不知他的猛志就很难理解他的淡泊明志、宁静致远。如果单纯对他的两种人生加以抑扬,就离陶渊明越来越远了。

四、板书设计

短歌行——忧 { 人生短暂 / 贤才难得 / 功业未成 }　　归园田居·(其一)——归 { 从何而归 / 为何而归 / 归向何处 }

第三课时

一、导入

历朝历代,许多仁人志士都具有强烈的忧国忧民思想,这种可贵的精神,使中华民族历经劫难而不衰。而隐士思想历来占据传统文化精神最崇高、最重要的地位。这些志士和隐士在历史上留下了浓墨重彩的一笔。他们可能没有实现"大济苍生"的理想,却能造就人格的丰碑。

二、学习任务

活动一

小小辩论赛:曹操生于东汉末年,陶渊明生于东晋末年,两个人的时代相隔并不久远,生活的背景极为相似,但两人做出的选择却大有不同。对此,班级将组织辩论赛,请同学们结合背景知识,就曹操和陶渊明不同的人生态度展开辩论,你更倾向于哪一种人生选择?

点拨:其实,他们的志向、人生选择没有好坏对错之分,无论是曹操的"进",还是陶渊明的"退",都是他们遵从自己内心所作出的选择,也都因坚守了自己的志向和选择而收获了内心的愉悦和满足,他们都是成功者,都应被我们所尊重。

点拨:其实,曹操和陶渊明两人都践行了孟子的"穷则独善其身,达则兼济天下"这条中国士人骨子里的铁律。

点拨:在中国,"士"自古就是一个非常重要的存在。古有志士、隐士、壮士、勇士、义士、侠士……如今则有博士、硕士、学士,上士、中士、下士等,国家最高荣誉有"国士"的称号,最轰轰烈烈的死亡有"烈士"的称号,等等。"士"之所以称之为"士",具备以下几个特质:人格名望、风骨气节、学识才华。曹操和陶渊明就是士的典型代表。曹操是志士,追求治道;陶渊明是隐士,追求立身。两者绝不是简单的矛盾对立,而是并行不悖,甚至可以相辅相成。

点拨:曹操作为"志士",其伟大之处就在于在群雄逐鹿的"治道"过程中,在儒家文化受到冲击、文化裂变的时期,不忘引领第一个文人主动创作文学的热潮,形成傲立于世的"建安风骨"。陶渊明作为"隐士"的伟大之处就在于他的"并非浑身静穆"的隐居,在认清现实之后,能真正地享受山水之乐,用这股"猛志"开创了一个新的艺术创作领域和人生境界。

活动二

曹操和陶渊明,一个是一世之雄,一个是隐逸之宗;一个具有一统天下的宏大气魄,一个则有崇尚自由的隐逸情怀。请替曹操或者陶渊明给对方写一句诗,表明他们对彼此出世或入世的态度。

活动三

生逢乱世,曹操和陶渊明等魏晋人士做出了自己的抉择。作为当代青年的我们,面对崭新的时代,应该如何选择?谈谈你的看法。学生自由发言交流。

PPT补充:电视剧、电影海报。

"让我们的子孙后代享受前人无法享受到的幸福吧!"

——《觉醒年代》

"我们把该打的仗都打了,我们的后辈就不用打了。"

——《长津湖》

"不忘初心,青春朝气永在!志在千秋,百年仍是少年!奋斗正青春!青春献给党!请党放心,强国有我!"

——《庆祝中国共产党成立100周年大会千人献词》(节选)

三、课堂小结

老师认为,此时我们青少年要像曹操一样,以天下为己任,成长为时代需要的优秀人才!如果同学们都选择了消极避世、及时行乐,那谁来建设社会主义强国呢?同学们,透过历史的眼眸,我们正处于一个承前启后的时代,一个日新月异的时代,更是一个继往开来的时代!正如近代思想家梁启超挥笔写就的经典名篇《少年中国说》所说:"今日之责任,不在他人,而全在我少年!少年智则国智,少年富则国富,年强则国强。"

生逢乱世,曹操和陶渊明等魏晋人士做出了自己的抉择。作为当代青年的我们,面对崭新的时代,不忘初心,青春朝气永在。志在千秋,百年仍是少年。奋斗正青春!青春献给党!请党放心,强国有我!

设计意图 能够联系诗人身世领悟其人生选择,并联系当下树立正确的人生观。

四、作业布置

1. 背诵两首诗歌。
2. 课下搜集曹操和陶渊明的其他诗歌,再次感悟诗人的人生选择。

五、板书设计

追求　抉择←"忧"与"归"→入世　出世

【课例评析】

品味古人情感,提升审美情趣

本课例选文出自部编版高中语文必修上册第三单元的《短歌行》和《归园田居·其一》。学习这两首诗词,能让学生感受古典诗词的魅力,体味古人丰富的情感、深邃的思想、多样的人生,激发学生对中华优秀传统文化的热爱之情,提升审美情趣和审美品位,增强文化自信。

一、比较中寻求趣味

课例选文《短歌行》与《归园田居·其一》两首诗歌均为魏晋时代的作品,一是古乐府为题的四言诗,质朴刚健,运用比兴手法,化用典故或引前人诗句表达心志;一是五言为主的田园诗,平淡舒缓,善用白描,寥寥数笔勾勒出一幅乡村日常生活的图景。两首作品表现的人生境遇和人生状态不一样,《短歌行》表达曹操"天下归心"的愿望,是渴望建功立业的忧思;《归园田居·其一》呈现的是陶渊明"复得返自然"的淡泊,抒写的是厌倦官场生活,最终辞官归隐躬耕田园的自由、喜悦之情。两首作品放在一起比较,学生比较容易找到两者不同的人物形象、人物情感和人生状态。但往往容易认为曹操是积极的入世者,而陶渊明则是消极的避世者,并未真正理解其实两者都是有志之士的一种人生选择而已。

二、合作中探寻方法

课例根据两人的生平和时代背景,帮助学生理解其共同之处:均为有志之士,只不过是在不同的人生境遇和人生状态下,选择不一样完善自我的途径罢了。该课例抓住关键字"忧",理出思路:为何而忧—何以解忧—忧之根源—归心解忧,以点带面,由浅入深设置问题,比较顺利地完成教学重点的讲授。同时,课例采用点拨法、小组合作探究等方式,开展师生互动、生生互动,让学生掌握诗歌鉴赏方法,实现了"授之以渔"的教学目的。

三、谈论中碰撞火花

课例深入理解两位诗人的心境,引导学生体会诗人是如何展示不同的两种生活状态,表现出各自的人生境遇和情感世界:无论是曹操还是陶渊明在生命的选择上都有别样的追求——曹操的忧愁来自功业未就,面对统一大业他选择积极入世;陶渊明除了自己性格的使然外还有官场的黑暗,选择了出世。无论是出世还是入世,都是一对相互矛盾却又相辅相成的问题。进而通过讨论,学生在思维碰撞的火花当中理解诗人内心世界,感受不同的生命追求。最后教师加以总结,领悟其人生选择,并联系当下树立正确的人生观、价值观,实现育人总目标。

第12讲 千古圣名,何止文章
——《望岳》《登岳阳楼》《登高》联读

【课例分析】该课例通过品读杜甫的三首诗歌《望岳》《登岳阳楼》《登高》,以培养学生鉴赏诗歌的能力为中心,以"任务型"教学为主线,以学生探究合作为手段,引导学生积极参与读、议、思、说等活动,深刻体会诗人杜甫从青年时期"致君尧舜上,再使风俗淳"的理想抱负到颠沛流离的政治生涯中无尽的悲情,并从中习得诗歌鉴赏的方法。

课例以《登高》为主,带动对另外两首诗的联读。《登高》是诗圣杜甫晚年流落夔州时所写的一篇饱含情意的作品,被誉为"杜诗七言律诗第一"。诗中写重阳登高祈福一事,借秋的凄凉、萧瑟,吟唱出一曲个人的哀歌、人民的悲歌、国家的殇歌和时代的挽歌,展示了杜甫漂泊无依、体弱多病、忧国忧民、壮志难酬的情怀。

《中国诗词大会》《经典咏流传》等综艺节目带来了一股诗词阅读热潮,诗词数量的储备和诗词知识点的记诵固然重要,但对诗词更深入的鉴赏、对诗人思想情感的理解更为重要。本学习任务的情境来自真实的社会热点,这能激发学生探寻中华优秀传统文化的兴趣。

【选文来源】《望岳》选自《杜工部集》(辽宁教育出版社1997年版);《登岳阳楼》选自部编版高中语文必修下册;《登高》选自部编版高中语文必修上册。

【教学年级】高一

【学习目标】

1. 阅读与鉴赏《望岳》《登高》《登岳阳楼》。
2. 围绕诗人身世之悲与忧国之情齐集心头的沉郁悲凉的境界,进行讨论、梳理,体悟诗人情感。
3. 研读杜甫的代表作,在深入理解诗人的作品和创作经历后,创作出精彩贴切的诗人表情包。

【教学过程】

一、巧用媒介,激趣导入

你在网上看到过"杜甫很忙"系列涂鸦吗?杜甫时而穿着运动服打篮球,时而脚踏摩托车去购物,时而挥刀切西瓜……古今混搭,令人忍俊不禁。你是否也曾"打扮"过课本上的杜甫肖像呢?在众人笔下,杜甫的形象被彻底颠覆,这类轻慢文化名人的现象引发了社会各界的热烈讨论。

知人论世:古人有登高习俗,踏雪寻梅时登高赏景,重阳佳节时登高祈福,平日里出门途经胜地遗迹,也总少不了要登高抒怀。杜甫也不例外,在他的诗作中,就有不少经典作品,今天的这一讲,是了解他的最佳途径。我们就从登临抒怀的角度,读杜甫的诗歌,理一理杜甫的情怀。

二、学习活动

活动一:诵读《望岳》《登岳阳楼》《登高》,读懂诗意,体悟感情

完成表4.9。

表4.9　读懂诗意,体悟感情

诵读	《望岳》	《登岳阳楼》	《登高》
写景诗句	首联、颔联、颈联	首联、颔联、颈联	首联、颔联
画面	巍峨雄伟 神奇秀丽	辽阔雄伟 开阔深远	萧瑟凄清
炼字赏析	钟、割	坼、浮	风、天、猿、落木、长江
抒情句子	尾联	尾联	颈联、尾联

续表

诵读	《望岳》	《登岳阳楼》	《登高》
景和情的关系	情景交融 借景抒情	融情于景 壮景、悲情、反衬	寓情于景、借景抒情

活动二:品味鉴赏,感悟杜甫的情怀

补充:杜甫生平经历。

杜甫是唐王朝由兴到衰的见证者:曾有"会当凌绝顶,一览众山小"的豪情壮志;曾有"朝扣富儿门,暮随肥马尘。残杯与冷炙,到处潜悲辛"的10年忍辱和辛酸的经历;曾有举家吃草度日,幼儿因饿而夭折的大悲痛;一生中最重要的经历就是"安史之乱",并因之流亡了4年;曾有被叛军扣留9个月受尽侮辱的经历;曾有从叛军营里逃出,由于直谏而被贬的经历;晚年杜甫在成都凭借很难遮风挡雨的草堂安居,漂泊他乡11年,生活只能靠朋友的救济;58岁时,客死舟中,一生坎坷。

活动三:感受杜甫登临的情怀

《望岳》中"会当凌绝顶,一览众山小",表达了青年杜甫怎样的壮志豪情?

《登岳阳楼》中"戎马关山北,凭轩涕泗流",杜甫的眼泪为谁而流?

《登高》中"万里悲秋常作客,百年多病独登台",杜甫"悲"从何来?

链接《登高》相关资料。罗大经《鹤林玉露》:"此14字之间含有八意:万里,地之远也。秋,时之惨也。做客,羁旅也。常做客,久旅也。百年,暮齿也。多病,衰疾也。台,高迥处也。独登台,无亲朋也。"请结合以上文字,运用断句等方法,分析自己可以看出诗句中的哪些悲意。并以此为例,讨论尾联中的诗人感情。

叶嘉莹说:"一个人如果对国家、民族有感情,那么他对于国家的历史、山川就会有一种特别亲切之感。"

小结:三首诗的寄遇有所不同,但皆流露着作者忠君爱国的情怀,即使漂泊江湖,仕途坎坷,壮志未酬,仍然关心朝政,忧国忧民。因此,从登临抒怀入手,衔接时空来感受杜甫这位胸怀天下的人民诗人对于天下苍生的大悲切。

活动四:创作并交流诗人表情包

诗映杜甫,知人论世。

赋到沧桑句便工:含英咀华品杜诗,梳理诗人登高抒怀的作品。

风流犹拍古人肩:金句评选,创作交流表情包。

三、课堂小结

三首诗抒登高感触之情,寓情于景,情景交融:《望岳》充分表达了青年杜甫"致君尧舜上,再使风俗淳"的人生抱负;《登岳阳楼》隐含了晚年的杜甫长年漂泊、忧国伤时悲伤的情感;《登高》既是老病、孤愁、无奈的慨叹,也是壮志终难酬的哀怨激愤,更有为国家破亡忧心如焚的复杂感情,格调却雄壮高爽,慷慨激越,尽显杜甫沉郁顿挫的诗风。

四、布置作业

阅读杜甫诗歌中的名句,请根据某一句诗介绍杜甫,并创作贴切诗人心境的表情包:
1. "安得广厦千万间,大庇天下寒士俱欢颜,风雨不动安如山。"(《茅屋为秋风所破歌》)
2. "朱门酒肉臭,路有冻死骨。"(《自京赴奉先县咏怀五百字》)
3. "会当凌绝顶,一览众山小。"(《望岳》)
4. "烽火连三月,家书抵万金。"(《春望》)
5. "万里悲秋常作客,百年多病独登台。"(《登高》)

五、板书设计

寓情于景,情景交融
《望　　岳》　　政治抱负
《登岳阳楼》　　忧国伤时
《登　　高》　　壮志难酬

【课例评析】

千古圣名传,趣味媒介扬

一、联系当下生活,激发兴趣

从标题的内容来看,课例所选三首作品都是杜甫的登临作品。杜甫的诗歌中,登临的作品并不少,从《望岳》,到《登楼》,再到《登高》和《登岳阳楼》的写作风格和思想内容的先后变化,我们似乎也看到了杜甫思想轨迹的变化:早年时的奋发向上,到中年时的忧国忧民,再到晚年时的穷困潦倒,却还是心有家国。《望岳》是杜甫早期的作品,《登高》和《登岳阳楼》都是杜甫晚年的作品,课例比较了三首诗在思想内容上的相似之处,并借助诗歌,分析了杜甫的思想,指出杜甫的伟大之处。该课例包含的活动涉及文本研习、审美创造和表达交流。导入环节联系生活,灵活创设教学情境,激起了学生的学习兴趣,学生的讨论与笑声充盈课堂,做到了以生活激趣,使学生"乐学"语文。

二、灵活创设情境,以画激趣

在学习任务的三大活动中,课例从了解时代背景、进行诗歌朗诵,到梳理登临情怀、评选金句,层层递进、由浅入深,持续提升了学生的语文能力。鉴于文学阅读与写作不仅需要学生掌握语文技能,还期望学生自觉传承和弘扬中华优秀传统文化,所以学生有必要深入知晓整个唐诗文化的辉煌背景,拥有开阔的文化视野和长远的历史眼光,于是课例活动得以设计开展。在形成整体把握和初步印象后,学生随之进入文本精读环节。阅读应当做到点面结合,既要有单篇的微观剖析,也要有宏观的创作发展史考量,故而活动二规定:要研读经典诗歌,撰写诗歌赏析,梳理诗歌创作脉络,深度理解代表性诗人的整体精神风貌。在此基础上,学生具备了一定的鉴赏能力,才能在活动三中评选出杜诗金句,灵活创设教学情境,创作出富有"杜甫神韵"的表情包。

三、联合阅读,以比激趣

"课文联读"学习,就应当找到三篇课文之间的联结点,并围绕着联结点来设计问题。该课例在组织学生开展课堂学习活动时,不强求面面俱到,而将两篇课文的知识内容嵌入课堂之中。如果硬要追求对课文知识内容的全面解读,这难免会顾此失彼。

总之,"课文联读"重在"联"。在联读课堂之上,一些无法达到"联"的标准,或者一些根本就无须"联"的学习内容,要适当舍弃。其实,联读课堂,贵在"精"和"深",而不要刻意追求"全"。

第5章 激趣语文之实用类文本篇

实用类文本是指那些具有实际应用价值,旨在传达信息、说明事物、分析现象、解决问题的文本类型。这类文本通常包括说明文、议论文、应用文等,它们具有结构清晰、逻辑严密、语言简洁明了等特点,是现代社会中人们获取信息、了解世界的重要途径。实用类文本的教学在阅读教学领域独树一帜,亦是中考、高考的必考部分。经由对实用类文本的阅读,不但能够提升学生阅读理解水平,还能够锤炼其应用技能,增进信息素养,为未来的学习与工作筑牢根基。

实用类文本包含新闻、演讲稿、说明性文本、人物传记等。实用类文本阅读教学所涵盖的重点内容有信息获取、逻辑分析、评价判断等维度。于教学进程中,教师需依据文本的类型以及难易程度,极具针对性地拣选教学内容与教学手段。

一、须把控教学内容的特性

1. 信息获取:引导学生借助快速阅读、略读等形式,于文本内抓取关键信息,诸如主题、观点、事实、数据等。与此同时,培育学生的信息筛选与整合能力,助力其对获取的信息予以归纳、总结与提炼。

2. 逻辑分析:教导学生剖析文本的内在逻辑架构,包含段落之间的逻辑关联、句子之间的衔接形式等。借由领会文本的论证流程、推理模式等,助推学生提升逻辑思维水平。

3. 评价判断:激励学生对文本予以评价与判定,涵盖对文本内容、观点、论证过程、语言表达等方面的考量。通过抒发自身的看法与建议,培育学生的批判性思维与独立思考能力。

二、依照教学内容规划引人入胜的教学方法

针对实用类文本的特质和教学目标,教师应运用灵活多元的教学方式,以激发学生的学习兴致和主观能动性。以下为一些常见的教学手段:

1. 导入式教学法:通过营造情境、提出问题等途径,引导学生进入文本阅读。此方法能够唤起学生的学习兴趣,帮助他们更好地理解文本内容。

2. 任务型教学法:依照文本内容设定具体的学习任务,令学生在达成任务的过程中掌握知识和技能。这种方法能够强化学生的实践能力,培养其应用技能。

3. 讨论式教学法:组织学生针对文本内容展开讨论与交流,鼓励他们抒发自己的见解和观点。这种方法能够提升学生的参与程度和思考能力,培养他们的合作精神与沟通能力。

此外,教师还可以结合具体文本特点以及学生的实际状况,采用其他有效的教学方法,

譬如案例分析法、对比阅读法等。

要激发学生对实用类文本的学习兴趣,需从多方面着眼。通过拣选契合学生的书籍、营造情境式阅读环境、组织分享会等方式,能够激发学生的学习兴趣;通过提升学生的逻辑分析水平、强化跨学科联系等手段,可以培养学生的阅读理解能力。同时,我们还需持续总结实践经验,探寻更多行之有效的办法和策略,以更好地推动学生的全面发展。

第1讲　勾勒新闻要素,培养阅读习惯

——《新发现6座"祭祀坑"　已出土500余件重要文物》《那道闪电!那抹红霞!》《冲锋在一线　用心到极致——来自疫情防控一线的报道》《关爱自然,就是关爱人类自己》联读

【课例分析】该课例所选四篇新闻内容虽然主题不同,但可以通过对比和联系来发现其中的共同点。例如《新发现6座"祭祀坑"　已出土500余件重要文物》,从考古发现中我们可以感受到古代文明的智慧和创造力;《那道闪电!那抹红霞!》,从自然现象中我们可以领略大自然的美丽和力量;《冲锋在一线　用心到极致——来自疫情防控一线的报道》,从人物特写中我们可以学习到敬业精神和奉献精神;《关爱自然,就是关爱人类自己》,从社会议题中我们可以认识到保护自然环境的重要性。这些共同点可以帮助学生更好地理解不同领域的知识和观点。这四篇新闻内容都蕴含着丰富的情感教育和价值观培养元素。课例通过分析考古发现的神秘和美丽、自然现象的壮观和伟大、人物传记的感人和励志以及社会议题的深刻和紧迫,学生可以感受到不同领域中的美好和感动,从而培养出积极向上的情感态度和正确的价值观。

【选文来源】《新发现6座"祭祀坑"　已出土500余件重要文物》选自2021年3月21日的《光明日报》;《那道闪电!那抹红霞!》选自2018年2月23日的《新华网》;《冲锋在一线　用心到极致——来自疫情防控一线的报道》选自2020年3月1日的《人民日报》;《关爱自然,就是关爱人类自己》选自2020年6月5日的《新华网》。

【教学年级】八年级

【学情分析】初中生已经具备了一定的历史、地理、科学和文化知识。学生对历史、文化、科技、环保等主题有一定的了解和兴趣。

【教学目标】

1. 迅速阅读文本,勾勒新闻要素,总结新闻内容。
2. 对比、整合新闻的共同特征,剖析不同新闻体裁的特性。
3. 学会依据不同需求,阅览各种体裁的新闻,培养关注时事的习惯。

【教学重难点】

1. 重点:对异同进行比较,归纳分析不同新闻体裁的特点以及阅读时的关注点。
2. 难点:连通多个文本,在形式转换中掌握不同新闻体裁的特点。

【教学过程】

一、回顾过往，开启新课

在这个信息爆炸的时代，新闻与我们的日常生活息息相关。打开手机、电视，收听广播，观看视频，扑面而来的是形形色色的新闻。我们在课本上已读过数篇新闻类文本，回想一下，新闻是怎样的一种文体？又分为哪些类型？

屏幕显示，加以明确：新闻是为满足人们信息传播和交流需求的一类实用性文体，是针对新近发生、发现的事实所做的报道。广义的新闻涵盖消息、通讯、新闻特写、调查报告、专访、新闻评论、答记者问、新闻花絮等；狭义的新闻则特指消息。新闻能助我们知晓广阔的世界；一则事实信息，借由"新闻报道"这一媒介，我们能够看到事件的立体多面。在今天这堂课，我们将多种类型的新闻放在一起对比阅读，学会读懂新闻。

屏显选文标题：《新发现6座"祭祀坑" 已出土500余件重要文物》《那道闪电！那抹红霞！》《冲锋在一线 用心到极致——来自疫情防控一线的报道》《关爱自然，就是关爱人类自己》

二、提取要素，感知共性

1. 速读这四篇新闻，勾画出"六要素"，试着用一句话概括这则新闻报道的主要事实。

屏显新闻要素：构成一篇完整的新闻作品所应具备的最基本因素。新闻要素通常有六个，被称为"五W"加"一H"，即When（何时）、What（何事）、Who（何人）、Where（何地）、Why（何故）和How（如何）。

交流并明确：

《新发现6座"祭祀坑" 已出土500余件重要文物》报道的事实是：2021年3月20日，"考古中国"重大项目工作进展会在成都召开，通报四川广汉三星堆遗址重要考古成果——新发现6座"祭祀坑" 已出土500余件重要文物。

《那道闪电！那抹红霞！》报道的事实是：2018年2月23日，中国选手武大靖以打破世界纪录的成绩获得短道速滑男子500米冠军，为中国代表团获得一枚平昌冬奥会金牌。

《冲锋在一线 用心到极致——来自疫情防控一线的报道》报道的事实是：在武汉疫情期间，火神山医院重症病房一科护士长陈静冲锋陷阵，严防死守，倾尽全力投入一场场抗疫战斗。

《关爱自然，就是关爱人类自己》报道的事实是：2020年6月5日为世界环境日，主题为"关爱自然，刻不容缓"。

2. 时效性、准确性、真实性为新闻的三大关键特质，请结合这四则新闻，深入探讨这些特质的具体体现。

屏显：时效即速度要快，内容需新。对于新人、新事、新情况与新问题，要做到敏锐察觉，迅速了解，及时反映。

真实意味着事件真实，所写人物、时间、地点以及事情发生发展的经过皆不可虚构。

准确要求每个事实包括细节也都必须准确无误。倘若一条消息失真或存在误差，不但会降低其新闻价值,失去民众信任,还可能损害党和人民的事业。

交流并明确:

《新发现 6 座"祭祀坑" 已出土 500 余件重要文物》这则消息由《光明日报》于 2021 年 3 月 21 日报道 3 月 20 日发生的事件,来源可靠,时效性颇高,文中"500 余件"的"余"以及"金面具残片、眼部有彩绘铜头像、青铜神树等重要文物,再次惊艳世界"里的"残片""等""再次"等表述严谨,具备真实性与准确性。

《那道闪电! 那抹红霞!》属新闻特写,由新华网在 2018 年 2 月 23 日报道当日事件,真实性与时效性皆强。"39 秒 584"等词句,彰显了报道的准确性。

《冲锋在一线 用心到极致——来自疫情防控一线的报道》由《人民日报》在 2020 年 3 月 1 日报道武汉疫情期间的人物事迹,与其他三则新闻相比,时效性稍弱;文中直接引用人物话语,以及"1 月 24 日,除夕,凌晨 4 点多"等语句,表明了报道的准确性与真实性。

《关爱自然,就是关爱人类自己》是新华网于 2020 年 6 月 4 日针对 6 月 5 日世界环境日主题发表的新闻评论,时效性强,文中"1.1℃""0.24℃"等数字以及"世界气象组织发布的数据显示""时下"等词句,体现了新闻的准确性与真实性。

小结:新闻作为人们交流与传播信息的媒介,具备及时、准确、真实的特质,从而赋予了新闻阅读重要的价值与意义。通过阅读新闻,我们能够突破空间和地域的束缚,迅速知晓国内乃至全球发生的各类事件,把握时代的发展走向,洞悉多样的世态人情,拓展自身的"视界",积累生活经验。

三、比较异同,辨析特性

1. 新闻作品在体裁上存在差异,写法也各不相同。请从标题特点、报道对象、报道重点、表达方式、语言特色等方面,对四种新闻体裁各自的特点进行比较和归纳。

(1) 学生跳读文本并进行交流后明确:《新发现 6 座"祭祀坑" 已出土 500 余件重要文物》的标题包含正题与副题,正标题陈述主要事实,副标题凸显事件的背景与影响。此报道的对象为新闻事件,重点在于事件的整体情况(包括事实、背景、意义、影响等),其表达方式以记叙为主,语言准确且精练,叙述精准而严谨。

《那道闪电! 那抹红霞!》的标题由两个短语构成,使用了感叹句,情感色彩强烈。该报道对象为新闻事件,重点聚焦于新闻事件中的几个场面(或者镜头),表达方式以描写为主,采用正面和侧面描写相融合的方式,语言生动形象,充满感染力。

《冲锋在一线 用心到极致——来自疫情防控一线的报道》由正题和副题构成,正题突显人物的精神品质,副题说明地点、新闻背景以及中心人物。报道对象是新闻人物,重点放在人物的典型事迹和相关言行上,表达方式以人物描写为主,描写细致,语言生动。

《关爱自然,就是关爱人类自己》的标题即为作者的主要观点。报道的对象和重点在于媒体对事件的评述和见解,表达方式以议论为主,语言准确精练,逻辑性强,具备说服力和号召力。

(2) 交流后明确:如果以消息的形式进行报道,需去除文中的细节描写、场面描写、侧面描写等,只需阐述主要事件,并交代相关背景、意义以及影响。

倘若以事件通讯的形式展开报道,应依照事件的先后次序记录武大靖赛前的准备状况、比赛的赛事安排、比赛的进程、比赛的结果、颁奖仪式,等等。

若是以人物通讯的形式去报道,则应当补充一些人物的典型事件,例如平常训练中武大靖的表现、在其他赛事获取的成绩、此次备赛付出的努力等,同时增添人物的语言和心理描写,以凸显人物的精神品质。

假如以新闻评论的形式加以报道,应当简单地交代事件,随后针对武大靖夺冠的某个特殊点,表明观点,发表看法,展现精神特质,并呼吁青年人学习。

小结:不同类型的新闻,其关注的角度、报道的方式、展现的内容均存在差异。把握好每一种新闻体裁的特征,能够辅助我们确定阅读的方向,明确阅读的方法。

四、联系生活,掌握读法

不同的阅读群体对于信息类型的需求存在差异。对于中学生而言,阅读各类新闻时应当关注什么?采用何种方式阅读呢?结合课内所学以及这堂课所读到的四则新闻来谈一谈。

屏显示例:阅读短消息,需留意来源,对标题和导语部分进行浏览。毕竟消息来源会影响消息的可信度与报道立场,而标题和导语能够概括消息的主要事实。学生展开讨论,并相互交流。

明确:阅读新闻特写,可对场面描写、细节描写、侧面描写等进行精读,学习其中的描写方法和技巧,掌握"瞬间拉长"与"对象细化",借助"慢镜头"和"放大镜"让自己的记事类文章变得细腻生动,使人读来仿若身临其境。例如,《"飞天"凌空》前两段的细节描写、《那道闪电!那抹红霞!》二三段的神态动作描写以及这两篇文章中的侧面描写,都非常值得精读和借鉴。

阅读人物通讯,要关注典型事件的选择和叙述等,学习人物描写、细节描写如何突出人物特点,凸显人物性格,彰显人物精神。比如《冲锋在一线 用心到极致》选取"把自己'框'进支援武汉名单""不惧危险守护重症患者"两件事,照应了标题,突出了人物精神品质。

阅读事件通讯要关注事件叙述的主次和详略,把握作者是如何交代事件的来龙去脉,突出事件的具体情节及意义、影响。比如《一着惊海天》把事件放在广阔的背景上来叙述,凸显其意义;记叙事件的过程中,用短小句段写人物对话,突出人物果断、自信等特征。

阅读新闻评论,要把握作者观点,把握作者的论证思路,学习围绕论点展开论述的方法,为议论文写作奠定基础。

小结:俗话说"会看的看门道,不会看的看热闹",随着智能手机的普及,各种信息呈泛滥之势涌入每个人的生活。面对海量新闻和讯息,知道读什么、怎么读,能助力我们的学习和生活,让我们的"视界"更多彩。

五、布置作业

除了在"面"上广泛阅读外,我们还可以在"点"上深入阅读,即聚焦某一专题,搜集相关新闻阅读。2024年中国队斩获2024年世界中学生篮球锦标赛冠军。如果以"体育精神"为专题展开阅读,你将读哪些新闻?课后阅读并与同学们一起交流阅读成果。

【课例评析】

融合激趣,提升活力

一、品味新闻,着眼能力

《新发现6座"祭祀坑" 已出土500余件重要文物》犹如一扇通往古老神秘世界的窗户,透过精准勾勒的新闻要素,我们仿佛亲临考古现场,感受到历史文明的震撼。这种将历史与现实对接的呈现方式,无疑激发了学生对文化传承的浓厚兴趣,培养了他们对重要信息的敏锐捕捉能力。

《那道闪电!那抹红霞!》,以其生动的文学笔触,引导学生沉浸于优美的语言和绚丽的意象中。在阅读中,学生不仅能够品味文学之美,还能养成深入思考和感悟的习惯,提升文学素养。

《冲锋在一线 用心到极致——来自疫情防控一线的报道》则展现了责任与担当的力量。它让学生明白,在平凡的生活中,每一个挺身而出的身影都值得尊敬和学习。对这篇文章的研读,能够激发学生内心的使命感与奋斗精神。

《关爱自然,就是关爱人类自己》则引起了学生对环境保护这一全球性主题的深刻关注。它以发人深省的方式,让学生意识到自然与人类命运的紧密相连,从而培养他们的环保意识和社会责任感。

二、融合建构,激发兴趣

纵观该联读课例,教师巧妙地将不同类型、不同主题的文章融合在一起,为学生搭建了一个丰富多彩的阅读平台。在这个过程中,激发了学生的阅读兴趣,培养了他们综合分析、比较归纳的能力,更重要的是让他们养成了良好的阅读习惯。这样的课例设计对于语文教学有着深刻的启示。它告诉我们:阅读教学不应局限于单一的文本,而是要跨越体裁与主题的界限,引导学生在广泛阅读中拓宽视野、增长见识。

这样的课例具有极大的推广价值。它为教学注入了新的活力,为学生打开了更广阔的知识大门。希望阅读者从中汲取经验,不断创新,让更多的精彩课例在我们的课堂上绽放光芒,引领学生在阅读的海洋中畅游,开启智慧的航程!

第2讲 读出风格,讲出风采
——《最后一次讲演》《应有格物致知精神》《我一生中的重要抉择》《庆祝奥林匹克运动复兴25周年》联读

【课例分析】语文学习强调听、说、读、写,演讲就是一种在公开场合把自己的意图想法表达出来的"说",但是演讲并非单纯的口头表达,它与一个人的读写能力、理解能力、沟通能力、应变能力等息息相关,连为一体。可以说,演讲能力体现出一个人的竞争力和综合素质,是现代社会中公民应具备的基本素养。

《义务教育语文课程标准》(2022年版)核心素养"语言运用"板块要求:"学生在丰富的语言实践中,通过主动的积累、梳理和整合,初步具有良好语感……能在具体语言情境中有效交流沟通;感受语言文字的丰富内涵,对国家通用语言文字具有深厚感情。"在第四学段"表达与交流"中要求:"注意对象和场合,学习文明得体地交流……自信、负责地表达自己的观点,做到清楚、连贯、不偏离话题。注意表情和语气,根据需要调整自己的表达内容和方式……能就适当的话题作即席讲话和有准备的主题演讲,有自己的观点,有一定的说服力。"思辨性阅读与表达的发展性任务群引导学生在语文实践活动中,通过阅读、比较、推断、质疑、讨论等方式,梳理观点、事实与材料及其关系;辨析态度与立场;养成勤学好问的习惯,培养理性思维和理性精神。本任务群建议应设计阅读、探究、演讲等多种学习活动,引导学生形成发现、思考、探究问题的思路和方法。因此,单元活动探究课必须关注学生的内容品析能力、统整积累能力、读写运用能力和创意表达能力。

该课例结合实际学情,以整体单元视角指导学生统整部编版语文八年级下册第四单元的4篇演讲词,以不同的演讲词语言风格串联课堂,充分尊重学生的主体地位,落实教学评一体化要求,让学生在活动中感受演讲词的不同风格,了解并学会运用演讲技巧,培养学生演讲兴趣,提升学生演讲水平。鉴于演讲具备实践性强且适宜开展活动的特性,统编教材把该单元规划为活动探究单元,将活动任务当作核心,经由对比阅读、口语表达等活动加以整合,构建出一个具有活动性、综合性、复杂性以及交际性的自主学习体系。

【选文来源】《最后一次讲演》《应有格物致知精神》《我一生中的重要抉择》《庆祝奥林匹克运动复兴25周年》选自部编版语文八年级下册。

【教学年级】 八年级

【学情分析】 学生自小学起便已和演讲有所接触。进入初中以后,教材的课后练习以及综合性学习中,均存在和演讲有关的内容。八年级上册的综合性学习"人无信不立",更集中地安排了围绕"信"的传统内涵与现代意义举办小型演讲会的活动,并且给出了演讲的具体技巧。在接触本活动探究单元之前,处于八年级下学期的学生已具有一定的语文基础,涵盖词汇的积累、句子结构的理解以及文本阅读的能力。这给学习演讲词创造了优良的条件。不过,因为演讲词属于一种特殊文体,要求学生不仅要有稳固的语文基础,还得拥有较强的语言表达能力以及公众演讲技巧。故而,对于多数学生而言,这将会是一次全新的挑战。

因此,在教学过程中,教师需要注重激发学生的学习兴趣,引导他们逐步了解演讲词不同的语言风格,并通过实际练习来提高学生的演讲能力和表达能力。同时,教师还需要关注学生的学习反馈,及时调整教学策略,以确保学生能够更好地掌握学习内容。并能够在反复实践中真正获得提升与成长。

【教学重难点】

1. 通过模拟演讲,感受不同的演讲风格,引导学生学习演讲技巧。

2. 通过演讲实践,培养学生的演讲能力,提高学生在公开场合的表达能力。

【教学方法】

1. 任务驱动法。学生在教师的引导和协助下依据任务展开一种学习实践活动。

2. 合作探究法。倡导学生思考并提出问题,辅助学生锁定问题,并从不同视角进行思考和探究。

【教学过程】

一、导入

同学们,在今天这节特殊的语文课上,老师相信你们一定会展现出自己最好最有自信的一面(PPT展示:你最勇敢,你最阳光,你最自信……),现在就让我们带着自信走进这节课,读出风格,讲出精彩。

二、回顾演讲内容,整合文本信息

阅读本单元4篇演讲词,了解其演讲语境、演讲对象、演讲目的和演讲特点:

《最后一次讲演》:李公朴被国民党暗杀,举行追悼会,演讲对象是民众、特务,目的是颂扬李公朴的献身精神,号召广大人民与反动派做坚决斗争,体现了激动、悲愤的演讲特点。

《应有格物致知精神》:被授予"情系中华"征文特别荣誉奖,演讲对象是各界与会人士,目的是向学习自然科学的中学生介绍应该怎样了解自然科学,展示了郑重、殷切的演讲特点。

《我一生中的重要抉择》:被授予"情系中华"征文特别荣誉奖,演讲对象是大学学生,目的是给青年学生树立信心,并为其人生选择提供指导,展示了轻松、幽默的演讲特点。

《庆祝奥林匹克运动复兴25周年》:瑞士洛桑国际奥委会全体委员大会上发表的演讲,演讲对象为奥委会委员、城市领导、运动员等,体现了激动、期待的演讲特点。

学生活动预设:展示学习成果。

设计意图 结合具体明确的学习任务,激发学生带着任务去探究的动力,让学生从不同角度得到收获。回顾演讲词具有针对性的特点,引出演讲风格的不同,指导学生采用不同的学习策略。

三、直击演讲现场

1. 请选择你最喜欢的一篇演讲词,勾画一处最能展现其演讲风格的精彩句段,并模拟演讲。

2. 补充演讲技巧评价标准。

学生活动预设:学生选出精彩语段,进行模拟演讲,分析吸引听众的技巧,并补充演讲技巧评价标准。

设计意图 引导学生通过模拟演讲,感受不同的演讲风格,体悟演讲者情感,学习演讲技巧,既可以帮助学生提高认识,又可以培养学生分析问题的习惯和能力,帮助学生在演讲中学会演讲。发挥学生主体性,在活动中学习演讲的技巧,构建评价内容,补充演讲技巧评价标准,为演讲实践打下基础。

四、演讲实践

以"我最自信"为主题,小组内进行演讲实践,推荐组内"演讲小达人"进行展示。
学生选出精彩语段,进行模拟演讲,分析吸引听众的技巧,并补充演讲技巧评价标准。
小组合作交流,并推出优秀的演讲者进行演讲。

设计意图 考查学生学习的能力。实际上就是一个将知识转化为能力的过程,通过这样的方式,学会演讲,培养学生在公共场合的表达能力。

五、教学小结

同学们,这堂课我们通过模拟演讲再次感受了4篇演讲词不同的语言风格,也通过演讲展现了同学们的风采,让我们踏着演讲的阶梯,成长为更自信的自己。

六、作业布置

1. 修改并完善课前《我最自信》的演讲小片段。
2. 举办班级演讲比赛,锻炼演讲能力,为《即席讲话》口语交际活动做准备。

设计意图 检测学生对本课知识的掌握,并完善课前《我最自信》的演讲片段,为演讲比赛做好准备。勾连即将学习的知识,为后面的学习打下基础。

七、板书设计

略。

【课例评析】

读讲有道,激趣得法

这是一篇精心设计的演讲活动课例,巧妙地以模拟演讲为核心,让学生通过体验不同的演讲风格,深入学习和掌握演讲技巧。为了达成这一目标,该课例精心设置了一系列富有创意的教学环节。

一、创新演讲形式,激发兴趣

课程伊始,教师便以"读出风格,讲出精彩"为主题,点燃了学生的热情与好奇心。随后,教师组织了一场以"我最自信"为主题的演讲活动,为学生提供了一个展示自我、锻炼口才的舞台。

在展示环节,一位男同学率先登台。他的声音洪亮,但表情略显沉闷,缺乏生动。针对这一情况,教师引导学生进行点评,让他们学会从观众的角度审视演讲者的表现。一位学生毫不客气地指出:该同学的眼神飘忽不定,因此只能给予8分评价。教师在此基础上进一步补充了朗读和演讲时需要注意的细节,如表情、动作等,让学生对演讲技巧有了更深入的了解。

接着,教师对朗读的节奏和要求进行了系统讲解。随后,一位女同学上台朗读。她虽然看起来有些不自信,但在演讲中却勇敢地表达了自己的心声,并表达了今后会更加自信的决心。这一真诚的表达赢得了学生的赞赏,大家纷纷给予她高分评价。

二、借助评价过程,激发理趣

该课例将"读"作为主线,以读、评、教相互结合的形式,达成了教学的一体化,有力激起了学生的学习热情。该课例的朗读活动既充实了课堂内容,又增进了学生的人文素养。对学生予以评价,意在引领学生体悟演讲风格,把控演讲技巧。引导学生进行教师评价和相互评价,调动学生学习的积极性,协助学生挖掘自身潜力,学会反思。课堂教学评价是过程性评价的主要途径。课例树立"教－学－评"一体化的理念,着重鼓励学生,引导学生在课堂学习中补充及运用评价工具,凭借评价促使学生反思学习过程。

综上,该课例在激发学生兴趣、提升学生成绩和人文素养方面取得了一定效果。在今后的教学中,教师可以尝试采用更多样化的朗读形式,如师生互读、分角色朗读等,以丰富课堂内容,提升教学效果。

第3讲 品读文章语言,感悟文化魅力
——《说"木叶"》《中国建筑的特征》联读

【课例分析】该课例选择了部编版高中语文必修下册的《说"木叶"》和《中国建筑的特征》。《说"木叶"》主要探讨了古诗中"木叶"这一意象的艺术特征,深入分析为何在诗歌中常用"木"而不用"树",并借此解读中国古典诗歌语言的暗示性特质;围绕"木叶"这一核心意象,展开对中国古典诗歌精微之处的探讨,旨在提高学生的独立分析鉴赏能力。《中国建筑的特征》则着眼于中国建筑体系的特点,从建筑物的构成、平面布置、结构方法等方面详细阐述了中国建筑的独特之处。作者通过对中国建筑体系的分析,展现了其深厚的历史底蕴和丰富的文化内涵。

课例将借助多媒体辅助教学,利用图片、视频等多媒体手段展示古代建筑和诗歌中的意象和场景,让学生更加直观地理解文本内容;结合历史、艺术等其他学科的知识进行跨学科教学,帮助学生构建完整的知识体系;组织学生参观古建筑、赏析古代诗歌等实践活动,让学生亲身感受古代文化的魅力。

【选文来源】《说"木叶"》和《中国建筑的特征》选自部编版高中语文必修下册。

【教学年级】高一

【学情分析】联读这两篇文本的学生群体通常是高中生,他们已经具备了一定的阅读理解能力和批判性思维能力,能够理解和分析文本中的深层含义和作者的写作意图。学生在之前的学习中已经接触过类似的说明文和散文,对文学作品的鉴赏和分析有一定的基础。然而,对于古代建筑和诗歌中特定意象(如"木叶")的理解可能还存在一定的难度。

【教学目标】

1. 理解《说"木叶"》中"木叶"意象在诗歌中的意义和作用。
2. 了解《中国建筑的特征》中对中国古代建筑特点的概括和描述。
3. 培养学生的跨学科知识整合能力和审美能力。
4. 激发学生对古代文化和文学作品的兴趣和热爱。

【教学重难点】

1. 重点:理解两篇文本中作者的写作意图和观点;分析文本中的意象和象征意义;掌握跨学科知识整合的方法。
2. 难点:理解古代建筑和诗歌中的特定意象和文化内涵;分析文本中的深层含义和象征意义;培养学生的审美能力和文化自信。

【教学方法】

1. 讲授法:通过教师的讲解和演示,学生了解两篇文本的基本内容和背景知识。
2. 讨论法:组织学生进行小组讨论或全班讨论,鼓励学生发表自己的观点和看法,培养他们的批判性思维能力。
3. 自主学习法:引导学生利用课外资源和网络资源进行自主学习,拓宽自己的知识视野。

【教学过程】

一、导入

当我们谈论《说"木叶"》与《中国建筑的特征》这两篇作品时,我们实际上是在探寻中国古代文化的两个独特面向——语言的微妙和建筑的庄重。这两篇作品虽然侧重点不同,但都深深地植根于中国的传统文化之中,展现出了中国古代文化的博大精深和独特魅力。今天,我们将通过联读《说"木叶"》和《中国建筑的特征》这两篇作品,来进一步探讨中国古代文化的独特魅力,将从诗歌语言的微妙和建筑的庄重两个方面入手,深入剖析中国古代文化的内涵和价值。希望通过这次联读课,我们能够更加深入地了解中国古代文化,感受其独特的魅力和韵味。现在,让我们一同踏上这次探寻古代文化之美的旅程吧!

二、整体感知——信息筛选

学生快速默读两篇文章,用筛选信息的方法,概括文章的段落大意。明确:

1.《说"木叶"》。

第一部分(1~3段):列举我国诗歌史上的一个现象,即"木叶"成为诗人笔下钟爱的形象。

第二部分(4~6段):说明"木"的两个基本特征及其形成原因。

第三部分(7段):"木"与"树"在概念上相去无几,艺术形象上却是一字千里。

2.《中国建筑的特征》。

第一部分(1~2段):说明中国建筑的体系分布及演变。

第二部分(3~13段):说明中国建筑的基本特征。

第三部分(14~17段):用语言的"文法""可译性"介绍中国建筑的组织风格。
第四部分(18~20段):继承发扬,古为今用。

三、研读课文——品情明理

1. 小组合作讨论并思考:为什么"木叶"在诗歌中能够成为诗人钟爱的形象？这种形象背后蕴含着怎样的文化内涵和审美价值？中国古代建筑的特色在哪里？这些特色又是如何体现出中国古代文化的精髓的？

2. 学生分组上台交流。教师明确:

(1)"木叶"在诗歌中能够成为诗人钟爱的形象,其背后蕴含着深厚的文化内涵和审美价值。首先,"木叶"作为自然界的一部分,它的凋零与新生,代表了时间的流逝与生命的轮回,这与中国古代哲学中的"天人合一"和"道法自然"的思想紧密相连。诗人们通过描绘木叶的变化,表达了对自然、生命和宇宙的深刻感悟。

"木叶"的形象在诗歌中常常被赋予多重含义。它既可以作为秋天的象征,代表萧瑟、悲凉的气氛,如"秋风扫落叶,满地尽黄金",展现了秋天的凄凉美;也可以作为春天的象征,代表新生与希望,如"春风又绿江南岸,明月何时照我还",表达了诗人对家乡的思念与期待。

"木叶"还常常被用作一种隐喻或象征,代表人生的变迁和世事的沧桑。诗人们通过描绘木叶的凋零与新生,表达了对人生无常和世事难料的感慨。这种情感共鸣使得"木叶"成为诗歌中不可或缺的元素。

(2)中国古代建筑的特色,体现了中国古代文化的精髓。首先,中国古代建筑注重与自然环境的和谐统一。无论是宫殿、寺庙还是民居,它们都力求与自然环境相融合,形成一种"天人合一"的境界。这种特点体现了中国古代哲学中"道法自然"的思想。

其次,中国古代建筑在布局和结构上讲究对称与平衡。从宫殿的严格对称布局到民居的院落式结构,都体现了对平衡美的追求。这种平衡美不仅体现在建筑的整体布局上,还体现在建筑的细部处理上,如斗拱、飞檐等构件的运用。

此外,中国古代建筑还注重装饰与细节的处理。无论是建筑的彩绘、雕刻还是砖雕、瓦当等装饰手法,都体现了对工艺美和装饰美的追求。这些装饰元素不仅丰富了建筑的外观形态,还蕴含了深厚的文化内涵和历史信息。

总的来说,"木叶"在诗歌中成为诗人钟爱的形象是因为它蕴含了深厚的文化内涵和审美价值;而中国古代建筑的特色则体现了中国古代文化的精髓和审美追求。这些元素共同构成了中国传统文化的重要组成部分,值得我们深入学习和传承。

四、品味语言,学以致用

学生找出两篇文章的语句进行品味,上台分享。

1.《说"木叶"》作者引用以上诗句的作用何在？为什么在中国古典诗词中,"木"暗示了"落叶"呢？

明确:"木"的第一个艺术特征,即"木"比"树"更显得单纯,仿佛本身就含有一个落叶的因素。因为"木"具有"木头""木料""木板"等的影子,让人更多地想起了树干,把"叶"排斥到

"木"的疏朗的形象以外去。

总结:"木"暗示微黄和干枯、疏朗的清秋气息、离人的叹息、游子的漂泊;"木叶"暗示秋令,冷落萧条,惆怅孤独。

2.《中国的建筑》一文运用了哪些说明方法?

举例子:装饰部分便是例证。

引用:诸如《诗经》中"如鸟斯革,如晕斯飞"这样的话语。

打比方:将墙壁比作"帷幕"。

摹状貌:例如斗拱、举折、举架。

作比较:就如中国建筑与外国建筑相比。

下定义:比如对举折、斗拱进行定义。

作诠释:对个别建筑物的分析。

3. 赏析精彩的比喻句。

科普文的语言通常以平实为基调,然而本文借助一些精彩的比喻句来阐述中国建筑的特征。

示例:这些地区的建筑和中国中心地区的建筑,要么同属于一个体系,要么大同小异,犹如弟兄同属于一个家族。

明确:把中国周边国家的建筑与中国中心地区的建筑的关系比作兄弟关系,生动形象地表明它们同属于一个系统,进而凸显出中国建筑的影响力已超越国家界限。

示例:两柱之间经常使用墙壁,但墙壁并不承载重量,仅是如同"帷幕"一般,用于分隔内外,或者划分内部空间罢了。

明确:将墙壁喻为"帷幕",形象地阐释了中国建筑中墙壁具有"隔断内外""划分内部空间"的作用,且不承担承重任务。

4. 教师引导学生归纳出科普文的语言特点:简洁、明晰、严密。

(1) 简洁。

引导:在介绍科学知识时,不管是面向业内人士,还是普通民众,都应当做到简洁。没什么可说的便简言少语;有内容可讲时,也尽量做到短小精悍和简单明了,力求用最少的词句把意思表达清楚。

(2) 明晰。

引导:光是"简"还不够,还必须"明",把意思表达明白才是目标。因为我们阅读这些作品,主要是为获取科学知识的启发,当然同时也接受科学美感的熏陶。自己都稀里糊涂,怎么能让别人明白呢?

示例:像梁、柱、坊、檩、门、窗、墙、瓦、槛、阶、栏杆、隔扇、斗拱、正脊、垂脊、正吻、戗兽、正房、厢房、游廊、庭院、夹道,等等。

这类专业术语,有时通过生动形象的描述,并结合理论层次的解释,也能给予读者清晰的印象。

(3) 严密。

引导:解说事物(事理)要求清晰明了,而用词用语又要求简洁,这看似是一对矛盾,如何协调? 以表意严密为准。方法是添加一些修饰或限制成分。

示例:主要的房屋通常都采取向南的朝向,以便获得最多的阳光。

五、作业布置

体味下列诗句中各意象暗含的意义,把他们各自表达的情感用线连起来。

梧桐更兼细雨,到黄昏、点点滴滴	离别之情
羌笛何须怨杨柳,春风不度玉门关	怨恨之情
墙角数枝梅,凌寒独自开	思念之情
其间旦暮闻何物,杜鹃啼血猿哀鸣	忧愁情绪
夜闻归雁生相思,病入新年感物华	脱俗之境
采菊东篱下,悠然见南山	圣洁坚贞

【课例评析】

激趣课堂妙,教学方法多

在当今的语文教学课堂中,跨文本的联读教学模式日益受到重视。该课例通过《说"木叶"》与《中国建筑的特征》两篇文本的联读,不仅能够拓宽学生的知识视野,还能在兴趣、理趣、情趣三个层面进行深入的学习体验。

一、兴趣激发:跨学科的魅力

《说"木叶"》作为一篇关于诗歌语言特色的论述文章,以其独特的视角和深入的剖析,引起了学生对于诗歌语言魅力的关注。《中国建筑的特征》则通过对中国古建筑的历史、文化、艺术价值的介绍,展示了中国建筑的独特魅力和深厚底蕴。将这两篇文本进行联读,能够让学生在跨学科的交流中,发现文学与建筑之间的紧密联系,从而激发他们对于这两个领域的浓厚兴趣。

在教学过程中,该课例通过引导学生发现两篇文本的共同点和差异点,来激发他们的学习兴趣。例如,让学生思考"木叶"在诗歌中的象征意义,以及这种象征意义与中国古代建筑中的某些元素是否有所关联。通过这样的思考,学生不仅能够更好地理解两篇文本的内容,还能够发现跨学科学习的乐趣。

二、理趣探究:深入文本的思考

在联读教学中,教师不仅要关注学生的兴趣点,还要引导他们深入文本,进行理性的思考和探究。《说"木叶"》中对于诗歌语言特色的分析,要求学生具备一定的文学素养和审美能力;而《中国建筑的特征》中对于中国古代建筑的介绍,则要求学生具备一定的历史和文化知识。

在教学过程中,该课例通过设置一系列问题,引导学生深入文本,进行理性的思考和探究。如为什么"木叶"在诗歌中能够成为诗人钟爱的形象?这种形象背后蕴含着怎样的文化内涵和审美价值?中国古代建筑的特色在哪里?这些特色又是如何体现出中国古代文化的精髓的?通过这样的思考和探究,学生不仅能够更好地理解两篇文本的内容,还提升了学生的文学素养、历史素养和审美能力等。

三、情趣培养:情感体验的升华

在联读教学中,教师还要注重培养学生的情感体验能力。通过对这两篇文本的情感体验,学生能够更好地理解作者的思想感情,进一步加深对文本的理解和感悟。

在《说"木叶"》中,学生通过对诗歌语言的感悟,体会到诗人对于自然美、生命美、情感美的独特追求和深刻表达。在《中国建筑的特征》中,学生则经由对中国古建筑的欣赏和感悟,体验到中国古代文化的博大精深和独特魅力。在教学过程中,该课例通过朗读、讲解、讨论等多种方式,引导学生深入体验两篇文本的情感内涵。例如,让学生尝试朗读《说"木叶"》中的某些诗句,感受诗歌的韵律美和意境美;让学生观看中国古代建筑的图片或视频资料,感受中国古代建筑的独特魅力和文化内涵,等等。通过这样的情感体验,学生不仅能够更好地理解两篇文本的内容,还能够提升他们的情感体验能力和审美素养。

综上所述,《说"木叶"》与《中国建筑的特征》联读课例在兴趣、理趣、情趣三个层面都进行了深入的探索和实践。通过跨文本的联读教学模式,学生能够在学习中获得更加丰富的知识体验、情感体验和审美体验。

第4讲 探索中寻真理,领略科学之光
——《青蒿素:人类征服疾病的一小步》《一名物理学家的教育历程》联读

【课例分析】该课例选文来自部编版高中语文必修下册。其中,《青蒿素:人类征服疾病的一小步》由诺贝尔生理学或医学奖得主屠呦呦所作,该文详述了青蒿素的研究经过;《一名物理学家的教育历程》属于一篇具有自传性质的科普文,以"教育历程"为着眼点阐述加来道雄的科学研究进程。研习这两篇课文的关键在于引领学生感悟这两篇文章所蕴含的人文精神,体悟作者的科学精神,感受科学家探寻真理的坚韧和执着,领略科学之光给人类带来的希望和光明。

【选文来源】《青蒿素:人类征服疾病的一小步》《一名物理学家的教育历程》选自部编版高中语文必修下册。

【教学年级】高一

【学情分析】高一学生普遍对科学家的故事及其科学成就感兴趣,但可能对不同领域的科学研究了解程度不同。联读这两篇文章可以帮助学生了解中医药学和物理学两个不同领域的科学研究过程。学生可能对于科学研究的复杂性和挑战性认识不足,通过联读文章,学生可以更加深入地了解科学家在面对困难时的坚持和努力。

【教学目标】
1. 掌握知识性读物的阅读手段,知悉科学、认知科学。
2. 明晰文章脉络,梳理文章展现出的科学研究进程或教育成长历程。
3. 深度钻研文本,领会科学家"发现"与"创造"背后的科学精神。

【教学重难点】
1. 重点：深度钻研文本，领会科学家"发现"与"创造"背后的科学精神。
2. 难点：厘清文章思路，梳理文章所呈现的科学研究历程或教育成长过程。

一、探索中发现，艰辛与乐趣

两篇选文是如何具体呈现科学研究的艰辛与科学发现的乐趣的？请结合文本简要概括。

1. 科学研究的艰辛：

（1）起初，屠呦呦团队搜集2000个方药，筛选出可能有抗疟作用的有640个，又从200个方药里提取380余种提取物加以测试，可惜进展不大。

（2）20世纪70年代，新药的临床试验开展困难，屠呦呦及其同事英勇地成为志愿者，率先尝试青蒿提取物，以此确定其对人体的安全性。

（3）高中时期，本应尽情享受青春的加来道雄，不辞辛苦、不惧风险，亲手搭建实验室，建造电子感应加速器。

2. 科学研究的乐趣：

（1）屠呦呦醉心于中草药研究，发现青蒿素的治疟功效，拯救众多患者，虽然科学研究充满艰辛，但内心有着自豪感与使命感。

（2）加来道雄如饥似渴地阅读有关高维世界的历险故事，沉醉于爱因斯坦未竟的理论，痴迷于原子对撞机的制造，从中获取求知和成功的愉悦。

二、探寻科学精神，启迪科学思维

科普宣讲团发出了一个"探寻科学精神，启迪科学思维"的倡议，旨在弘扬科学精神，培育科学思维，激发对科学研究的兴趣与热情。

1. 从《青蒿素：人类征服疾病的一小步》一文看，屠呦呦能够发现青蒿素依靠的是什么？请对此进行概括。

（1）对中草药的好奇心。
（2）深厚的医学知识。
（3）强烈的研究动力。
（4）对精妙的有关人性和宇宙的中国传统哲学思想的领悟。
（5）青蒿素研究团队的精诚合作。
（6）顽强的毅力。
（7）不达目的不罢休，勇于战胜任何困难的精神。

2.《一名物理学家的教育历程》并不是简单地叙述成长的故事，而是具有深刻的科学精神内涵，可以从中看到哪些方面的"教育"对成为优秀科学家最为重要？

思想境界：拥有世界视野、心怀无疆大爱、展现虚怀气度。
情感态度：钟情科学、醉心钻研、兴趣盎然、态度严谨务实。
科学品质：想象丰沛、充满天真好奇、勇于开拓进取、勤奋刻苦。

共性:热爱、好奇、兴趣、执着、钻研、探索。

引导:这些科学品质着实珍贵,在我们身边,就有着如此伟大的科学家和院士们,凭借着热爱、好奇、执着、钻研等精神,才取得了今日的成就!让我们向伟大的科学家、院士致以崇高敬意!

三、探究阅读方法,把握关键要点

经过对两篇文章的学习,你认为阅读科学类知识性读物的文章时,应当把握住哪些关键要点?

筛选整合文中的关键信息。

运用结构分析法实现文章的快速阅读,并梳理其主旨。

善于挖掘人物身上的闪光点。

学习人物的优秀品质,激发自身的科学兴趣……

四、教学总结

《青蒿素:人类征服疾病的一小步》围绕青蒿素的发现、临床试验及实际应用进行叙写,展现了屠呦呦及其团队勇于探索、坚守目标、不惧艰难的科研精神,同时也表明在现代技术条件下,传统中医的精华必然能够得到有效的运用,从而造福全人类。

《一名物理学家的教育历程》中,作者忆起童年时期的两件趣事:一是对鲤鱼世界进行观察与遐想,二是对爱因斯坦未竟事业心怀向往,由此展现出自己训练思维、磨炼心志的历程,最终踏上了科学探索之道。这启示读者:若想于科学事业上获得成功,必须拥有想象力、好奇心、实验精神等基本素质。

师:科学的探索征程是没有尽头的,其间或许存在艰苦与枯燥,然而持续地探索和发现必定充满着无尽的乐趣。让我们钟情于科学,发展科学思维,培育科学精神!

五、作业布置

屠呦呦和加来道雄皆为科学家,他们均有科学家的那股"倔"劲,依靠这股"倔"劲,他们得以在科学探索之途攻坚克难,走向成功。那么,他们的"倔"劲具体体现在哪些方面呢?请抒发你的看法和见解,撰写一篇不少于 800 字的文章。

【课例评析】

自然科学之美,巧呈激趣课堂

在科学探索的道路上,每一次突破都凝聚着无数科研工作者的汗水与智慧。《青蒿素:人类征服疾病的一小步》与《一名物理学家的教育历程》这两篇文章,不仅为我们展现了科学家们的探索历程,更让我们领略了科学的魅力与真谛。在本节群文阅读(联读)课中,该课例将这两篇文章结合起来,旨在引导学生深入体会科学的兴趣、理趣与情趣。

一、兴趣:点燃探索的火花

1. 青蒿素的发现之旅:通过讲述屠呦呦发现青蒿素的艰辛过程,引导学生感受科学探索的乐趣与魅力。屠呦呦及其团队如何在千百种中草药中筛选出青蒿,如何面对重重困难坚持研究,这些故事都能激发学生的好奇心与求知欲。

2. 物理学家的成长之路:讲述物理学家在求学与科研过程中的故事,让学生感受到物理学世界的奇妙与深邃。物理学家是如何通过对自然界的观察与思考,逐步建立起物理学的知识体系的,这种过程能够激发学生的探究欲望。

二、理趣:探究科学的本质

1. 青蒿素的科学原理:引导学生深入了解青蒿素的化学结构与作用机制,理解其在治疗疟疾方面的独特优势。通过这一过程,学生能够体会到科学研究的严谨性与逻辑性。

2. 物理学的思维方法:分析物理学家在科研过程中运用的观察、实验、推理等科学方法,引导学生学会用科学的思维方式去思考问题。同时,结合具体的物理现象和实验,让学生感受到物理学的趣味与实用性。

三、情趣:感受科学的温度

1. 感悟科学家的精神风貌激趣:讲述屠呦呦等科学家在科研过程中展现出的坚韧不拔、勇于创新的精神风貌,引导学生感受科学家的崇高品质与人格魅力。这种精神风貌能够激发学生的情感共鸣,增强他们对科学的热爱与敬仰。

2. 科学与人文的融合激趣:引导学生思考科学与人文之间的关系,理解科学在推动人类文明进步方面的重要作用。同时,通过介绍科学家们的生活趣事和人生感悟,学生感受到科学不仅仅是冷冰冰的知识体系,更是有温度、有情感的人类智慧结晶。

通过对本节群文阅读(联读)课的学习,引导学生深入体会科学的兴趣、理趣与情趣,在未来的学习与生活中能够以更加积极的心态去面对科学的挑战与机遇,用科学的智慧去创造更加美好的未来。

第5讲 探宇宙之境,品科学之真

——《自然选择的证明》《宇宙的边疆》联读

【课例分析】《普通高中语文课程标准》(2017年版,2020年修订)对"科学与文化论著研习"任务群提出了明确的学习要求:"研习自然科学和社会科学论文、著作,旨在引导学生体会和把握科学与文化论著表达的特点,提高阅读、理解科学与文化论著的能力,开阔视野,培养求真求实的科学态度和勇于探索创新的精神。"部编版高中语文选择性必修下册第四单元的《宇宙的边疆》和《自然选择的证明》阐明科学原理,介绍科学知识,引领我们了解自然,思考人类未来,以不同的方式展现了人类探索自然、反思自我的成果。学习自然科学论著,要注意感受论著中所体现的理性、严谨的科学精神;应掌握阅读自然科学论著的一般方法,注意抓住关键概念,梳理思路,把握逻辑,理解主要内容;体会自然科学论著的表达方式和语言特点,学习科学的思维方式和研究方法;结合理科课程的学习,拓展阅读,用恰当的方式呈现自己的学习成果。《自然选择的证明》节选自《物种起源》的综述和结论部分,对全书的主要内容做了分析、概括,以大量科学事实为依据,有力地论证了自然选择学说的科学性,驳斥了特创论。全文逻辑严密,理论性强,表现了自然科学论著的典型特点。《宇宙的边疆》是一篇科普性质的电视解说词,作者由大尺度空间到小尺度空间,由整体到局部,从宇宙整体到星系(星系群、子星系)到太阳系再到行星,最后回到地球,介绍了宇宙组成的相关知识。文章在严谨的科学说明中融入议论和抒情,传达作者对宇宙、人类的感悟。

【选文来源】《自然选择的证明》《宇宙的边疆》选自部编版高中语文选择性必修下册。

【教学年级】高二

【学情分析】学生虽然在高一年级时已学习过一系列社会科学类文章,对此类题材有了一定的阅读基础,并在高二上学期通过逻辑课程的学习,也锤炼了更高的思维能力,但对本单元的学习仍有一定的难度。首先,自然科学与社会科学研究目的和方法不同,阅读的技巧也有不同,客观上增加了阅读难度;其次,高二学生对严谨严肃的自然科学类文章阅读兴趣不够,很难沉下心去阅读文本、理解文本。

【教学目标】

1. 通过探索飞船回家路线,了解并掌握两篇文章的行文思路。

2. 通过对飞船回家途中所见所感相关内容及两篇文章语言的对比分析,了解科普文的语言特点。

【教学重难点】

1. 梳理文章的行文思路。

2. 了解科普文的逻辑思维。

【学法教法】讲授法、讨论法、合作探究法等。

【教学过程】

一、导入

(观看视频,创设情境)现在,航天员的太空探索任务已经完成,他们将返回地球。我们将有幸乘坐探秘者号飞船和他们一起开启一场神秘的太空之旅。

设计意图 创设学习情境,进行情境化学习,激发学生的学习兴趣,为课堂教学注入活力。

二、探宇宙之境——助飞船返乡

1. 任务一:现在,探秘者号太空飞船已经来到宇宙的中心,即将开启返乡之旅。为助飞船顺利返乡,请大家完成以下任务:

(1) 根据《宇宙的边疆》,为飞船回家规划最佳路线。

明确:宇宙—星系—恒星—太阳系—地球。

(2) 结合文章,简要概述飞船返乡途中看到的景象并找出你喜欢的句子作简要分析。

比如,宇宙像汪洋的大海;"近来,我们已经开始向大海涉足……溅湿我们的踝节",运用比喻的修辞手法,既写出宇宙给人的感觉,又写出了人类探索宇宙的现状。

2. 任务二:品科学之真——析论证方法。

经过漫长的岁月,探秘者号终于回到了家乡——地球。这里的一切陌生又熟悉,让他感到万分困惑,他是如何说服自己接受地球物种的巨变的?(请从论证角度分析)

明确:这样的变化是自然选择的结果。

举例论证:列举大量事实和自然现象证明。

道理论证:第2自然段。

对比论证:自然选择和特创论。

因果论证:大量的因果关系的句子。

3. 任务三:品科学之真——析语言特点。

比较两篇文章中的部分语言,分析学术论著和科普作品的语言特点。示例:

(1) 异——"只要一想起宇宙,我们就难以平静——我们心情激动,感叹不已,如同回忆起许久以前的一次悬崖失足那样令人眩晕战栗。"(运用比喻,更感性)

"由于自然选择仅通过微小、连续且有益变异的逐步积累而产生作用,因而它不会导致巨大的突变,而只能按照短小而缓慢的步骤进行。"(讲求逻辑,更理性)

(2) 同——用特创论的观点完全不能解释为什么在自然系统下所有的生物都可以划归大小不等的类群这一重大事实。

我们现有的知识大部分是从地球上获得的。(准确,严谨)

设计意图 通过设计飞船回家行程,引导学生抓住关键概念,梳理思路,把握逻辑,理解主要内容,完成单元目标。通过对文章论证方法和思路的沟通,引导学生体会自然科学论著的表达方式和语言特点,学习科学的思维方式和研究方法。通过语言对比分析,指引学生去体会并把握科学与文化论著所表达的特点,增强阅读及理解科学与文化论著的水平,拓宽视野,塑造求真求实的科学态度以及勇于探索创新的精神。

三、课堂延伸

关注当下,展望未来。自1956年起至今,我国航天技术获得了举世瞩目的成就。中国凭借自身的力量,研制且成功发射了多种类型共499颗人造地球卫星以及19艘试验飞船。我国自主研制的"长征"系列运载火箭存在20种型号,具备发射低地球轨道、太阳同步轨道、地球同步转移轨道等各类轨道有效载荷的运载能力。到目前为止,长征系列运载火箭总计进行了559次发射。

此外,我国卫星应用呈现出蓬勃发展之势,当下已构建了卫星通信、卫星气象、卫生资源普查、卫星导航定位、卫星微重力试验、空间科学研究等卫星应用系统。

设计意图 通过对我国航天事业现状的了解,开阔视野,培养求真求实的科学态度和勇于探索创新的精神,激发学生的爱国热情。

四、作业布置

1. 知新：课下阅读《物种起源》，做好读书笔记，撰写读书报告，下个月举行班级读书分享会。
2. 求变：为学校宣传片写一段解说词，至少用到三种表达技巧。

五、板书设计

探科学秘境，品语言之美

科普

理性　　严谨　　感性

【课例评析】

探宇宙神秘，品科学理趣

该课例中《宇宙的边疆》和《自然选择的证明》阐明科学原理，介绍科学知识，引领学生了解自然，思考人类未来，以不同的方式展现了人类探索自然、反思自我的成果。学生虽然在高一年级时已学习过一系列社会科学类文章，对此类题材有了一定的阅读基础，并在高二上学期通过逻辑课程的学习，也锤炼了更高的思维能力，但对本单元的学习仍有一定的难度：一是自然科学与社会科学研究目的和方法不同，阅读的技巧也有不同，客观上增加了阅读难度；二是高二学生对严谨严肃的自然科学类文章阅读兴趣不够，很难沉下心去阅读文本、理解文本。因此，巧妙运用适当的教学手段，激发学生的学习兴趣尤其重要。

一、情境导入，以境激趣

因选文有一定的阅读难度，该课例便通过观看航天员探索太空的视频，缓解学生的畏难情绪。然后，再创设情境——现在，航天员的太空探索任务已经完成，他们将返回地球。我们将有幸乘坐探秘者号飞船和他们一起开启一场神秘的太空之旅——引导学生进入文本学习。通过观看视频和创设情境，激发学生的学习兴趣，为课堂教学注入活力。

二、深研文本，以文激趣

在具体的文本研读中，该课例安排了三个情境任务，探宇宙之境——助飞船返乡，完成对文本的分析筛选，明确路线，概括主要内容。品科学之真——析论证方法，要求学生研读课文，分析文中论证方法。品科学之真——析语言特点，则是引导学生根据教师的要求，运用对比分析方法，比较两篇文章语言特色的异同。

通过三个情境任务，该课例引导学生通过设计飞船回家行程，抓住关键概念，梳理思路，把握逻辑，理解主要内容，完成单元目标；通过对文章论证方法和思路的分析交流，引导学生体会自然科学论著的表达方式和语言特点，学习科学的思维方式和研究方法；借助语言对比分析，引领学生体悟并掌控科学与文化论著的表达特色，增强阅读、理解这类论著的水平，拓宽视野，培育其求真求实的科学态度以及勇于探索创新的精神；营造情境，把学生引入文本当中,激发学生的学习兴致。

三、关注当下,以情激趣

青年学生应关注当下,对国家的发展有较为清晰的认知。故而,该课例为学生阐述了中国航天技术发展的进程与成果,使学生知悉我国航天技术的现况,思索自身责任,有益于增进学生的爱国情怀。与此同时,借由对我国航天事业现况的了解,拓宽视野,塑造求真求实的科学态度和勇于探索创新的精神。

总之,该课例通过营造情境,使学生迅速融入文本,通过以"情境导入,以境激趣"的热情导入方式,激发学生的学习兴趣;凭借"深研文本,以文激趣"实现文本解读,攻克教学难点;通过"关注当下,以情激趣",实现对学生情感的教育,从而调动了学生的兴趣、提升了能力,培养了学生的语文素养,同时也让课堂充满趣味性。

第6讲　设置情境巧,任务激趣妙

——《自然选择的证明》《宇宙的边疆》联读

【课例分析】《自然选择的证明》《宇宙的边疆》是部编版高中语文教材选择性必修下册第四单元同一课时中的两篇课文。《自然选择的证明》节选自达尔文的《物种起源》,是有着重大影响的经典科学论著。《宇宙的边疆》则是一篇当代科普作品,以通俗易懂的语言,为我们勾画了宇宙的全景。按部编版高中语文选择性必修下册的单元学习提示:学生学习这两篇文章要明确实事、规律、结论之间的关系,理清文章结构。故学生初次接触这种专业性很强的科学经典,能了解基本内容,对论述方法与思辨力量有初步印象就可以了。课例结合单元说明与学习提示,拟定了本次联读课的教学目标。

【选文来源】《自然选择的证明》《宇宙的边疆》选自部编版高中语文选择性必修下册。

【教学年级】高二

【学情分析】对于大多数高中生而言,他们在生物和天文两个领域的知识储备可能存在一定的差异。在生物学方面,高二学生可能已经接触过基础的遗传学、生态学等知识,但对于自然选择学说和进化论的理解可能还不够深入。在天文学方面,学生可能对于太阳系、星系等基础知识有所了解,但对宇宙的广阔和复杂性可能还没有形成全面的认识。

【学习目标】

1. 基础目标:抓住关键核心概念,梳理思路,把握逻辑,了解阅读自然科学论著的几种方法并在作业中实践。

2. 发展目标:学习科学家勇于质疑,敢于探索的精神。

【教学过程】

一、导入

1.《自然选择的证明》《宇宙的边疆》被部编版教材共同编入高中语文选择性必修下册第

四单元的第13课,单元导读已经清晰提示本单元的核心关键是自然科学论著的学习。自然科学论著,主打的就是一个"理性"。但理性的科学论著也可以流露出作者本人的个性,读《自然选择的证明》和《宇宙的边疆》,就好像在和两位不同的作者进行对话交流,结合这两篇文章,说一说达尔文和卡尔·萨根分别给你留下了什么印象?

(学生回答)

2. 为什么会有这样的差别?

设计意图　引导学生关注单元说明,明确两篇文章的联读点。

二、读文本,理思路

从学习提示来看,这两篇节选文章的定位是不同的,语言风格自然会有差别。《宇宙的边疆》相对容易读懂,这与它是视频解说词的身份分不开。透过卡尔·萨根的文字,我们仿佛能看到画面的切换,为什么呢?

(展示学生思维导图作业,提问学生:为什么会这样去画思维导图?)

学生作业:略。

设计意图　明确《宇宙的边疆》说明顺序,为下一个讨论环节打基础。

三、小组合作探究

从同学们的讨论中,可以看出与《宇宙的边疆》配套视频的基本框架。而清晰的框架是视频创作的基础,在如今短视频繁盛的年代,越来越多的人需要借助短视频来进行科普,获得知识。现在,我们一起以《宇宙的边疆》解说词为参考,以《自然选择的证明》为内容来制作一部短视频。

PPT展示情境任务:

选题:制作科普类视频。

资料:教材。

第一步:搭建框架。

1. 带领学生解决对选题"自然选择的证明"的解读。

2. 小组活动。

围绕这个中心点,请各小组讨论并拿出框架方案,除了1、2段,3~14段的内容可以拍成几集视频? 请说明理由。

设计意图　引导学生理清文章层次,明白可以借助关键词、关键句、关键概念、标点等来把握文章主要内容、层次。注意不必给学生所谓正确答案。

第二步:读懂原文,为创作通俗解说词打基础。

以第一段为例带领学生梳理较难句子,引导学生了解阅读这类句子的方法。

四、小结并展示学习目标

一节课的时间总是很短暂的,今天的课希望能带领同学们基本解决以下学习目标:抓住关键核心概念,梳理思路,把握逻辑,了解阅读自然科学论著的几种方法并在作业中实践。

五、布置作业

1. 请同学们课下再次进行反思:学习这两篇自然科学论著,你最大的收获是什么?你还有什么疑惑?

2. 学无止境,知识的巩固绝不只是依靠课堂上的这几十分钟,我们还要在课下完成相应训练来达成这个目标。

(1) 基础作业:用本节课学习的方法继续阅读两篇自然科学论著,注意文本中多层嵌套的长句,做好旁批。

(2) 综合作业:各小组根据前面拟定的集数,选择一集内容完成视频创作,时间为一周。

设计意图 反思是回顾课堂,巩固所得,并认识到自己的不足,课下才能有针对性地查缺补漏;反思是让自己成长的必要途径,是一项长期坚持的教学环节。

【课例评析】

设置情境巧,任务激趣妙

从学习目标确定上看,执教者研读了单元导语、学习提示、单元学习任务等内容,确定了"抓住关键核心概念,梳理思路,把握逻辑,了解阅读自然科学论著的几种方法并在作业中实践"和"学习科学家勇于质疑、敢于探索的精神"两个学习目标,第一个是基础目标,第二个是发展目标。

一、视频激趣

从学习目标落实上看,主要通过设计拍摄视频这样的活动来落实文本鉴赏。"拍摄视频"活动基于《宇宙的边疆》视频解说词的文体特征,以文本解读为根基,以视频为成果,具有跨学科特点,体现了多媒介下的语文生活特征,且符合学生生活现状和兴趣,能充分激发学生的学习热情。

二、导图激趣

在"读文本,理思路"这一环节,执教者让学生展示了课前所画思维导图,并利用学生间的相互评价和补充,丰富了课堂的生成,激发了学生的兴趣,调动起学生学习的主动性。

三、情境激趣

在合作探究这个环节里,每一个小组都需要完成短视频的制作任务。在如今这个短视频繁盛的年代,越来越多的人需要借助短视频来接受科普,获得知识。执教者融合社会生活情境,设置了短视频制作这样的任务,符合学生生活经历,同时又有一定难度,能激发学生的探索欲。同时,为了避免学生创作失去方向又带领学生一起解读文本,确立短视频的长度和集数;再通过重点长句赏析,确立解说词。情境贯穿始终,学生的每一步活动都是在完成任务的某一方面或某一环节,学生活动的全程也是完成任务的整个过程。这样的情境真实、有效,能激发学生学习兴趣并将兴趣引向理性深入。

四、任务激趣

从学习目标达成上看,执教者设计两个作业:① 用本节课学习的方法继续阅读两篇自然科学论著,注意文本中多层嵌套的长句,做好旁批;② 各小组根据前面拟定的集数,选择一集内容完成视频创作,时间为一周。

其中,第1个作业为基础作业,指向本课的基础目标,并在此基础上进行了迁移运用;第2个作业为综合作业,指向本课的发展目标,也是课堂教学的延续和深化。两个作业从夯实基础到能力提升,由浅入深,由分散到综合,呈现结构化态势,有助于提升学生的综合素养。这两个任务,既有个人任务,也有集体任务;既检查了个人知识的掌握情况,又通过小组活动,扩展了学生的阅读视野。

在"双减"背景下,我们应当摒弃数量优先的错误观念,尊重以学生为主体的原则,尊重学生的个性思维,不断创新作业形式,在实现教学"提质增效"的追求上不断尝试,勇于尝试,让学生活学、乐学、主动学。学生思维由低阶走向高阶不是迅速就能实现的,而作业设计正是关键的一环。

第7讲 寻阅读密钥,感科学精神
——《自然选择的证明》《宇宙的边疆》联读

【课例分析】《自然选择的证明》主要围绕达尔文的自然选择学说展开论述。达尔文认为,生物种群中的个体存在着遗传和变异的差异,这些差异会导致个体在生存斗争中具有不同的竞争力。经过长期的自然选择,那些适应环境的个体得以生存和繁衍,而不适应环境的个体则被淘汰。这种过程导致了物种的进化和适应性的提高。

《宇宙的边疆》是一部科普作品,主要讲述了关于宇宙的知识和人类对宇宙的探索历程。文章从宇宙的整体结构出发,逐层深入地介绍了星系、恒星、行星等天体,以及它们之间的相互作用和演化。同时,作者也表达了对宇宙无限、永恒、浩瀚、神秘等特性的感慨和思考。

【选文来源】《自然选择的证明》《宇宙的边疆》选自部编版高中语文选择性必修下册。

【教学年级】高二

【教学目标】

1. 抓关键概念,梳理思路。
2. 总结阅读自然科学类论著的方法。
3. 体悟科学家理性、严谨的科学精神。

【教学过程】

一、导入

调查学情:同学们,布置预习任务,现在来分享一下阅读感受吧!

读不懂(追问:为什么?):专业术语多、长句多、不理解内容……

读不下去(追问:为什么?):学术性强、语言枯燥……

基于这样的情况,我们怎样才能读下去,并读懂呢?其实教材单元导语第3段已经给我们明确的指导。请同学们大声朗读,单元目标也是我们本节课的学习目标。

现在让我们迎难而上,越挫越勇,走进文本寻找解读文本的钥匙,感受文本中所体现的科学精神。

二、抓关键概念,明核心内容

课前成果分享:课前对学习任务单的梳理中老师已经对"关键概念"进行了阐释,请同学来分享一下你的理解。了解了如何判断关键概念,现在我们一起检测同学们完成的情况。

1. 如何判断关键概念?大家可以注意以下四个方面:

一是用以表示文章主题或核心概念的词或词组;

二是出现在关键位置——比如标题、总结、结论等位置的词或词组;

三是在文中反复出现的高频词汇;

四是被作者反复阐述的术语。

2. 如何查找基本观点?

一是抓关键句(总结句、过渡句、观点句、重复句),处于段首、段中、段尾;

二是抓关联词、提示性词语(所以、总之,"我们可以理解""观点");

三是抓标题:《自然选择的证明》选自《物种起源》最后一章《综述与结论》,题目是编者加的。

3. 达尔文要证明自然学说中的什么?快速浏览勾画出文中表达作者观点的句子。

"只要在自然状况下有变异发生,那么认为自然选择不曾发挥作用就很难解释了。"自然状况下有变异发生是自然选择在发挥作用。

4. 当然达尔文提出自然选择学说,除了博物学家的质疑外,面对的最大质疑是什么?

当时的人们通常认为由特殊创造行为而产生物种,即为特创论。

总结:《自然选择的证明》阐述自然选择学说的科学性,驳斥神创论。《宇宙的边疆》介绍了宇宙组成的科学知识。

三、梳理思路,把握逻辑

1. 请同学们速读课文,根据课文内容,梳理文章行文思路。

小组合作:梳理两篇文本的思路,理清逻辑结构。

《宇宙的边疆》的行文思路:宇宙—星系—恒星—太阳系—地球,按照空间顺序,由远及近、由大到小、由整体到局部地介绍了宇宙的组成。文章逻辑结构为层进式。

《自然选择的证明》作者提出核心内容,再通过列举一些具体的事实和论点一一论证自然选择的科学性,并驳斥特创论的荒谬性。逻辑思路:总分式。

总结:概念之间的关系就是行文的逻辑。文章逻辑严密,层层递进,让我们感受到探索科学时的理性、严谨的科学精神。

2. 在《自然选择的证明》中,达尔文是如何论证他的观点的?

观点句:"仅此一点,自然选择学说已是极为可信的了。"

过渡句:"我已经尽可能忠实地将反对这一学说的种种疑难问题和意见加以概要地综述,现在我将转而谈谈支持这一学说的各种具体事实和论点。"

学生边分享边总结阅读自然科学类论著的方法:

① 抓标题,明确基本观点;
② 抓关键概念,理清逻辑;
③ 抓关键句(总结句、过渡句、观点句、重复句),晓段落大意;
④ 抓关联词、提示性词语,理解作者的观点。

回答:师生一起寻找阅读自然论著的钥匙,你找到了没?

四、品析语言,感科学精神

1. 根据下面节选的两段文字,任选一句进行赏析,体会语言特点。

"由于每个物种都有按照几何级数过度繁殖的趋向,而且各个物种中变异了的后代,可以通过其习性及构造的多样化去占据自然条件下多种多样的生活场所,以满足数量不断增加的需要,所以自然选择的结果就更倾向于保存物种中那些最为歧异的后代。"

——《自然选择的证明》

"海水才刚刚没及我们的脚趾,充其量也只不过浸湿我们的踝节。海水是迷人的,大海在向我们召唤,本能告诉我们,我们是在这个大海里诞生。我们还乡心切。"

——《宇宙的边疆》

教师明确:第一句话通过两个条件得出了作者观点,即自然选择的结果更倾向于保护物种中那些最为歧异的后代。句中的"每个""各个""都""更"等词语体现了作者写作的严谨性、思维缜密以及对自己观点的坚定,体现了理性、严谨的科学精神。

第二句话运用比拟、象征的手法,生动形象地说明这样的道理:人类对大海的探索初具规模,但也仅仅是开始。海洋作为可利用资源还有许多仍待人类开发、利用。同时也阐述了人与海洋的密切关系:海洋是生命的诞生之地。

像文中这样的选段很多,《自然选择的证明》《宇宙的边疆》一篇是学术论文,一篇是科普说明文,正所谓:文体有别,语言各异。

2. 感受自然科学论著和科普文章在表述方式、语言风格上的一些异同。

两者都运用了不同领域的专业词汇,概念界定都很清晰,语言表达准确;但前者语言一般更具抽象性和概括性的特点,强调逻辑论证,讲究理论的严密,而后者多深入浅出,注重一般性原理的阐释,讲究可读性(表5.1)。

表5.1 自然科学论著与科普文章的区别

课 题	关键概念	核心内容	语言特点
《自然选择的证明》	自然选择、神创论、变种、性状变异、变异美、竞争、本能	自然界生物存在自然选择——适者生存,择优弃劣	逻辑严谨,擅长推理
《宇宙的边疆》	宇宙、星系、恒星、太阳系、地球	宇宙的组成	运用多种说明方法,有大段的议论和抒情

五、教学总结

宇宙星空中,我们就是一粒尘埃;在自然发展过程中,人类不断进化,是自然选择的结果。在一节课的科学探索之旅中,通过抓标题、关键概念、关键句、关联词、提示词等理清逻辑关联,通过分析作者的观点及依据等找到了阅读自然科学类论著的密钥,进而指导我们去感受文中理性严谨的科学精神。

六、布置作业

请根据两篇课文的内容模仿百度百科词条的内容,分别为"自然选择""宇宙"写一个词条。(40字左右)

【课例评析】

快乐课堂,妙趣科学

《自然选择的证明》与《宇宙的边疆》这两篇选文,融入兴趣、理趣、情趣的概念,能够为学生提供一种多维度的阅读体验,促进他们对科学精神的深入理解和感悟。

一、激发兴趣,开启探索之门

兴趣是学习的动力源泉。在联读课例中,该课例通过精心设计的导入环节,激发学生对这两部作品的兴趣。例如,通过展示自然选择和宇宙探索的相关图片、视频,或者讲述一些引人入胜的科学故事,吸引学生的注意力,引导他们主动投入到阅读中。

此外,该课例利用学生的求知欲,设置了一些有趣的问题,如"你认为自然选择是如何塑造我们这个世界的?""宇宙的边疆在哪里?我们能到达那里吗?"等,激发学生的好奇心和探究欲望,使他们在阅读过程中保持浓厚的兴趣。

二、领略理趣,感悟科学精神

理趣是指作品中所蕴含的科学原理和理性思考。在联读课例中,该课例通过对比《自然选择的证明》与《宇宙的边疆》两篇选文在科学原理上的异同点,引导学生领略其中的理趣。

例如,课例引导学生分析达尔文在《自然选择的证明》中提出的自然选择理论,以及这一理论在生物进化中的重要作用。同时,也可以介绍霍金在《宇宙的边疆》中对宇宙起源和演化的探讨,以及他对于人类未来在宇宙中的地位和角色的思考。通过对比这两部作品,学生可以更加深入地理解科学原理的普遍性和重要性,以及科学家们在探索未知世界时所展现出的严谨、务实、创新的精神。

三、品味情趣,享受阅读之旅

情趣是指作品中所呈现出的情感色彩和审美价值。本课例通过对作品中情感元素的挖掘和解读,引导学生品味其中的情趣。

例如,在《自然选择的证明》中,达尔文通过描述生物在自然环境中的竞争和适应过程,展现了一种生命之美和生存之道。而在《宇宙的边疆》中,霍金则通过对宇宙的描绘和想象,呈现了一种宇宙之美和人类的渺小与伟大。教师可以引导学生感受这些情感元素,让他们在阅读过程中不仅能够学到科学知识,还能够体验到一种美的享受和心灵的震撼。

此外,教师还可以鼓励学生通过朗读、讨论、写作等多种方式来表达自己对作品的感受和理解,进一步丰富他们的阅读体验。

综上所述,通过融入兴趣、理趣、情趣的概念,联读《自然选择的证明》与《宇宙的边疆》为学生提供一种多维度的阅读体验,促进他们对科学精神的深入理解和感悟。同时,这种联读方式也能够激发学生的阅读兴趣,提高他们的阅读能力和科学素养。

参 考 文 献

[1] 中华人民共和国教育部.义务教育语文课程标准:2022年版[M].北京:北京师范大学出版社,2022.
[2] 中华人民共和国教育部.义务教育教师教学用书:语文[M].北京:人民教育出版社,2017.
[3] 中华人民共和国教育部.普通高中语文课程标准:2017年版,2020年修订[M].北京:人民教育出版社,2020.
[4] 人民教育出版社,课程教育研究所,中学语文课程教材研究开发中心.高中语文教师教学用书[M].北京:人民教育出版社,2019.
[5] 夸美纽斯.大教学论[M].傅任敢,译.北京:人民教育出版社,1979.
[6] 吴庆麟,胡谊.教育心理学[M].上海:华东师范大学出版社,2018.
[7] 温忠麟.教育研究方法基础[M].3版.北京:高等教育出版社,2017.
[8] 周小蓬,周颖.中学语文课程与教学论[M].北京:北京大学出版社,2020.
[9] 叶嘉莹.叶嘉莹谈词[M].武汉:长江文艺出版社,2019.
[10] 郑勇.中学语文教学论析[M].北京:中国书籍出版社,2016.
[11] 彭石运.心理学:成长中的教师与学生[M].长沙:湖南教育出版社,2021.
[12] 刘淼.当代语文教育学[M].北京:高等教育出版社,2005.
[13] 卢金明.语文课程教学设计论[M].北京:光明日报出版社,2012.
[14] 罗德红.教育学与心理学关系的发展研究[M].北京:中央编译出版社,2020.
[15] 陈少华,邢强.心理学基础[M].广州:暨南大学出版社,2022.
[16] 于泽元,王雁玲.群文阅读的理论与实践[M].重庆:西南师范大学出版社,2018.
[17] 刘大伟,贾敏.群文阅读教学的理论与实践[M].南京:南京出版社,2020.
[18] 林语堂.苏东坡传[M].长沙:湖南文艺出版社,2012.
[19] 安旗.李白传[M].北京:北京文化艺术出版社,1984.
[20] 孙琴安.刘禹锡传[M].上海:上海社会科学院出版社,2017.
[21] 秦彩月.实施新课改以来初中语文课堂教学的失误[D].武汉:三峡大学,2023.
[22] 刘畅.信息技术与课程融合背景下初中语文课堂教学活动特征的视频分析研究[D].石家庄:河北大学,2023.
[23] 尹思凡.魏书生阅读教学法在初中语文教学中的应用研究[D].合肥:合肥师范学院,2024.
[24] 李佳芮.人教版和统编初中语文教科书少数民族文学选编研究[D].扬州:扬州大学,2023.
[25] 李萌.部编版中学语文教材中少数民族题材作品教学研究[D].昆明:云南师范大学,2023.
[26] 杨楠.统编版初中语文民族共同体意识专题教学研究[D].桂林:广西师范大学,2023.

后 记

在结束本书编写工作时,我们深感艰辛与收获并存。本书的编写,不仅是对中学激趣语文教学尤其是群文阅读(联读)教学的一次全面梳理和总结,更是对教育工作的一次深刻反思和启示。

在编写过程中,我们深刻感受到了群文阅读(联读)教学在中学语文教育中的重要性。群文阅读(联读)不仅能够拓宽学生的阅读视野,培养学生的阅读兴趣和习惯,还能够通过多篇文本的比较和整合,提升学生的阅读理解和表达能力。同时,群文阅读(联读)还能够增强学生的批判性思维和跨学科融合能力,为他们的全面发展打下坚实的基础。

在整理课例时,我们看到了许多一线教师的辛勤付出和创新实践。他们不仅注重培养学生的阅读兴趣和主动性,探求激趣课堂的策略与方法,还注重培养学生的阅读思维能力和文化修养。他们通过精心设计教学内容和教学过程,引导学生深入文本,挖掘文本内涵,让学生在激趣的课内外阅读中感悟人生、理解世界。这些课例不仅为我们提供了宝贵的经验,更为我们指明了未来中学语文群文阅读(联读)教学的发展方向。

然而,我们也看到了当前中学语文群文阅读(联读)教学中存在的一些问题。例如,激趣的方式还不够多样,方法尚需丰富;学生的阅读时间和投入不足;阅读内容的选择和推荐不够科学、合理;阅读课的组织和管理不够规范、有效等。这些问题都需要我们教育工作者进行深入反思和积极改进。

展望未来,随着教育改革的不断深入和语文学科的不断发展,我们相信中学语文激趣课堂和群文阅读(联读)教学将会迎来更加广阔的发展前景,得到更加广泛的应用和推广。我们期待看到更多的教师能够加入中学语文激趣课堂和群文阅读(联读)教学的实践中来,共同探索和实践更加科学、有效的课堂教学和阅读教学的方法、策略等。

本书由许兴阳、孙丽佳、田爱梅统稿及审定,具体分工如下:

第一章 许兴阳(六盘水师范学院)、孙丽佳(六盘水市教育局)
第二章 孙丽佳、田爱梅(六盘水市第一实验中学)
第三章 孙丽佳、田爱梅
第四章 田爱梅、孙丽佳
第五章 田爱梅、许兴阳

在本书编写过程中,我们参考了许多图书、报刊和网络资料,在此特向这些资料的作者表示诚挚的感谢!限于水平,本书中的疏漏在所难免,恳请专家、学者及读者批评指正。

编 者

2024年秋